“一带一路”营商环境法治研究丛书
"The Belt and Road" Legal Research Series on Business Environment

丛书主编：王莹莹

中亚营商环境法治研究系列

土库曼斯坦营商环境法治研究

Research on the Rule of Law in the Business Environment of *Turkmenistan*

主编－李思思

副主编－李 洋 李泽西

中国民主法制出版社
全国百佳图书出版单位

图书在版编目(CIP)数据

土库曼斯坦营商环境法治研究 / 李思思主编. 北京 : 中国民主法制出版社, 2025. 6. -- ("一带一路" 营商环境法治研究丛书 / 王莹莹总主编). -- ISBN 978-7-5162-3990-2

Ⅰ. D936.322.94

中国国家版本馆 CIP 数据核字第 2025VH4806 号

图书出品人: 刘海涛
责 任 编 辑: 陈　曦　贾萌萌
文 字 编 辑: 刘　照

书名/土库曼斯坦营商环境法治研究
作者/李思思　主编

出版 · 发行/中国民主法制出版社
地址/北京市丰台区右安门外玉林里 7 号 (100069)
电话/ (010) 63055259 (总编室)　63058068　63057714 (营销中心)
传真/ (010) 63055259
http: //www. npcpub. com
E-mail: mzfz@ npcpub. com
经销/新华书店
开本/16 开　730 毫米×1030 毫米
印张/14. 5　**字数/**247 千字
版本/2025 年 8 月第 1 版　2025 年 8 月第 1 次印刷
印刷/北京建宏印刷有限公司

书号/ISBN 978-7-5162-3990-2
定价/99. 00 元

“一带一路”营商环境法治研究丛书

丛书国别主编及编写人员

《乌兹别克斯坦营商环境法治研究》

主　编：刘卫锋

副主编：卢文捷　郑嘉欣

编写组：卢石宏　刘　洁　曹珂欣　魏亦欣　白　鑫　金羽珩　王乐田　聂荷珍　陈子玥　舒良缘　郭若卉

《哈萨克斯坦营商环境法治研究》

主　编：贺小丽

副主编：贺帅帅　江　海

编写组：罗世琦　郭　菲　闫昱洁　宇文雅　唐　琪　张　懿　赵怡宁　陈　颖　马　楠　陈俊希　叶　娟　张　恒

《塔吉克斯坦营商环境法治研究》

主　编：贾同乐

副主编：刘吉堂　陈凌云

编写组：刘宏刚　范　涛　陈梦琦　华伟聪　曾　卓　刘甫霖　李　露　耿　申　张琪文　韦一杭

《吉尔吉斯斯坦营商环境法治研究》

主　编：汤　强

副主编：孔得建　向　东

编写组：杜　昆　许海龙　肖　扬　胡家榛　陆星宇　刘豆豆　廖　桐　刘季恒　牟苑双　孙宇杰

《土库曼斯坦营商环境法治研究》

主　编：李思思

副主编：李　洋　李泽西

编写组：郭　帅　赵　亮　赵　敏　崔仪韵　韩佳雪　白雪玉　刘芳妤　郝秋蕾　程涵婧　乔文茹

总　序

“天下熙熙，皆为利来；天下攘攘，皆为利往。”熙攘繁荣的市场图景以成熟营商环境为描绘基础，我国北宋时期破除坊市、包容恤商，造就《清明上河图》中描绘的“八荒争凑、万国咸通”盛况。当今世界，全球经济格局正经历深度调整，“一带一路”倡议的纵深推进为欧亚大陆注入了新动能，中亚五国——哈萨克斯坦、乌兹别克斯坦、吉尔吉斯斯坦、塔吉克斯坦、土库曼斯坦凭借其地缘枢纽地位、资源禀赋与市场潜力，正成为跨国投资与区域合作的热土。在此背景下，有关中亚五国营商环境成熟度的考察、评估与分析，俨然成为“一带一路”营商环境法治研究的重要命题。

根据世界银行《营商环境报告》（*Doing Business*，2020）曾以量化指标勾勒出的营商环境“区域画像”，中亚五国整体建设水平呈现梯度化趋势。哈萨克斯坦是中亚地区营商环境建设的先驱者与领跑者，其借助国内《国际商事仲裁法》实现与《联合国国际贸易法委员会国际商事仲裁示范法》的接轨，吸引了众多跨国企业选择该国作为跨境争议解决的仲裁地。乌兹别克斯坦蓄势待发，自其推行全面经济改革以来，得益于放宽外资准入、建设自贸区、数字化服务等政策，营商环境优化效果显著。吉尔吉斯斯坦和塔吉克斯坦在改善营商环境方面亦有成效，如吉尔吉斯斯坦创新“破产预警监测系统”，以技术赋能提升公共服务效率与质量；塔吉克斯坦通过加大力度吸引外资推动国内基础设施建设。土库曼斯坦近几年在公共服务、外资准入、关税改革等领域不断推进营商环境优化。

中亚五国由于地理环境、历史传统、宗教习俗、语言文化等因素，其法律体系与我国有共同点，也存在差异，这种差异会给相互之间的商贸往来带来障碍。鉴于此，西北政法大学“一带一路”营商环境研究院聚焦营商环境法治建设，编纂中亚五国营商环境法治研究系列丛书，紧扣世界银行《营商环境成熟度报告》（*Business Ready*）指标，以法治评估为主线，宏观上萦绕营商主体“准入—兴业—退出”的全法律生命周期，微观视角下紧密联系“市场参与度、公共服务获取、劳动者保护、反垄断与反不正当竞争、税收政策”等外商投资标准，分《哈萨克斯坦营商环境法治研究》《乌兹别克斯坦营商环境法治研究》《吉尔吉斯斯坦营商环境法治研究》《塔吉克斯坦营商环境法治研究》《土库曼斯坦营商环境法治研究》五册展开国别研究；从国情背景着手，立足于详实的法律文本、立法动态、世界银行数据及典型案例分析，通过系统解析中亚五国营商环境的法治要素，力求客观完整地诠释中亚地区营商环境的法治化现状，从而为学术研究者、政策制定者及企业投资者提供兼具理论深度与实践价值的参考与指南。

当“一带一路”倡议架起法治互联互通之桥，丝路商道焕发法治新貌，中亚五国正以法治为经纬，共同编织起地区安全与发展的时代锦缎。五部曲的付梓，不仅是对中亚法治图景的学术描摹，更是一份面向未来的承诺：让法治成为破除偏见、消弭冲突的桥梁，让合作成为超越分歧、共创繁荣的纽带。正如习近平总书记指出的：“法治是最好的营商环境。”在这条通向现代化的文明之路上，我们愿以法为舟，以信为帆，推动实现更加强劲、绿色、健康的全球发展，培育全球发展新动能，构建全球发展共同体。

是为序。

西北政法大学党委副书记、校长

范九利

前　言

在经济全球化的浪潮中，法治作为维护市场公平竞争的基石，将法治评估贯穿于营商环境体系的各个环节已经成为优化营商环境的核心要义，由此，营商环境法治化已成为衡量一个国家综合竞争力的重要标尺。为了推动全球营商环境建设，世界银行已经连续17年对营商环境进行评估，并逐渐形成了普适性且可量化的营商环境考察指标，对于各国以及各地区审视营商环境建设成效具有重大的影响力。因应社会结构的变迁，世界银行营商环境评价体系经历了从《营商环境报告》（*Doing-Business*）到《营商环境成熟度报告》（*Business Ready*）的转变，并成为全球营商环境建设与优化的核心风向标。

土库曼斯坦作为中亚地区重要的能源枢纽国家，凭借丰富的石油、天然气等资源在国际能源格局中占据独特地位。然而，随着全球结构加速转型和地缘经济格局演变，土库曼斯坦已明确提出多元化发展战略，并将营商环境改革列为《2022—2052年国家社会经济发展纲要》的核心议题，其中涉及的创新、数字技术以及区域合作等要素均在某种程度上与世界银行评估体系指标相契合，这表明土库曼斯坦营商环境的优化已成为其迫切课题。但是，就现状而言，土库曼斯坦在营商环境法治化进程中呈现出不均衡趋势。在传统指标“能源基础设施建设”“仲裁救济”等要素上，其法律制度已经相对完善并可成为重要依据加以适用，但在“数字化”“金融服务”“公平竞争”等要素方面还略显滞后和缺失，这种差异化直接影响且阻碍了数字时代土库曼斯坦营商环境的建设效果。因此，本书以世界银行评估体系的十大核心指标为经，以土库曼斯坦法治演进脉络为纬，构建起对土库曼斯坦营商环境法治化的分析框架，按照监管规则、公共服务以及效率的三维结构，通过将法治因素贯穿于每一个环节，借助各指标之下的微观要素，检视土库曼斯坦在营商环境建设上的不足点，有助于为其优化路径的择取和改革进行精准定位。这种多维度交叉分析，既避免了单纯指标数据化的片面性，又突破了传统国别研究的宏观描述局限，使得本书兼具理论深度与实践指引之价值。

2023年1月6日，中国政府与土库曼斯坦政府签署《中华人民共和国政府与土库曼斯坦政府关于共建“一带一路”倡议和“复兴丝绸之路”战略对接的谅解备忘录》，土库曼斯坦作为“一带一路”沿线上的重要国家，中国始终与其保持着友好合作关系，为了更好营造市场化、法治化、国际化一流营商环境，有必要对土库曼斯坦的营商环境进行了解和研究，加快国内产业沿着“一带一路”走出去，以开放倒逼深层次改革。从法治化角度剖析土库曼斯坦营商环境的建设现状，有助于深入了解土库曼斯坦的基本国情，对“一带一路”建设和提升土库曼斯坦发展水平意义重大，同时也为我国企业“走出去”提供全球化的视野和良好的参考。有鉴于此，本书不仅为土库曼斯坦营商环境优化贡献智识，同时也为我国高质量共建“一带一路”提供指引。

需要指出的是，营商环境法治化本质上是一个动态演进的系统工程。无论是土库曼斯坦近期在数字领域立法、国际贸易机制等领域的新改革，还是世界银行营商环境成熟度评估指标体系的更新，都表明营商环境优化是一项长期性工程。而本书仅是借助世界银行营商环境评估新指标为打开土库曼斯坦法治化探索之门提供一把钥匙，后续系统性研究仍需学界共同持续推进。

目　　录

第一章　土库曼斯坦国情概况

一、地理概况

（一）地理位置

1. 海陆位置

土库曼斯坦位于中亚西南部，是一个深居内陆的国家，不直接濒临海洋。它西濒里海，里海虽为湖泊，但在一定程度上为土库曼斯坦提供了水上运输通道，连接了周边的阿塞拜疆、伊朗等国家，促进了区域间的贸易往来。同时，里海丰富的油气资源也为土库曼斯坦的能源开发和经济发展带来了机遇。然而，远离大洋的海陆位置也使得土库曼斯坦在对外贸易中面临运输成本较高的问题，对其经济发展产生了一定的限制。

2. 经纬度位置

处于东经 52°27′—66°41′，北纬 35°08′—42°48′之间。这一经纬度范围决定了土库曼斯坦属于温带地区，受大陆性气候的影响显著。中纬度地区的太阳辐射和大气环流使得土库曼斯坦冬季相对寒冷，夏季炎热，季节变化明显。这种气候条件对当地的农业生产、居民生活以及能源需求都产生了重要影响。例如，夏季高温有利于喜温作物的生长，但也需要充足的灌溉水源；冬季寒冷则需要消耗更多的能源用于取暖。

3. 交通位置

土库曼斯坦的交通位置在其发展进程中占据着举足轻重的地位，它是连接东西方的关键枢纽，在古代丝绸之路和当今“一带一路”倡议中都发挥着重要作用。在古代，土库曼斯坦是丝绸之路的重要节点。丝绸之路作为连接中国和欧洲的贸易通道，使土库曼斯坦成为东西方经济文化交流的关键纽带。通过丝绸之路，中国的丝绸、茶叶、瓷器等商品经土库曼斯坦远销中亚、西亚乃至欧洲；同时，西方的香料、珠宝、玻璃等物品也经由这里传入中国。在这个过程中，土库曼斯坦的城市如梅尔夫等逐渐发展成为重要的商业中心，促进了当地经济的繁荣和文化的交融。各国商人、使者、学者等频繁往来，不仅带动了贸易的发展，还传播了不同的文化、宗教和技术，对土库曼斯坦的社会发展产生了深远影响。

在现代交通体系中，土库曼斯坦拥有铁路、公路、航空和管道等多种运输方式，且与周边国家互联互通。其铁路网络与乌兹别克斯坦、哈萨克斯坦等国相连，例如，土库曼斯坦—乌兹别克斯坦铁路，承担着大量的货物运输任务，促进了各国之间的贸易往来。公路交通也较为发达，公路连接了国内主要城市和边境口岸，加强了国内各地区之间的联系，也方便了与周边国家的人员和货物交流。在航空运输方面，阿什哈巴德国际机场是土库曼斯坦的主要航空枢纽，开通了多条国际航线，连接了欧洲、亚洲的众多城市，为商务出行、旅游等提供了便利。此外，土库曼斯坦还是中亚地区重要的能源运输通道，通过管道将丰富的石油和天然气输送到周边国家，如中亚—中国天然气管道，对保障中国的能源供应发挥了重要作用。

（二）地形地貌

1. 平原和低地分布

土库曼斯坦有4/5的国土位于图兰低地，地势平坦开阔，平原多在海拔200米以下。这种地形为大规模的农业种植和基础设施建设提供了便利条件。在农业方面，有利于机械化作业，提高农业生产效率；土库曼斯坦的棉花种植广泛，得益于平坦的地形，便于大规模种植和灌溉系统的铺设。在基础设施建设方面，降低了道路、铁路等交通设施以及工业厂房建设的难度和成本。

2. 沙漠与戈壁分布

土库曼斯坦沙漠占国土总面积的80%，主要有卡拉库姆大沙漠、温古兹沙漠、东南卡拉库姆沙漠以及阿姆河右岸的孙杜克利沙漠。其中，卡拉库姆大沙漠是该国最主要的沙漠，位于中部并向北延伸至哈萨克斯坦境内，是世界第四大沙漠，有“沙质牧场”之称。这些沙漠地区多为沙丘地貌，沙丘呈长冈形、网络形分布。沙漠的广泛分布对土库曼斯坦的经济、生态和社会发展产生了多方面的影响。

3. 山地和高地位置

山地主要分布在土库曼斯坦的南部和西部。西南部有科佩特山脉、帕鲁帕米苏斯山前地带，其中科佩特山脉是最大的山脉，在土库曼斯坦境内从卡赞吉克向东向南延伸大约650公里，科佩特山脉阻挡了来自海洋的湿润气流，使得山脉背风坡一侧降水稀少，加剧了内陆的干旱程度；同时，在山地迎风坡，降水相对较多，形成了独特的山地气候，为一些特殊的动植物生长提供了条件。西部有大巴尔汉山脉和小巴尔汉山脉，山顶平缓，山间多峡谷。东南部是丘陵，有巴赫德兹丘陵和卡拉比尔高地。这些山地和高地对土库曼斯坦的自然环境和经济活动有着重要影响。

（三）气候条件

1. 气候类型

土库曼斯坦属于典型的温带大陆性气候。这主要是由于其地处欧亚大陆内部，远离海洋，湿润的海洋气流难以深入，受大陆气团的长期控制。海洋的调节作用微弱，导致气候的大陆性特征显著。这种气候类型在中亚地区广泛分布，其特点表现为气温变化剧烈，降水稀少。与同纬度的沿海地区相比，土库曼斯坦冬季寒冷、夏季炎热，季节差异明显，且全年降水总量少、空气干燥。

2. 气温特征

土库曼斯坦全国年平均气温在 14—16℃之间。冬季较为寒冷，1 月平均气温从东北部的-6℃至东南部的 4℃不等，西南部气温稍高，约为 5℃，而最冷的库什卡曾出现过-27℃的极端低温。夏季，土库曼斯坦炎热干燥，7 月平均气温普遍较高，大部分地区可达 28℃。东南部和卡拉库姆低地的中间地带 8 月气温最高，平均在 32℃以上，部分区域如列别捷克和卡拉库姆沙漠的中部和东南部，最高气温甚至能达到 48—50℃。如此高温天气对人们的日常生活和工作造成极大挑战，人们需要采取防暑降温措施，避免出现中暑和热射病等健康问题。此外，土库曼斯坦气温的年较差和日较差都很大。年较差大使得不同季节的生产生活方式差异明显，冬季需要大量的取暖设备，夏季则依赖制冷设备。

3. 降水特征

土库曼斯坦是世界上最干旱的地区之一，年降水量极少，空气湿度低，平均年降水量仅约 398 毫米，且降水分布极不均衡。降水主要集中在春季，这是因为春季气温回升，大气环流发生变化，会有少量的水汽随着气流进入该地区，在一定条件下形成降水。但总体来说，春季的降水量也无法满足全年的用水需求。

降水在地区上主要集中在山区和山前地带。西南部的科佩特山脉地区，由于地形的抬升作用，使得湿润空气在上升过程中冷却凝结，形成降雨，相对其他地区降水较为丰富。这些地区的降水为河流和地下水提供了一定的补给，维持了当地的生态系统和部分农业灌溉用水。卡拉勃加兹戈尔湾和东北部沙漠地区的降水量最少，分别平均只有 95 毫米和 105 毫米。这些地区远离水汽来源，且地形平坦，缺乏形成降水的有利条件。极度干旱的气候导致这些地区水资源极度匮乏，沙漠化严重，生态环境脆弱。植被生长困难，土地难以用于农业生产。①

（四）行政区划

土库曼斯坦的行政区划体系相对简洁且层级分明，由一个直辖市和 5 个州构成，这一划分方式充分考虑了地理环境、人口分布以及经济发展等多方面因素。在其国家宪法框架下，各级行政单位的设立和划分有着明确的法律依据，从州、州级市，到区、区级市，再到区辖市、镇以及村，均遵循着土库曼斯坦国家行政区划现行法律进行界定。

1. 阿什哈巴德直辖市

阿什哈巴德市作为土库曼斯坦的首都，宛如一颗璀璨明珠，镶嵌在国家南部的卡拉库姆沙漠和科佩特山交界处。它始建于 1881 年，“阿什哈巴德”在当地语言中意为“爱之城”。这座城市面积约 300 平方千米，却容纳了将近 100 万人口，是土库曼斯坦当之无愧的政治、经济、文化和科研中心。在政治层面，国家的核心政府机构、外交部门等均坐落于此，掌控着国家发展的战略方向；经济上，阿什哈巴德是商业、金融活动的集中地，汇聚了众多大型企业和金融机构；文化领域，拥有众多博物馆、剧院、图书馆等文化设施，展示着土库曼斯坦丰富的历史文化；科研方面，各类科研院所积极开展研究工作，推动着科技进步。

2. 阿哈尔州

阿哈尔州面积达 9. 8 万平方千米，州府为阿瑙。该州地理位置优越，处于土库曼斯坦较为重要的区域。其地理环境多样，既有适宜农耕的平原地带，也有部分山地。农业在阿哈尔州的经济中占据重要地位，灌溉农业相对发达，棉花、小麦等农作物产量可观。此外，州内也有一定的工业基础，例如，农产品加工、小型制造业等。阿瑙作为州府，承担着区域政治、经济和文化中心的职能，基础设施较为完善，交通便利，连接着州内各主要城镇以及与其他地区的交通网络。

---

① 参见王建新，王卫东：《土库曼斯坦的农业发展与环境问题调查——土壤退化及沙尘的影响》，载《青海民族研究》2024 年第 2 期。

3. 巴尔坎州

巴尔坎州面积为13.9万平方千米，首府是巴尔坎纳巴德。该州地处土库曼斯坦西部，靠近里海。巴尔坎州的资源优势较为突出，石油和天然气资源丰富，石油和天然气开采及相关产业是其经济支柱。依托资源优势，巴尔坎州发展了一系列与之相关的工业，如石油化工、天然气加工等。巴尔坎纳巴德在资源开发和运输中发挥着关键作用，拥有完备的能源运输设施，将开采出的能源输送到国内其他地区以及出口到国外。同时，该州在生态保护方面也做出了努力，其在资源开发过程中注重平衡经济发展与环境保护。①

4. 达沙古兹州

达沙古兹州面积7.3万平方千米，州府为达沙古兹。达沙古兹州位于土库曼斯坦北部，气候相对干旱，以沙漠和半沙漠地形为主。尽管自然条件较为艰苦，但该州在农业上仍有独特发展模式，畜牧业较为发达，养殖骆驼、绵羊等牲畜。此外，州内也在探索利用本地资源发展特色工业，如利用当地的矿产资源开展小型矿业开采和加工。达沙古兹作为州府，是当地的商业和交通枢纽，为周边地区提供物资供应和运输服务，促进了区域间的经济交流。

5. 列巴普州

列巴普州面积9.4万平方千米，州府是土库曼纳巴德。列巴普州位于土库曼斯坦东部，阿姆河流经该州，为农业发展提供了重要的灌溉水源。因此，列巴普州的农业十分兴盛，是土库曼斯坦重要的农业产区，主要种植棉花、水稻等农作物。同时，该州的工业也在逐步发展，除了农产品加工工业外，还涉及建材、机械制造等领域。土库曼纳巴德作为州府，在农业和工业的协同发展中起到了组织和推动作用，完善的交通和通信网络，方便了农产品和工业产品的运输与销售。

6. 马雷州

马雷州面积8.7万平方千米，州府为马雷。马雷州地处土库曼斯坦东南部，地理位置独特，处于中亚交通要道附近。该州的经济发展较为多元化，农业方面，依靠灌溉发展了多种农作物种植；工业上，石油、天然气以及采矿业是重要产业。马雷作为州府，是区域内的经济、文化和交通中心，在促进农业和工业发展的同时，也积极推动文化旅游等产业的兴起，当地有着丰富的历史文化遗迹，吸引了不少游客前来参观游览，带动了相关服务业的发展。

---

① 参见方捷：《土库曼斯坦的油气投资环境分析》，载《当代石油石化》2019年第6期。

在土库曼斯坦的行政区划体系中，村作为最基层的行政单位，由一个自然村或几个村组构成，一般要求一个行政村的人口不少于50人。镇的设立则需要具备一定的公用事业，比如拥有工业企业、建设和交通运输机构、水利设施、疗养院等，或者具备特殊的社会、文化、经济发展前景，人口一般要多于2000人。区辖市（区内市）应具备工业企业、建设和交通运输机构、城市公用事业、市住房基金、社会和文化机关及团体，贸易和销售企业等，人口不多于8000人。这种层级分明且依据实际情况划分的行政区划体系，有助于土库曼斯坦进行有效的行政管理和资源调配，促进各地区的均衡发展。居民生活用水也面临极大挑战，往往需要依靠远距离调水或节水措施来维持基本生活需求。

（五）资源分布

1. 天然气

土库曼斯坦天然气资源储量巨大，已探明可开采储量达22.8万亿立方米，约占世界天然气总储量的1/4，在世界排名第三，在独联体国家中仅次于俄罗斯。这些天然气主要蕴藏在东部和中部的阿姆达利亚油气区，该区域具备良好的地质条件，为天然气的生成和储存提供了理想环境。截至目前，土库曼斯坦在该地区已发现127个气田，其中39个已投入开采。“多夫列塔巴特”气田是全国最大的天然气田，储量达2万亿立方米，“多夫列塔巴特-顿梅斯”气田自1984年开采以来，其产量目前占全国天然气总产量的32%。除了阿姆达利亚油气区，西部油田也有少量伴生气。①

在天然气出口方面，土库曼斯坦构建了庞大的出口体系。② 通过多条天然气管道，将丰富的天然气输送到周边国家和地区。其中，中亚—中国天然气管道对保障中国能源供应发挥着关键作用。该管道自2009年开始通气，每年为中国输送大量天然气，截至目前，已累计输气超千亿立方米。此外，土库曼斯坦还通过管道向俄罗斯、伊朗等国出口天然气。俄罗斯是土库曼斯坦传统的天然气出口市场，双方有着长期稳定的合作关系；对伊朗的出口则加强了两国在能源领域的合作，促进了地区经济的互联互通。土库曼斯坦还在积极探索新的出口路线和市场，如考虑建设通往欧洲的天然气管道，以进一步拓展其在国际天然气市场的份额，提升其在全球能源格局中的地位。

---

① 参见王晓军：《土库曼斯坦天然气概况》，载《中小企业管理与科技（上旬刊）》2015年第11期。

② 参见邝海菊、叶小伟：《土库曼斯坦矿业领域投资分析》，载《中亚信息》2022年第5期。

2. 石油

土库曼斯坦石油储量约 120 亿吨，主要分布在西部的南里海油气区。这里靠近里海，特殊的地质构造使石油资源得以富集。目前，已在该区域发现 28 个油田，其中 18 个已开采。2000 年，土库曼斯坦与美国“西方地质公司”联合勘探后，宣布其里海大陆架石油远景储量为 110 亿吨，展现出巨大的开发潜力。

在石油出口上，土库曼斯坦主要通过管道和油轮运输两种方式。一部分石油通过管道输送到周边国家，如乌兹别克斯坦、哈萨克斯坦等，满足这些国家的部分能源需求。另一部分则通过里海的港口，如土库曼巴希港，装载油轮运往国际市场。土库曼巴希港是土库曼斯坦重要的石油输出港，经过不断建设和升级，具备了较为完善的石油装卸和运输设施。土库曼斯坦还在提升石油加工能力，通过建设炼油厂，将部分原油加工成高附加值的石油产品后再出口，如汽油、柴油、润滑油等，这不仅提高了产品的经济效益，还增强了在国际石油市场的竞争力。同时，土库曼斯坦积极与国际石油公司合作，引进先进的开采和加工技术，提高石油资源的开发效率和利用价值。

3. 其他矿产资源

除了天然气和石油，土库曼斯坦主要优势矿产资源还包括钾盐、芒硝、碘等。[①] 其中钾盐资源主要分布在一些内陆盐湖和地下卤水层中。钾盐是农业生产中重要的肥料原料，对提高农作物产量和品质起着关键作用。同时，芒硝资源在土库曼斯坦也较为丰富，主要集中在西部的一些区域，如卡拉博加兹戈尔地区。该地区的芒硝矿具有储量大、品质高的特点。芒硝在化工、医药、玻璃等多个行业有着广泛的应用。此外，食盐资源情况主要来源于盐矿和盐湖。境内分布着多个盐矿带，部分盐矿储量可观且品质优良，杂质含量较低。同时，里海沿岸以及一些内陆盐湖也是食盐的重要产地。

二、社会概况

（一）人文风情

1. 传统居民

土库曼斯坦的传统居民以土库曼族为主，占全国人口的主体部分。土库

---

① 参见李乐倩、罗彦军、唐欢等：《土库曼斯坦矿产资源现状及投资环境分析》，载《中国矿业》2024 年第 10 期。

曼族有着悠久的历史，其族源可追溯至古代的突厥部落。在长期的历史发展进程中，土库曼族形成了独特的民族文化和生活方式。他们曾经是游牧民族，逐水草而居，过着迁徙的生活，这种游牧传统对其民族性格的塑造产生了深远影响，使得土库曼人热情好客、勇敢坚毅。随着时代的发展，部分土库曼人逐渐定居下来，但传统的游牧文化元素依然深深烙印在他们的生活中。除土库曼族外，土库曼斯坦还有俄罗斯族、乌兹别克族、哈萨克族等其他民族，这些民族在这片土地上共同生活，相互交流融合，丰富了土库曼斯坦的人文风貌。不同民族在语言、文化、宗教信仰等方面各具特色，俄罗斯族带来了斯拉夫文化的影响，乌兹别克族则保留着中亚地区的独特文化传统，各民族文化相互碰撞，共同构成了土库曼斯坦多元的人文景观。

2. 礼仪习俗

土库曼人十分注重礼仪。在社交场合，尊卑有序的观念深入人心，晚辈对长辈表现出极高的敬意。例如，在家庭聚会或正式场合中，晚辈会主动为长辈让座、递茶、服务等，以显示对长辈的敬重。

土库曼人极为重视客人来访。当有客人到家，主人会倾尽全力热情款待，准备丰盛的食物，拿出家中最好的物品招待客人。客人进门时，主人会在门口恭迎，引领客人进入屋内，并请客人坐在上座。在交谈过程中，土库曼人会保持礼貌，专注倾听对方讲话，不会随意打断他人，充分展现出良好的修养。在节日或特殊场合，土库曼人会身着传统服饰，彰显民族特色。男子的传统服饰包括由黑、白、褐色羊皮缝制的高帽，领口精心修饰的长衬衫，搭配肥大的裤子和东方式长袍；女子则常穿着长及脚踝、领口精绣的长裙，偏好使用绿、紫、蓝等色彩鲜艳的布料制作服装，并佩戴银饰等各种精美首饰。已婚妇女习惯用头巾包头，未婚女子则扎两条辫子，从服饰上便能清晰区分婚姻状况。这些传统服饰不仅是土库曼人审美的体现，更是民族文化传承的重要载体。

（二）土库曼斯坦独立

20 世纪 80 年代，苏联在政治、经济、文化等领域的政策失误不断积累，社会危机日益严重。高度集中的计划经济体制日益僵化，这使得苏联政局开始失控，经济秩序陷入混乱。各加盟共和国的离心倾向不断增强，民族主义情绪高涨。1991 年 10 月，土库曼宣布独立，并通过《关于土库曼独立和国家制度原则》和土库曼国家标志的决定，正式宣布独立。1991 年 12 月 21 日，土库曼斯坦以创始国身份加入独联体，在复杂的国际和地区形势下，开始探索自身的发展道路。[①]

（三）政治制度

苏联时期，土库曼作为加盟共和国，实行一党制，土库曼共产党处于领导地位。土库曼1978年《宪法》明确规定，土库曼共产党是“苏维埃社会的领导力量和指导力量，是政治体制、国家机关和社会组织的核心”。土库曼共产党决定土库曼社会、政治经济和文化发展的总方针，制定国内外政策，全面掌控国家发展方向。党通过各级党组织深入社会各个角落，在经济领域，负责制定工业、农业等产业发展规划；在社会文化方面，主导教育、文化等政策的制定与实施，全方位管理国家事务，民众生活的诸多方面都受到党的直接或间接领导。[②]

苏联解体后，土库曼斯坦迎来独立，为构建适应本国国情的政治体制，1992年5月18日通过第一部宪法，确立实行三权分立的总统共和制，总统职位应运而生。这一制度设计旨在加强国家的统一领导，应对独立初期复杂的政治、经济和社会局面，同时保障权力制衡，避免权力过度集中。[③] 人民会议的存在是土库曼斯坦民主政治的重要体现，为民众参与国家事务提供了渠道。土库曼斯坦议会为一院制；议会作为国家立法机构，职能丰富。土库曼斯坦内阁是国家权力执行机关，在国家政治架构中处于核心执行层，由总统直接领导，对总统负责，是总统施政理念与国家政策得以落实的关键枢纽。内阁连接着国家的决策层与各领域的具体执行部门，其工作成效直接影响国家的发展进程和民众生活质量。在经济领域，内阁负责落实国家经济发展战略，推动经济增长；在社会事务方面，负责提供公共服务、保障民生福祉，在维护社会稳定、促进社会公平正义等方面发挥着不可或缺的作用，是保障国家机器正常运转的重要力量。

在地方制度上，土库曼斯坦行政区划分为一个直辖市和5个州，这种划分奠定了地方行政权力分配的基础。地方行政权力主要由各级行政机构承担，在州一级，设有州政府，负责领导和管理本州的各项事务。州政府在经济发展方面，执行国家经济政策，结合本州实际情况制定发展规划，推动本地产业发展。在农业大州，州政府会加大对农业基础设施建设的投入，组织农民

---

① 参见施玉宇：《一九九八年土库曼斯坦的形势、特点及走势》，载《东欧中亚研究》1999年第4期。

② 参见施玉宇：《土库曼斯坦民主党》，载《东欧中亚研究》1996年第5期。

③ 参见张越：《土库曼斯坦“地狱之门”奇观背后的政治经济学》，载《世界知识》2024年第16期。

开展农业生产，推广先进农业技术。在社会事务管理上，负责本州的教育、医疗、文化等公共服务的提供与管理，保障民生。州以下设区、市等行政单位，各有相应的行政机构负责具体事务。区政府和市政府直接面向基层民众，承担着社区建设、环境卫生、社会治安等日常管理工作。在城市建设中，市政府负责规划和建设城市基础设施，如道路、供水供电、公共交通等，改善市民生活环境。在维护社会治安方面，与当地执法部门协作，保障居民的人身和财产安全。各级地方行政机构之间存在明确的层级关系，上级行政机构对下级进行指导和监督，确保地方行政权力的执行符合国家整体利益和政策要求。同时，地方行政机构与中央政府的相关部门也保持密切联系，接受其业务指导，及时汇报工作进展和问题，以便中央政府根据地方实际情况调整政策。

（四）文化制度

1. 文化历史传承

土库曼斯坦的文化艺术历史源远流长，其领土曾是古代丝绸之路的关键路段，这条连接中国、印度、中东和欧洲的贸易通道，为土库曼斯坦带来了多元的文化与宗教影响。[①] 在古代，此地是波斯帝国、安息帝国、萨珊帝国等多个文明和帝国的交汇之处，波斯文化的印记深深烙印在土库曼斯坦的文化脉络中，如建筑风格、艺术表现形式等方面都能看到波斯文化的影子。在中世纪，塞尔柱人建立的塞尔柱帝国横跨西亚和中亚，他们继承波斯文化，并将其与突厥文化融合，创造出别具一格的塞尔柱文化。在建筑领域，塞尔柱帝国时期的建筑有着独特的穹顶设计和精美的雕花装饰；文学方面，涌现出许多融合突厥与波斯文化元素的诗歌作品；音乐上，也形成了独特的旋律风格。这些都成为土库曼斯坦文化艺术传承的重要源泉。

2. 文化融合

土库曼斯坦文化以突厥文化为根基，同时融合了伊斯兰文化和俄罗斯文化。在宗教方面，伊斯兰教是主要宗教，绝大多数居民信仰伊斯兰教，这使得伊斯兰文化在土库曼斯坦的日常生活、建筑风格、节日庆典等方面都有深刻体现，如清真寺的建筑风格遵循伊斯兰建筑传统，有着高耸的宣礼塔和精美的穹顶。在苏联时期，土库曼斯坦作为苏联加盟共和国，俄罗斯文化对其也产生了一定影响，在教育体系、艺术形式等方面有所体现，例如，学校教

---

① 参见羊隽芳、鹿超：《丝绸之路文化撷英：土库曼斯坦国马文化漫谈》，载《中外文化》2021年第2期。

育中引入了俄罗斯的教学模式和课程设置，艺术领域也吸收了俄罗斯的绘画、音乐等表现手法。多元文化的融合，让民众的传统服饰兼具突厥民族特色与伊斯兰文化的简约风格，传统音乐在保留突厥音乐特色的基础上，融入了伊斯兰音乐的宗教元素以及俄罗斯音乐的和声技巧，而这些使得土库曼斯坦的文化艺术呈现出独特魅力。

3. 文化发展

自独立后，土库曼斯坦大力发展经济和文化事业，积极推动民族文化的复兴与发展。现代土库曼斯坦文化在保留传统文化精髓的同时，吸收现代文明成果，形成独特的现代文化特色。在文学领域，出现了许多反映土库曼斯坦独立后社会变革、人民生活的作品；艺术方面，传统的民间工艺如毡房制作、地毯编织、刺绣等技艺得到传承与创新，融入现代设计理念，使其更符合当代审美，土库曼斯坦的地毯不仅在国内备受珍视，还远销海外，成为土库曼斯坦文化的一张名片。政府也积极推广文化遗产旅游，促进文化产业发展，加强对文化遗产的保护与传承，使其境内的古代城市遗址、古代陵墓、古代碑文以及具有历史和艺术价值的建筑等文化遗产得到更好的保护与开发，吸引众多游客前来参观，推动文化交流与传播。

（五）宗教制度

1. 宗教构成的多元图景

（1）伊斯兰教的主导地位

伊斯兰教无疑是土库曼斯坦最为主要的宗教，约88%的居民信奉这一宗教，其在土库曼斯坦的宗教版图中占据着主导地位。伊斯兰教在土库曼斯坦主要分为逊尼和什叶两大教派，其中逊尼派占据绝大多数。土库曼族作为主要民族，大多信仰逊尼派伊斯兰教，由于他们长期以来具有游牧民族的特性，其伊斯兰教的实践形式也带有鲜明的游牧印记。[①]

与周边一些国家，如乌兹别克斯坦相比，土库曼斯坦固定的清真寺数量相对较少。对于游牧民族来说，固定的礼拜场所并非必需，他们更习惯于在帐篷中或是草原上就地进行礼拜。这种独特的礼拜方式，反映了土库曼族在长期游牧生活中形成的对宗教的适应性和灵活性。在宗教礼拜和操守方面，土库曼族的逊尼派穆斯林也不像一些定居的穆斯林教徒那样严格。这并非意味着他们对宗教的虔诚度有所欠缺，而是在游牧生活的流动性和艰苦性影响下，形成了一种更符合自身生活节奏的宗教实践方式。什叶派在土库曼斯坦

① 参见姜雪华：《土库曼斯坦伊斯兰教本土化的过程和特征》，载《中国穆斯林》2025年第1期。

的信众主要为其境内的阿塞拜疆族和波斯族。这些民族在历史上与土库曼族有着不同的迁徙和发展轨迹，他们将什叶派的信仰和文化传统带到了这片土地上，丰富了土库曼斯坦伊斯兰教的教派多样性。

（2）东正教的兴衰变迁

东正教是土库曼斯坦的第二大宗教。在独立前，土库曼斯坦总人口中约有 1/10 信仰东正教，这些信众主要是其境内的俄罗斯人、乌克兰人和白俄罗斯人。东正教在土库曼斯坦的传播与历史上沙皇俄国和苏联时期的移民政策密切相关。在沙皇俄国的扩张以及苏联时期的建设过程中，大量俄罗斯等民族的人口迁徙至土库曼斯坦，他们带来了东正教的信仰和文化。然而，随着苏联解体，土库曼斯坦宣布独立，国内的人口结构发生了显著变化。许多俄罗斯人选择外迁，这导致东正教信众的数量随之减少。到 2000 年，东正教教民在全国总人口中所占比例已降至 4%。尽管如此，东正教在土库曼斯坦仍有着一定的影响力。1994 年，土库曼斯坦政府批准在其境内建立俄罗斯东正教会，并且在阿什哈巴德正在兴建一座中亚地区最大的东正教教堂。这一系列举措表明，土库曼斯坦政府在尊重东正教信众信仰需求的同时，也在一定程度上认可了东正教在国家宗教文化中的地位。

（3）其他宗教

除了伊斯兰教和东正教外，土库曼斯坦还有基督教、天主教、犹太教和佛教等多种宗教。但这些宗教的教民人数极少，教派规模也非常小，与伊斯兰教和东正教相比，其影响力几乎可以忽略不计。早在 4—14 世纪，基督教就已传入土库曼，当时各种基督教团体在土库曼境内进行活动，信奉基督教的主要是其境内的亚美尼亚人。而其境内的犹太人则信仰犹太教。这些宗教在土库曼斯坦的传播和发展，都受到了历史上不同时期的政治、经济和文化交流等因素的影响。然而，由于种种原因，它们未能在这片土地上广泛传播和壮大，始终处于宗教格局的边缘地带。①

2. 国家政策引导下的宗教发展

土库曼斯坦独立后，在国家《宪法》中明确规定保障公民的宗教信仰自由权利。这一政策的实施，为土库曼斯坦的宗教发展带来了新的机遇。国家取消了过去对宗教活动的种种限制，使得伊斯兰教在独立后得到了复兴和发展。越来越多的人开始公开表达自己的宗教信仰，参与宗教活动。为了满足信众的宗教需求，国家积极推动宗教基础设施的建设。从 1991 年到 1998 年，

---

① 参见徐晓天：《〈中国周边民族宗教概况〉专题之五土库曼斯坦民族宗教概况》，载《国际资料信息》2002 年第 11 期。

国内清真寺的数量从114座增加到240座，短短7年时间翻了一番多。同时，在宗教教育方面也取得了一定进展。国家开办了一批初级宗教学校，这些学校的毕业生可以前往土耳其和阿拉伯世界国家的伊斯兰教大学继续深造。国立马赫图姆库里大学还专门开设了神学系，为培养本土的宗教学者和神职人员提供了平台。此外，国家还将《古兰经》译成了土库曼语，方便更多信众学习和理解宗教教义。

土库曼斯坦《宪法》明确规定，土库曼斯坦是一个世俗国家，奉行政教分离政策。国家提倡宗教信仰自由，但不允许宗教介入政治和成立宗教性质的政党。《宪法》第11条规定，“国家保证宗教和宗教信仰自由，并保证其在法律面前一律平等，宗教组织同国家相分离，且不得行使国家职权”。这一规定从根本上确保了国家政治的独立性和世俗性，避免了宗教对政治决策的不当干预。在实际执行中，土库曼斯坦政府严格贯彻这一政策。宗教组织被明确界定为社会文化团体，其活动主要集中在宗教教育、文化传承和慈善事业等领域。这种政教分离的政策，既保障了公民的宗教信仰权利，又维护了国家政治的稳定和社会的和谐发展。

（六）民族结构

土库曼斯坦民族结构丰富多元，主要民族有土库曼族、乌兹别克族、俄罗斯族，以及哈萨克族、亚美尼亚族、鞑靼族、阿塞拜疆族等120多个民族。

土库曼族作为主体民族，约占全国总人口的80%。他们拥有深厚的历史文化底蕴，其起源可追溯至古代中亚的突厥部落。在漫长岁月里，土库曼族形成了独特的语言，属阿尔泰语系突厥语族，拥有自己的文字体系，这对传承本民族文化起到关键作用。其传统艺术形式多样，如闻名遐迩的土库曼地毯编织技艺，以精美的图案、细腻的工艺著称，不仅是实用品，更是承载民族记忆与情感的艺术品；还有独特的音乐舞蹈，节奏明快、动作热情奔放，在各类庆典活动中展现民族活力。在宗教信仰上，绝大多数土库曼族信奉伊斯兰教逊尼派，宗教教义深刻影响着他们的日常生活、道德观念与社会规范。

乌兹别克族在土库曼斯坦人口占比中位居前列，约为9%。乌兹别克族同样有着悠久历史，是中亚地区古老民族之一。他们的语言属阿尔泰语系突厥语族葛逻禄语支，和土库曼语在语法、词汇等方面有一定相似性，但也有自身独特之处。乌兹别克族以善于经商闻名，历史上在丝绸之路贸易中扮演重要角色，这也促使他们形成了开放、多元的文化特点。在建筑风格上，乌兹别克族传统建筑常带有精美的雕花、穹顶设计，体现出高超的建筑艺术水平；饮食文化方面，馕、手抓饭等美食独具风味，是其文化的鲜明标志。在宗教信仰方面，乌兹别克族也多信奉伊斯兰教逊尼派。

俄罗斯族在土库曼斯坦人口占比约为2%。俄罗斯族是随着沙俄在中亚地区的扩张，在不同历史时期迁徙而来。他们带来了俄罗斯的语言、文化与生活方式。俄语在土库曼斯坦部分地区尤其是城市中仍有一定使用范围，在教育、科技等领域也有一定影响力。俄罗斯族保留着本民族的传统节日，如新年、圣诞节等，庆祝方式充满俄罗斯风情，像新年时会布置枞树、互赠礼物。在艺术领域，俄罗斯的文学、音乐、舞蹈等在土库曼斯坦也广为人知，例如，柴可夫斯基的音乐作品、芭蕾舞剧等深受当地民众喜爱。

哈萨克族在土库曼斯坦也有一定数量分布。哈萨克族属蒙古人种北亚类型和欧罗巴人种印度地中海类型之间的混合类型，其语言属阿尔泰语系突厥语族克普恰克语支。哈萨克族以游牧生活闻名，逐水草而居的生活方式塑造了他们独特的文化。传统的哈萨克毡房，搭建便捷、适应游牧需求，内部装饰体现着民族审美。哈萨克族的传统体育活动，如叼羊、赛马等，充满激情与力量，展现出他们勇敢无畏的精神风貌。在文化传承方面，哈萨克族有着丰富的口头文学，如英雄史诗《玛纳斯》，通过世代传唱，讲述民族的历史与英雄事迹。

亚美尼亚族在土库曼斯坦同样构成其民族结构的一部分。亚美尼亚族有着自己独特的语言，属印欧语系亚美尼亚语族。亚美尼亚文化历史悠久，在建筑上，古老的教堂建筑风格独特，以精湛的石工技艺和独特的宗教装饰闻名。亚美尼亚族多信奉亚美尼亚使徒教会，宗教在其社会生活中占据核心地位，影响着节日庆典、家庭生活等各个方面。亚美尼亚的传统手工艺，如金银饰品制作、地毯编织等，工艺精湛，图案常蕴含着宗教寓意与民族传说。

鞑靼族在土库曼斯坦也有一定人口占比。鞑靼族语言属阿尔泰语系突厥语族钦察语支。鞑靼族历史上经历了复杂的融合与发展过程，其文化具有多元特征。他们在音乐方面，有着独特的民间曲调，乐器种类丰富；舞蹈风格热情欢快，动作幅度较大。在饮食上，鞑靼族的传统美食如鞑靼馅饼等独具特色，反映出其民族饮食文化的发展脉络。宗教信仰方面，多数鞑靼族信奉伊斯兰教逊尼派。

阿塞拜疆族在土库曼斯坦民族构成中也占有一席之地。阿塞拜疆族语言属阿尔泰语系突厥语族乌古斯语支。阿塞拜疆族文化融合了波斯文化与突厥文化的元素。在艺术领域，阿塞拜疆的音乐有着独特的木卡姆体系，旋律优美、情感细腻；传统舞蹈动作优雅，注重身体姿态的展现。阿塞拜疆族的建筑风格也独具特色，传统建筑常采用蓝色瓷砖装饰，色彩绚丽，形成独特的视觉效果。宗教上，阿塞拜疆族多信奉伊斯兰教什叶派。

众多民族共同生活在土库曼斯坦这片土地上，在长期的交流、融合过程中，各民族既保留了自身独特的文化传统，又相互借鉴、吸收，形成了丰富多彩、和谐共生的民族文化景观。不同民族的语言、宗教、艺术、习俗等相互交织，共同构成了土库曼斯坦独特的民族结构与多元文化魅力，为国家的发展注入了源源不断的活力。

三、经济概况

（一）经济发展史

1. 独立前的经济特点

（1）沙俄时期的经济发展

在沙俄统治下，土库曼地区深陷落后与封闭的困境。当时，土库曼人民主要以半游牧的生活方式为主，逐水草而居，畜牧业成为经济的核心支柱。这种传统的游牧经济，虽然在一定程度上适应了当地的自然环境，但生产方式极为粗放，严重依赖天然牧场和简单的畜牧技术，难以实现大规模的生产增长和经济发展。从产业结构来看，工业几乎处于空白状态。仅有的一些小企业和小作坊，规模极小且技术原始，主要从事农产品和原材料的初级加工，如简单的畜产品加工或粗陋的手工艺品制作。这些小工坊不仅生产效率低下，而且产品种类单一、质量粗糙，无法满足当地居民多样化的生活需求，更难以在市场上形成竞争力。

（2）苏联时期的经济发展

十月革命的胜利，为土库曼斯坦的经济发展带来了新的曙光。苏维埃政府和联盟中央高度重视少数民族地区的经济发展，积极贯彻列宁关于加速发展少数民族落后地区经济的方针，对土库曼等中亚地区实施了一系列优惠政策，并给予大量的物质援助。

在早期，苏联政府将发展的重点放在基础设施建设和工业基础的打造上。投入大量资金修建公路、铁路等交通设施，改善了土库曼的交通状况，加强了与苏联其他地区的联系，为物资运输和经济交流提供了便利条件。同时，大力发展电力工业，建设发电厂，提高了电力供应能力，为工业生产和居民生活提供了稳定的能源保障。在工业化进程中，土库曼逐渐建立起了石油工业、天然气工业、化学工业等多个工业部门。这些工业项目的建设，不仅改变了土库曼单一的经济结构，还为当地创造了大量的就业机会，吸引了众多劳动力从传统的畜牧业向工业领域转移，推动了城市化进程和经济的多元化发展。到20世纪60年代，土库曼的经济迎来了快速发展的黄金时期。1980

年，工业产值比 1940 年增长了 11 倍，比 1913 年增长了 77 倍；农业产值比 1940 年增长了 3.9 倍。这一时期的快速发展，使土库曼从一个经济落后的地区逐渐发展成为具有一定工业和农业基础的共和国，为其未来的经济发展奠定了坚实的基础。

2. 独立后的经济特点

丰富的能源资源赋予土库曼斯坦巨大的经济发展潜力。在全球能源需求持续增长的背景下，其能源出口优势凸显。大量的天然气和石油出口为国家带来稳定的外汇收入，这些资金可投入国内建设的多个领域。在基础设施建设方面，可用于修建公路、铁路、桥梁等交通设施，改善交通状况，促进国内贸易和对外交流；在教育领域，可加大对学校、教育设施的投入，培养高素质人才，为经济发展提供智力支持；在医疗方面，能够引进先进的医疗设备和技术，提高居民的健康水平。能源产业的发展还能带动上下游产业链的延伸。在勘探环节，需要专业的勘探技术和设备，这促进了相关技术的研发和引进；开采过程中，对机械设备的需求推动了制造业的发展；加工环节则进一步提高了能源产品的附加值，增加了经济效益；运输环节涉及管道运输、海运等多种方式，带动了运输业的进步。这些相关产业的协同发展，不仅创造了大量就业机会，还促进了技术创新和产业升级，为土库曼斯坦的经济多元化发展奠定基础。

（二）经济体制改革

1. 经济改革政策

（1）向市场经济过渡的政策方针

土库曼斯坦独立后，明确了向市场经济过渡的政策方针。这一决策是基于当时国内经济发展的需求以及国际经济形势的变化而做出的。1991 年土库曼斯坦宣布独立时，便将向市场经济过渡写进了关于土库曼斯坦独立和国家制度原则法律中，表明了其经济改革的决心。

在改革初期，土库曼斯坦采取了一系列措施来推动市场经济的发展。在价格改革方面，政府采取逐步建立符合市场经济体制的价格新机制的办法；其对部分商品放开价格，但同时对基本食品、能源、交通费等实行低价供应，国家严格控制粮食、肉、奶等基本生活必需品的价格。这种渐进式的价格改革方式，既考虑到了市场机制的引入，又保障了居民的基本生活需求，避免了因价格大幅波动引发的社会不稳定。随着时间的推移，土库曼斯坦不断完善市场经济政策。在金融领域，积极推动银行和金融税收体制改革。改革的重点是改变主要银行的职能，组建商业银行，建立证券交易所，并改革税收体制。目前，土库曼斯坦已拥有 67 家商业银行，证券交易市场也已开始运作，这一系列举措为市场经济的发展提供了有力的金融支持。

（2）经济改革的目的与条件

土库曼斯坦经济改革的重要目的之一是实现经济结构的调整与升级。土库曼斯坦长期以来经济结构单一，过度依赖能源产业。尼亚佐夫总统指出，经济改革本身包括结构改革和建立混合型经济。结构改革的实质在于，在国民经济综合体各部门的发展中，把重点从原料生产部门和开采部门转移到生产部门和加工部门。

为实现这一目标，土库曼斯坦加大了对农业和工业中加工制造业的投入。在农业领域，实行“新农村”政策，国家大力推行长期租赁制，广泛实行将土地交给私人耕种，以提高农业生产效率，实现粮食自给自足。在工业方面，除了继续发展能源产业，还积极发展化工、机械制造等产业。在化工领域，建设了多个化工园区，引进国外先进技术和设备，生产化肥、塑料等化工产品，不仅满足国内需求，还出口到周边国家。土库曼斯坦希望通过经济改革，把本国经济融入国际经济体系中去，并在国际劳动分工中确立自己的位置。独立后，土库曼斯坦破除苏联时期封闭、半封闭状态，实行对外开放政策，采取设立自由经济区等各种措施，积极引进和利用外资，大力参与国际经济合作。

2. 经济改革内容

（1）所有制改革

苏联解体后，土库曼斯坦原国有制主导的经济模式弊端尽显，难以适应新的发展需求，所有制改革迫在眉睫。为保障非国有化和私有化顺利推进，1992 年 2 月 18 日，土库曼斯坦政府颁布《国有财产非国有化和私有化法》，随后，陆续制定并完善了《企业法》《商业活动法》《国家税收法》《关税法》《国家银行法》等一系列法律法规，还对部分法律进行补充和修改，为改革提供了坚实的法律保障。新《宪法》第 9 条明确规定对生产资料、土地等的私人所有权，从根本大法层面确立了所有制改革的方向。土库曼斯坦国家财产委员会是实施非国有化和私有化的核心机构，直接对总统负责，全面管理国家财产。州、市、区人民代表苏维埃负责管理地方公共财产，严格执行国家财产管理委员会的决定。国家领导人认为，独立初期贸然大规模推行非国有化和私有化，极易引发社会动荡，不利于国家稳定与经济发展。应通过培育多种所有制，形成良性竞争机制，培养善于经营的新企业家群体，稳步推动私有化进程。

第一阶段（1992—1993 年）：采取渐进式策略，优先对中小企业、服务业实施私有化。重点针对日常服务行业、零售商业、公共饮食业、农工综合体加工部门、建筑和公路交通等与民生紧密相关的领域。这一举措迅速激活了市场，满足了居民多样化的生活需求。零售商业私有化后，大量小型商店和超市如雨后春笋般涌现，经营方式更加灵活多样，商品种类日益丰富，服务质量显著提升，极大地便利了居民生活。

第二阶段（1994 年起）：改革重心转向大型企业的非国有化和私有化，主要针对批发系统的仓储设施。这些环节在商品流通中起着关键作用，私有化后有效提升了运营效率，降低了物流成本，进一步促进了商品的流通与市场的繁荣，保障了市场供应的稳定与高效。私有化方式主要通过拍卖、租赁和股份制三种形式开展。拍卖是以公开竞价的方式将国有资产出售给私人或企业，确保资产价值最大化；租赁是将国有资产出租给承租方，在一定期限内由其经营管理，既赋予企业自主经营权，又能使国家获得稳定的租金收入；股份制则是将国有企业改组为股份公司，向社会公众发行股票，实现股权多元化，吸引社会资本参与企业经营，分散企业风险，引入先进管理经验与技术。在某小型国有企业的私有化过程中，采用股份制改造，成功吸引社会资本，使企业在资金、技术和管理等方面得到全方位优化，生产效率大幅提高，产品质量显著提升，市场竞争力显著增强。此外，对于外国法人、公民以及土库曼斯坦法人和公民在股份制企业中所占份额，由土库曼斯坦内阁依据国家经济发展战略和实际需求确定。根据私有化条例，燃料—能源综合体、航空、铁路运输和社会基础设施等关乎国计民生的关键部门，不实行私有化，以保障国家经济安全与社会稳定。

（2）农业改革

土库曼斯坦农业领域改革是其经济转型的关键部分，旨在提升农业生产效率，保障粮食安全，促进农业可持续发展。① 在政策方面，该国实施“新农村”政策，推行长期租赁制，鼓励私人耕种土地。国家不仅免除农民的土地税和牲口饲养税，还为棉农和粮农提供优惠贷款，激发农民的生产积极性。据相关统计，实施这些政策后，参与土地租赁的农民数量大幅增加，部分地区新增租赁土地面积达到数千公顷。在某地区，农民获得优惠贷款后，购买了先进的农业机械，提高了耕种效率，农作物产量较之前提升了 20%。

在农业基础设施建设上，土库曼斯坦加大投入，改善灌溉系统。该国地处中亚内陆，气候干旱，水资源短缺，因此节水灌溉技术的应用至关重要。

---

① 参见温巧玲、潘芳、易蓉等：《土库曼斯坦农食产品技术贸易措施体系研究》，载《质量安全与检验检测》2020 年第 6 期。

通过采用滴灌、喷灌等先进技术，水资源利用效率显著提高，部分农田的灌溉用水减少了 30%—40%，同时农作物产量却有所增加。在引进农业技术方面，积极与国际农业组织合作，如与联合国粮食及农业组织（FAO）开展合作项目，学习先进的种植和养殖技术，培育优良品种。在棉花种植上，引进的新品种棉花产量提高，纤维质量也得到改善，增强了在国际市场上的竞争力。土库曼斯坦还注重发展农产品加工业，延长农业产业链。通过建设农产品加工厂，将农产品加工成各类食品和工业原料。在水果加工领域，建立了多个水果罐头厂和果汁加工厂，不仅提高了农产品的附加值，还创造了大量就业机会。据统计，农产品加工业的发展为当地创造了数千个就业岗位，促进了农村经济的发展。

（3）价格改革

土库曼斯坦的价格改革是其向市场经济转型的重要举措，旨在建立合理的价格机制，平衡市场调节与民生保障。改革采取对部分商品放开价格，发挥市场供求关系的调节作用。随着部分商品价格放开，市场活力得到激发，企业能够根据市场需求灵活调整生产和定价。在服装、日用品等领域，市场上商品种类日益丰富，价格也因竞争而更加合理。据市场调研，这些领域的商品价格在价格放开后的一段时间内，平均降幅达到 10%—15%，消费者的选择增多，生活质量得到提升。对于基本食品、能源、交通费等，国家实行低价供应政策，严格控制粮食、肉、奶等基本生活必需品的价格。这一举措保障了居民的基本生活需求，维护了社会稳定。在价格改革初期，市场上部分商品价格波动较大，特别是在食品领域，部分食品价格出现上涨。政府通过加强市场监管，严厉打击价格违法行为，增加市场供应等措施，稳定了价格。在粮食供应上，政府建立粮食储备制度，当市场粮食价格上涨时，及时投放储备粮，平抑物价。

为确保价格改革顺利进行，政府建立了完善的价格监测体系，实时掌握市场价格动态。通过价格监测，能够及时发现价格异常波动，并采取相应调控措施。当发现某类生活必需品价格上涨过快时，政府会给予生产企业补贴，鼓励企业增加生产，同时加强市场巡查，防止商家哄抬物价。政府还注重引导市场预期，通过官方媒体发布价格信息和政策解读，增强市场信心。在价格改革过程中，政府不断总结经验，根据实际情况调整改革措施，使价格改革稳步推进，实现经济效率与社会公平的平衡。

4. 银行和金融领域改革

土库曼斯坦在银行和金融税收体制改革方面积极探索，旨在构建适应市场经济发展的金融体系。

在银行体制改革上，该国努力改变主要银行职能，大力组建商业银行。截至目前，已拥有67家商业银行，为市场提供了多样化的金融服务，满足了不同企业和个人的融资需求。这些商业银行在资金融通、储蓄服务等方面发挥着重要作用，有效促进了资金的流动和配置效率的提升。同时，土库曼斯坦建立证券交易所，为企业提供了新的融资渠道，推动了资本的市场化运作。不过，在证券市场发展初期，由于缺乏成熟的监管经验和专业人才，市场波动较大，投资者的信心受到一定影响。

在金融税收体制改革中，税收政策不断调整和完善。2017年10月9日，土库曼斯坦出台新的自由经济区法，为区内企业提供简化的行政程序以及显著的税收、海关、许可和其他监管优惠。自由经济区成员可享受多项优惠政策，在运营的前3年免交土地租赁费，接下来7年减免50%；在自由经济区运营期间免办营业执照；免交增值税；运营的前10年免征财产税和企业所得税；进出口货物免征关税。这一系列优惠政策吸引了大量国内外企业入驻自由经济区，促进了当地经济的发展。从2017年11月4日起，土库曼斯坦新合并的财政和经济部成为主要的税务监管机构，原主要的国家税务服务机构进行了重组，成为财政和经济部的税务部门，地区和区税务服务机构也相应重组为税务部门，这一调整旨在提高税收管理的效率和协调性。

四、外交概况

（一）中立外交政策

土库曼斯坦积极中立外交政策的确立，是多种因素交织的产物，有着深刻的历史、地缘政治、经济背景，并且通过一系列法律和象征举措得以巩固。

从历史角度看，苏联解体后，土库曼斯坦迎来独立。在此之前，作为苏联加盟共和国，它缺乏外交和国防自主权。独立后，土库曼斯坦急需探索一条符合自身发展的外交道路。当时的国际环境复杂，冷战虽已结束，但地区局势仍不稳定，周边国家存在诸多不确定因素。土库曼斯坦要在这样的环境中保障国家的和平与稳定，就需要制定一套切实可行的外交策略。

地缘政治因素对其外交政策的确立影响深远。土库曼斯坦地处中亚与南亚、西亚连接地带，周边有俄罗斯、伊朗、阿富汗等国家。这种特殊的地理位置使其成为大国势力的交汇点，历史上多次因地缘政治冲突受到波及。在苏联解体初期，周边国家的政治经济转型引发了一系列不稳定因素，如塔吉克斯坦内战、阿富汗局势动荡等。为避免卷入这些冲突，保障国家安全，土库曼斯坦选择中立，这能让它在复杂的地缘政治环境中独善其身。[①]

经济因素也是重要考量。土库曼斯坦自然资源丰富，天然气储量位居世界前列，经济发展高度依赖能源出口。稳定的国际市场和多元化的贸易伙伴关系对其经济增长至关重要。积极中立的外交政策有助于它在国际经济合作中保持独立性，避免因卷入政治军事联盟而影响自身经济利益。在能源出口方面，通过与多个国家建立平等互利的合作关系，土库曼斯坦确保了能源贸易的稳定，推动了国家经济发展。

在法律层面，土库曼斯坦将中立政策以法律形式确定下来。1992 年新《宪法》第 6 条规定，土库曼斯坦在对外关系中坚持中立原则，不参加任何军事集团。1995 年颁布的《永久中立法》进一步明确，土库曼斯坦作为国际社会的全权主体，承认普遍承认的国际法准则优先，在对外政策中坚持永久积极中立原则，不干涉其他国家内政，不诉诸武力，不参加军事集团和军事同盟。这些法律条文为其外交政策提供了坚实的法律保障。

（二）外交具体实践

土库曼斯坦在确立积极中立外交政策后，围绕这一核心展开了丰富的外交实践，以实现多维度的外交目标。在国际组织参与方面，土库曼斯坦积极投身其中，借助国际组织平台拓展外交空间。它已加入联合国、欧安组织、伊斯兰合作组织、不结盟运动等 40 多个国际和地区组织。在联合国，土库曼斯坦积极参与维和、人道主义援助等议题的讨论与行动，通过贡献力量提升自身国际影响力。在欧安组织中，凭借其独特的中立地位，在地区安全事务中发挥着沟通协调的桥梁作用，促进成员国间的对话与合作。在能源外交领域，通过加入国际能源论坛、世界能源理事会等组织，土库曼斯坦推动天然气资源的国际化开发。2000 年，其已与 96 个国家和地区建立经贸合作关系，引进外资 140 亿美元。其中，与中国的合作成果显著，2007 年中土天然气管道建成通气，年输气量达 400 亿立方米，不仅满足了中国的能源需求，也为土库曼斯坦带来了可观的经济收益。[②] 在与其他国家的关系构建上，土库曼斯坦有着明确的战略重点。在与俄罗斯的关系上，1992 年 4 月 8 日建交后，双方高层互访频繁。虽然土库曼斯坦在经济和军事上对俄罗斯有一定依赖，如天然气出口管道受俄罗斯制约、需与俄罗斯合作保卫边界，但土库曼斯坦始终坚持自身的中立原则。1992 年 7 月底，尼亚佐夫总统访俄，双方签订《土

① 参见韩玉蓉：《独立以来土库曼斯坦的政策选择》，载《东欧中亚研究》1996 年第 6 期。

② 参见刘洪伯：《中国与土库曼斯坦人文交流与合作的历程、现状与思考》，载《欧亚人文研究（中俄文）》2024 年第 4 期。

俄友好合作条约》，宣布为“战略伙伴”，还签署多项合作文件。1993 年 12 月 23 日，两国签订《关于土俄联合守卫土库曼斯坦国家边境条约》等文件。然而，土库曼斯坦并未因合作而放弃中立立场，其不加入独联体集体安全条约，保持军事中立。与邻国的关系上，土库曼斯坦积极推动区域合作。与伊朗、阿富汗、乌兹别克斯坦等邻国建立“睦邻友好节”等机制，增进民间交流与政府间互信。在经济合作方面，与伊朗共建“土伊天然气管道”，年输气量达 100 亿立方米，促进了双方的能源合作与经济发展。与阿富汗开展跨境贸易，在阿富汗重建过程中，土库曼斯坦提供人道主义援助，开放边境口岸，推动双方贸易往来，2022 年贸易额增长至 12 亿美元。在与西方发达国家的关系上，土库曼斯坦在能源领域积极开展合作；其与美国、欧盟建立能源合作框架，2003 年与美国签署《能源合作备忘录》。同时，保持与土耳其、沙特等伊斯兰国家的传统联系，在文化、经济等多领域进行交流合作。2020 年与欧盟签订《伙伴关系与合作协定》，进一步深化经济合作，在能源、基础设施建设等领域开展项目合作，促进了双方的共同发展。土库曼斯坦外交政策有着清晰的目标体系。在维护国家主权与领土完整方面，通过与俄罗斯签订《联合守卫边境条约》等一系列协议，建立联合边防机制，加强边境管控，有效保障了国土安全。在提升国际影响力方面，其担任联合国经社理事会成员（2019—2021 年）期间，积极参与国际经济社会事务的讨论与决策，推动中亚国家在国际舞台上的话语权提升。在为经济改革创造有利外部环境方面，通过加入世界贸易组织（2015 年），享受多边贸易体制带来的便利，吸引外资超 200 亿美元，推动了国内私有化改革，促进了经济结构的优化升级。在捍卫民族利益方面，在里海法律地位谈判中，土库曼斯坦坚持“分海不分水”原则，保障了自身在里海能源开发中的权益，维护了国家的经济利益。在发展平等互利的国际合作方面，与欧盟建立“能源伙伴关系”，2022 年欧盟进口土库曼斯坦天然气占其总需求的 8%，实现了双方在能源领域的优势互补。在确保外交活动符合宪法和联合国宪章方面，设立外交部国际法司，定期审查外交政策合规性，2023 年通过《外交政策白皮书》，对外阐明外交政策立场和行动准则，确保外交活动在法律和国际准则的框架内进行。

第二章　土库曼斯坦法律体系

一、法律体系的整体情况

（一）法系定位

土库曼斯坦属于大陆法系（又称成文法系或民法法系）国家，其法律体系以成文法为核心，并强调立法机关制定的法律规范的主导地位。[①] 目前法律制度正在从苏联法律制度转变，政府也一直致力于改革国家的法律和法律制度，土库曼斯坦已经初步形成了法律层级体系，宪法位居首位，其次分别为宪法性法律、法典和法律、总统令、议会决议、内阁决议和命令、国家权力机关和政府机构的示范法、地方长官的决议和地方议会的决议等。[②]

（二）法律分类

土库曼斯坦法典包括《民法典》《刑法典》《水法》《行政诉讼法典》《刑事诉讼法》《住房法》《仲裁程序法典》《海关法典》《民事诉讼法》《家庭法典》《卫生法典》《人口社会保护法典》《预算法典》《行政违法法典》《税法典》《劳动法》《森林法》《商船法规》《航空代码》《选举法》《陆上法》共 21 部法典。[③]

普通法律类别丰富，涉及社会各个领域。第一，外资法律主要包括《外国投资法》《外国特许权法》《自由经济区法》《对外经济活动法》《土对外经济活动措施的决议》《外资企业、外国公司办事处和代办处办理国家登记程序条例》《土外资项目登记、批准及监督实施条例》，这些法律为外国企业对土

---

① 参见《土库曼斯坦法律体系简介》，载全球法规网，http：//policy. mofcom. gov. cn/page/nation/Turkmenistan. html，2025 年 3 月 1 日访问。

② 参见土库曼斯坦司法部法律信息中心，https：//minjust. gov. tm/hukuk/merkezi，2025 年 3 月 1 日访问。

③ 参见土库曼斯坦司法部法律信息中心，https：//minjust. gov. tm/hukuk/merkezi，2025 年 3 月 1 日访问。

投资提供了法律依据，保护了外资在土库曼斯坦的合法权益，体现了土库曼斯坦对发展外资经济的高度重视，推动经济平稳发展[①]。第二，贸易相关法律主要有《关税法》《贸易法》《能源产品外销交易程序》《进出口商品海关征税规定》，为进出口贸易规定了明确的关税办法[②]。第三，公司法律包括《企业法》《企业经营活动法》《股份公司法》《国家对中小型企业的支持》《国际商事仲裁法》《破产法》。第四，金融外汇类法律制度包括《财产法》《中央银行法》《商业银行和银行活动法》《信贷机构与银行业法》《保险法》。第五，除了《劳动法典》，劳动就业法律制度有《劳动合同法》《外国公民赴土库曼斯坦临时工作条例》《外国公民在土库曼斯坦境内权利地位法》《就业法》《工商会法》。第六，土库曼斯坦注重对知识产权的保护，知识产权法律法规包括《著作权法》《专利法》《商标法》《发明和外观设计法》《商业秘密法》《欧亚专利公约》等。第七，土库曼斯坦国内自然资源种类丰富，其中石油、天然气储存量居于世界前列，为充分利用自然资源和保障自然资源产业开发，土库曼斯坦规定了相关法律，例如《油气资源法》《地下资源法》《矿产资源发》《天然气与天然气供应法》《管道运输法》《自然保护法》《关于节能和能源效率》等。第八，电子通讯、数据类法规包括《电讯法》《通信法》《土库曼斯坦发展互联网和提供网络服务的法律规定》《网络安全法》《电子政务法》《电子文档及其流转和数字服务法》等。由此可见，以上法律共同构成了土库曼斯坦完整的法律体系。

二、法律体系的具体架构

（一）宪法

《宪法》是土库曼斯坦的国家最高法律。《宪法》在序言中强调土库曼人的民族自决权、法治精神和公民权利，分为宪法基本原理、公民权利、自由和义务、国家机关、地方自治、选举制度、检察院、经济与金融以及最后条款等，共计 142 条。

1. 演变历史

1991 年 10 月 27 日，土库曼斯坦宣布独立并通过《土库曼斯坦独立和国家秩序基础宪法法》，其中初步确立了主权国家地位，明确法律至上，但仍然

---

① 参见中国国际贸易促进委员会法律事务部、中国经济信息社编著：《“一带一路”国别研究（第三辑）：土库曼斯坦》，新华出版社 2018 年版，第 29—30 页。

② 参见中国国际贸易促进委员会法律事务部、中国经济信息社编著：《“一带一路”国别研究（第三辑）：土库曼斯坦》，新华出版社 2018 年版，第 32 页。

沿用苏联时期的最高苏维埃作为过渡立法机构。[①] 土库曼斯坦在 1992 年 5 月 18 日颁布了国家独立之后的第一部新宪法。其中详细规定了土库曼斯坦的国体、政体、国家元首、权力机关等内容。1995 年 12 月 27 日，人民委员会将土库曼斯坦永久中立国地位写入宪法，并在国旗和国歌中得以体现。[②] 1992 年《宪法》于 1995 年、1999 年、2003 年、2006 年、2008 年进行了修订，最新《宪法》于 2016 年 9 月 14 日通过，2017 年、2020 年以及 2023 年修订和补充。《宪法》是土库曼斯坦自独立以来制定的根本大法，目的是确立人民政权和法治国家的准则，保障每个公民的权利和自由，竭力保证公民和睦与民族和谐。[③]

2. 基本原则

《宪法》第一节主要规定了土库曼斯坦宪法中的一些基本原则。一是人民主权原则，人民是国家政权的所有者和唯一来源，人民直接或通过代表机构行使权力。[④] 二是人民至上原则，人民是社会和国家的最高价值，国家对公民负责，保护公民权益不受侵害，且公民应该履行相应责任和义务。三是三权分立原则，立法、司法和行政权三权分立，相互制约与平衡。[⑤] 四是宪法至上原则，宪法是国家的基本法。任何与宪法相抵触的法律无效，国家机关和公职人员以宪法为前提和基础。[⑥] 五是永久中立原则，土库曼斯坦作为独立国家，始终奉行永久中立、不干涉别国内政的外交政策，与其他国家形成和平友好关系。土库曼斯坦承认普遍接受的国际法准则的优先地位。[⑦] 六是私有财产不受侵犯原则，土库曼斯坦赞成私人拥有生产资料、土地和其他物质和精神价值的权利，只有在法律规定的情况下才允许没收财产。七是市场经济原则，土库曼斯坦的经济以市场关系为原则和基础，国家支持各种所有制经济的发展。八是宗教信仰自由原则，土库曼斯坦奉行政教分离和宗教信仰自由政策，宗教不得干涉国家事务，不得履行国家职能。宗教信仰自由主张每个人都有权独立决定自己的宗教信仰，有权单独或与他人共同信仰宗教或不信

---

① 参见《土库曼斯坦独立 30 周年：主权发展道路》，载中国地质大学土库曼斯坦研究中心官网，https：//cugtkm. cug. edu. cn/info/1062/1509. htm，2025 年 3 月 1 日访问。

② 参见岳书光：《中亚五国宪法概况》，载《新疆社科论坛》2009 年第 3 期。

③ 参见中国国际贸易促进委员会法律事务部、中国经济信息社编著：《“一带一路”国别研究（第三辑）：土库曼斯坦》，新华出版社 2018 年版，第 23 页。

④ 参见《宪法》第 3 条。

⑤ 参见《宪法》第 6 条。

⑥ 参见《宪法》第 8 条。

⑦ 参见《宪法》第 2 条。

仰宗教，有权表达和传播与宗教态度有关的信仰，有权参加宗教仪式。[①]

3. 公民权利及义务

土库曼斯坦《宪法》对公民的权利和义务进行了详细具体的规定。常见如公民权利不可侵犯、法律面前人人平等、居住权、人身自由、集会结社游行示威自由、选举权和被选举权、劳动权、休息权、社会保障权、受教育权、艺术创作自由等。[②]

其中，土库曼斯坦《宪法》对生命权进行了明确规定，即公民享有生命权和自由权，任何人的生命权都不能被剥夺，并出于对生命权的保护废除死刑。[③] 在行政、司法方面也规定了一些公民权利：第 60 条规定公民有权对国家机关、社会团体和公职人员的决定和行为提出上诉；第 61 条规定公民有权对国家机关非法行为导致的精神、物质损害请求赔偿；第 64 条强调加重处罚的规定不溯及既往。[④]《宪法》中规定公民有保护国家的义务并实行强制兵役制度、依法纳税义务、在土库境内需遵守宪法和法律，尊重民族传统。更为重要的是规定公民在行使以上权利时要履行义务和责任。

4. 国家权力及政府体系

土库曼斯坦《宪法》共分五部分阐述国家权力和政府体系，分别是：第一章总则、第二章总统、第三章议会、第四章内阁和第五章地方机构。第一章总则中简要概括立法权、司法权和行政权的行使机关，并明确列举地方代表机构和行政机关。总统是土库曼斯坦的国家元首和行政首脑，也是国家的最高官员。议会是行使立法权的最高代表机构。内阁（政府）是执行和管理机构。

第一，总统。总统是土库曼斯坦的国家元首和行政首脑，是国家的最高官员，同时也是土库曼斯坦国家独立和中立地位、领土完整、确保宪法得到尊重以及国际义务得以履行的保障者。[⑤] 出生于土库曼斯坦的公民，年龄不低于40岁，会说本国语言，在过去 15 年里一直在土库曼斯坦生活可以当选为土库曼斯坦总统。土库曼斯坦总统由人民依法直接选举产生，任期 7 年，依法宣誓就职。具体职权包括：贯彻执行宪法和法律；监督实施外交政策，代表土库曼斯坦进行外交活动，任命和召回土库曼斯坦驻外国、国家间及国际

① 参见《宪法》第 18 条。
② 参见《宪法》第 2 章。
③ 参见《宪法》第 32 条。
④ 参见《宪法》第 60、61、64 条。
⑤ 参见《宪法》第 68 条。

组织的大使和其他外交代表，接受外国外交代表的就任书和离任书；组建土库曼斯坦总统办公厅；土库曼斯坦武装部队最高指挥官，命令全面或部分动员、使用武装部队及其军事（战备）状态，任命土库曼斯坦武装部队最高指挥官；组成并领导土库曼斯坦国家安全委员会，其地位由法律确定；批准国家政治、经济和社会发展的纲领和基本方向；将国家预算和其执行情况报告提交议会审议和批准；签署法律，有权在不晚于两周的时间内，行使搁置否决权，将附有其反对意见的法律退回议会进行第二次审议和表决。如果议会以不少于法定代表人数 2/3 的票数确认先前作出的决定，土库曼斯坦总统则签署该法律。总统对有关宪法修正案和补充案的法律不享有搁置否决权；组建土库曼斯坦中央选举和公民投票委员会，并对其组成进行变更；指定公民投票的日期，有权提前召开议会会议；决定有关授予和取消公民身份、给予庇护的问题；颁发土库曼斯坦荣誉和其他国家奖励，并授予军事和其他国家特殊头衔和奖章；经议会同意，任命和罢免最高院院长、总检察长、内务部部长、司法部部长；进行赦免和大赦；宣布在土库曼斯坦全国领土或某些地区实行紧急状态；颁布法令、对整个土库曼斯坦领土具有约束力的法令、决定和命令；决定《宪法》和法律规定的属于其职权范围的其他问题。[①]

除《宪法》明确规定，土库曼斯坦总统无权将其权力移交给其他公共权力机构或官员。如果土库曼斯坦总统因任何原因无法履行职责，在选举新的临时总统之前，根据国家安全委员会的决定，总统的职责可委托给人民委员会主席。在这种情况下，土库曼斯坦总统的选举应自转交之日起 60 天内举行。[②]

第二，议会。土库曼斯坦的 Mejlis（议会）是行使立法权的最高代表机关。[③] 议会由 125 名代表组成，由选民人数大致相等的地方选区选举产生，任期 5 年。议会自主确定代表的职权，从代表中选举产生议会主席、副主席，组建各委员会和专门委员会。上一届土库曼斯坦议会的议员在新议会首次会议召开之前继续留任。[④] 在下列情况下，议会可以提前解散：根据全民公决决定；根据议会的决议，经不少于规定人数的议会议员 2/3 的票数通过（自行解散）；如果在 6 个月内未能完成土库曼斯坦议会官员（议长、副议长等）的组建工作，则由土库曼斯坦总统提前解散议会。[⑤] 具体职权包括：制定和修改

① 参见《宪法》第 71 条。
② 参见《宪法》第 76 条。
③ 参见《宪法》第 77 条。
④ 参见《宪法》第 78、80 条。
⑤ 参见《宪法》第 79 条。

法律，解释说明并监督其执行情况；审议并批准土库曼斯坦内阁的工作计划；审查与批准土库曼斯坦国家预算及其执行情况报告相关的问题；审议国家政治、经济和社会发展的基本方向和规划；决定是否举行全国公民投票；任命（决定）土库曼斯坦总统、议会代表、州、地区、市代表机构以及地方人民会议成员的选举事宜；由土库曼斯坦总统提议，选举人权委员会主席；讨论土库曼斯坦总统就最高法院院长、总检察长、内务部部长、司法部部长的任免相关问题；设立国家奖项，向土库曼斯坦总统授予国家勋章，授予其军衔和荣誉称号；审查国家权力机关和行政机关（政府）的行为及其文件合宪性问题；批准和废止国际条约；审议国界变更以及行政区域划分；审查和平和安全问题；决定根据宪法和法律属于议会职权范围内的其他问题。①

除通过和修改宪法、刑法与行政法、诉讼程序立法外，议会可以将就部分颁布法律的权力移交给土库曼斯坦总统，随后由议会审议批准。②

第三，内阁。土库曼斯坦内阁（政府）是执行和行政机构。土库曼斯坦总统兼任土库曼斯坦内阁首脑。内阁由内阁副主席和部长组成。土库曼斯坦总统可以让其他担任中央行政权力机构负责人的人员进入内阁任职。内阁由土库曼斯坦总统在就职一个月内组建，并在新当选总统就职后将其权力移交给新总统。③ 具体职权包括：执行土库曼斯坦法律、土库曼斯坦总统签署的法律文件和议会法案；采取措施保障和维护公民的权利与自由，保护财产权、维护公共秩序以及国家安全；制定关于土库曼斯坦内外政策、经济和社会发展基本方向的建议，并提交议会审议；管理国家经济、社会和文化发展事务；组织对国有企业、事业单位和机构的管理工作；确保自然资源的合理利用和保护；采取措施加强货币和信贷体系；必要时，组建内阁直属委员会、管理总局及其他部门；开展对外经济活动，促进与外国各方面的联系；领导政府机构、国有企业和组织的工作；有权撤销各部委以及地方行政权力机构的规定；履行根据土库曼斯坦宪法、法律及其他规范性法律文件属于其职权范围内的其他职责。④

第四，地方机构。在州、区、市根据法律规定设立地方代表机关——人民委员会（人民议会），由居住在相应行政区域内的公民按照法律规定的方式选举产生。具体职责包括：参与组织实施经济、社会和文化发展规划；批准地方预算及其执行报告；对公民法律遵守，社会保障和公民权益维护进行监

---

① 参见《宪法》第 81 条。
② 参见《宪法》第 82 条。
③ 参见《宪法》第 92 条。
④ 参见《宪法》第 94 条。

督；听取地方行政机关领导人关于本地区经济、社会和文化发展领域活动的报告；解决土库曼斯坦法律赋予地方权限内的其他问题。①

第五，地方自治。地方自治体系由地方议会和地区性社会自治机构组成。地方人民议会是代表机构。地方人民会议的成员由公民选举产生。具体职责包括：确定其辖区经济、社会和文化发展的基本方针；制定并批准预算以及预算执行情况报告；设立地方税收项目及其征收方式；管理地方拥有的财产；制定合理利用自然资源和环境保护的措施；可以依照国家法律扣除部分上缴实物和财政，用于维持本区域发展。对扣除部分的使用由国家监督；处理法律赋予的其他问题。②

第六，选举机制。土库曼斯坦总统、议会代表、人民议会成员以及地方人民议会成员的选举是普遍且平等的。年满 18 岁的土库曼斯坦公民拥有选举权；每位选民只有一票。被法院认定为无行为能力的公民、在监狱服刑的人员不参与选举。在其他情况下禁止限制公民的选举权，否则会受到法律惩处。③ 当选者由公民直接选举产生。选举采用无记名投票方式，投票过程中不允许操纵选民的意愿。国家和地方可就国家和公共生活的重大问题举行全民公决。公民公决通过的决定只能通过全民公决的方式废除或修改。根据土库曼斯坦议会至少代表总数 2/3 以上的提议，或不少于 25 万名合格选民的请愿，土库曼斯坦议会有权举行全民公决。④ 公民投票通过普遍、平等、直接和不记名投票进行。拥有选举权的土库曼斯坦公民可以参加公民投票。值得注意的是，选举和公决不在紧急状态期间举行。⑤

（二）刑法

《刑法典》是土库曼斯坦最新的刑事实体立法，2022 年 4 月土库曼斯坦总统谢尔达尔·别尔德穆哈梅多夫在阿什哈巴德市签署并发布了这部法典，该法典于 2023 年 1 月 1 日起产生效力。这部法典是在 1997 年施行的《刑法典》的基础上制定的，共计 407 条。

1. 基本介绍

《刑法典》是维护社会秩序和公共安全的核心工具。《刑法典》是土库曼斯坦国家惩治犯罪，保护国家和人民利益的核心法典，是处理刑事案件的主

---

① 参见《宪法》第 110 条。

② 参见《宪法》第 116、117 条。

③ 参见《宪法》第 119 条。

④ 参见《宪法》第 124、125、126 条。

⑤ 参见《宪法》第 128 条。

要法典。自1997年颁布《刑法典》后，经过多年发展，土库曼斯坦国内现行法典为2022年修订版。作为遵循大陆法系的国家，土库曼斯坦《刑法典》主要分为刑法总则和分则两大部分，共分为14编、34章、407条，其中第一编至第六编（第1章—第15章）为总则部分，剩下为分则部分。

2. 基本原则

一是罪刑法定原则。第3条规定行为的犯罪性、可罚性以及其他法律后果由刑法明文规定，不适用类推原则。二是罪责刑相适应原则。个人仅对其实施的、导致损害后果的行为（或不作为）承担刑事责任，未造成损害的行为不追究刑事责任；对犯罪行为人适用刑罚和其他刑事法律制裁措施必须公正，应根据犯罪的严重性、犯罪情节和犯罪人的个人情况来确定。三是适用法律一律平等原则。犯罪行为人在法律面前一律平等，不论其种族、肤色、性别、出身、财产状况、居住地、语言、宗教信仰、政治等。对犯罪行为人适用的刑罚和其他刑事法律制裁措施不得以剥夺其人身自由为目的，也不得降低其人格地位。

3. 犯罪

（1）犯罪概念

犯罪概念是对犯罪行为进行界定和识别的基础，是刑事法的基础和出发点。《刑法典》第10条规定犯罪是指对刑法所保护的对象造成损害或者可能造成损害的行为，无论是通过行为还是不作为实施的，都被称为犯罪并应承担刑事责任。

（2）犯罪等级

《刑法典》根据行为的严重程度和行为的性质，将犯罪行为分为轻微犯罪、中等犯罪、严重犯罪和特别严重犯罪。轻微犯罪，是指《刑法典》中规定的最高刑罚为2年以下监禁的犯罪行为；中等犯罪，是指《刑法典》中规定的最高刑罚为8年以下监禁的犯罪行为；严重犯罪，是指《刑法典》中规定的最高刑罚为15年以下监禁的犯罪行为；特别严重犯罪，是指《刑法典》中规定的最高刑罚为25年以下监禁的犯罪行为。①

（3）故意犯罪的停止形态

故意犯罪的停止形态是指故意犯罪在其产生、发展和完成犯罪的过程及阶段中，因主客观原因而停止下来的各种犯罪状态。这些状态包括犯罪预备、犯罪未遂、犯罪中止和犯罪既遂。《刑法典》中对犯罪预备、未遂、中止和既遂作出了明确规定。第一，犯罪预备是指收集工具和物资、准备或使其可用、

① 参见《刑法典》第11条。

为犯罪达成协议或创造犯罪所需的其他条件，但因行为人自身以外的原因导致犯罪未能完成。该部《刑法典》中认为只有在犯罪预备涉及中等严重、严重或特别严重犯罪时，才追究刑事责任。[①] 第二，故意实施犯罪行为的行为或不作为，由于行为人自身以外的原因未能完成犯罪，则被视为犯罪未遂。[②] 如果一个人在实施未遂犯罪后，彻底放弃继续实施该犯罪行为，并采取措施阻止犯罪结果的发生，可认定为犯罪中止。第三，犯罪既遂是指行为人实施的行为具备了本法典规定的犯罪构成的全部要件。[③]

（4）共同犯罪

为明确各参与者的责任，精准打击犯罪行为，《刑法典》第六章对共同犯罪进行了具体说明。首先该法第 29 条规范了共犯的概念：两人或两人以上共同故意实施犯罪的行为被称为共同犯罪（共犯）。[④] 共同犯罪的种类包括①除了犯罪者之外，组织者、教唆者和怂恿者也被认定为犯罪共犯。②犯罪的实施者是直接实施犯罪的人，或者与其他人一起直接参与实施犯罪的人以及利用其他依法不负刑事责任的人实施犯罪的人。③组织者是指组织、指挥实施犯罪以及建立、指挥有组织的团伙、犯罪同伙实施犯罪的人。④通过劝说、贿赂、威胁或其他方式诱使犯罪的人应被认定为教唆犯。⑤通过提供建议、指示、信息、犯罪工具、手段或者排除障碍，帮助实施犯罪的，以及事先答应隐匿罪犯、武器或者其他犯罪手段、犯罪痕迹或者通过犯罪手段获得的物品的，以及事先答应获取或者处分上述物品的，应当认定为共犯。[⑤] 共犯的刑事责任认定需要根据其在犯罪行为中参与的程度和作用来认定。共同实施犯罪的人根据《刑法典》的相关条款对共同实施的犯罪行为承担责任。教唆犯、帮助犯和从犯的责任根据《刑法典》第 30 条的规定，与实施犯罪的人的责任有所不同，具体依照《刑法典》特别部分的相关条款确定。如果由于不可归因于实施犯罪的人的原因，犯罪未能既遂，其他同伙因参与准备犯罪行为或参与犯罪意图的形成，仍需承担刑事责任。实行犯实施其他共犯意图范围之外的犯罪行为时，应认定为实行犯的过限行为。因实行犯的过限行为，其他共犯不承担刑事责任。

（5）犯罪阻却事由

犯罪阻却事由是指某一行为虽然在客观上具备了刑法对某一犯罪规定的

---

① 参见《刑法典》第 13 条。

② 参见《刑法典》第 14 条。

③ 参见《刑法典》第 12 条。

④ 参见《刑法典》第 29 条。

⑤ 参见《刑法典》第 30 条。

行为形式，但由于其行为本身实质上是有利于社会，从而不具有社会危害性，或者由于行为人缺乏主观罪过，从而不具有主观危险性，因此刑法明确规定该行为不构成犯罪的情形。

①正当防卫。

若为防止针对防卫者本人或他人生命的危险暴力行为，或直接以实施此类暴力相威胁的行为，而采取任何损害手段保护个人、防卫者、他人、社会及国家的法定权利与合法利益，则该行为不构成犯罪，并视为合法。若防卫行为与针对本人或他人生命的危险暴力或威胁无关，或虽存在关联但明显超出正当防卫的必要限度，则该行为不得视为合法。即使存在逃避侵害的可能性，或可向他人或权力机关寻求帮助，个人仍享有实施正当防卫的权利。[①] 除了一般的正当防卫规定，《刑法典》中还规定了特殊情形，即第 35 条在逮捕罪犯时的伤害责任：在对罪犯实施逮捕时，若罪犯进行反抗且无其他可行手段予以控制，采取的措施未超出必要限度，则对其造成的损害不构成犯罪。若逮捕措施明显超出必要限度（即所使用手段的性质、危险性与逮捕情境明显不相称，或在无必要情况下实施明显过度伤害），则视为非法。仅当超出限度行为存在故意时，方追究刑事责任。[②]

②紧急避险。

在紧急避险情形下，为消除直接威胁个人或他人生命、健康、法定权利等其他现实危险，若该危险在特定情境下无法通过其他手段消除，且避险行为未超出必要限度，则造成的损害不构成犯罪。若避险行为明显超出必要限度（即造成的损害与所避免的危险性质及程度明显不相称，或对受法律保护的利益造成的损害显著大于所避免的损害），则视为非法。仅当超出限度的损害行为存在故意时，方追究刑事责任。[③]

4. 刑罚

《刑法典》规定的土库曼斯坦刑罚种类大体可以分为以下几种：承担赔偿损害义务；罚款；剥夺担任特定职务或从事特定职业的权利；剥夺国家奖励、特殊类型奖励、军衔或其他称号；强制劳动；矫正劳动；强制在特定地点居住；没收财产；限制自由；剥夺自由。对军事人员采取限制服兵役和关押在军事教养所的刑罚措施。[④]

其中，罚款、强制劳动、矫正劳动、限制自由、限制服兵役、在军事矫

---

① 参见《刑法典》第 34 条。

② 参见《刑法典》第 35 条。

③ 参见《刑法典》第 36 条。

④ 参见《刑法典》第 41 条。

正部门拘禁、剥夺自由仅作为主刑适用。承担赔偿损害义务、剥夺担任特定职务或在特定领域从业的权利、强制在特定地点居住，既可作为主刑，也可作为附加刑适用。剥夺国家奖励或特殊类型奖励、军衔或其他称号，以及无偿没收财产，仅作为附加刑适用。[①]

（1）量刑制度

①累犯。

累犯可以分为一般累犯、危险累犯和特别危险累犯。一般累犯是指曾因故意犯罪被判处刑罚的人员再次实施故意犯罪。危险累犯的情形有：曾因故意犯罪被两次判处剥夺自由刑的人员再次实施故意犯罪；曾因故意实施严重或特别严重犯罪被判处刑罚的人员，再次故意实施严重犯罪。构成特别危险累犯的情形包括：曾因故意实施严重或中等严重犯罪被 3 次及以上判处剥夺自由刑的人员，因再次故意犯罪被判处剥夺自由刑；曾因特别严重犯罪被判处刑罚的人员，再次实施特别严重犯罪。以下情形在认定累犯时不予考虑：未满 18 周岁时实施犯罪的前科记录；根据《刑法典》第 80 条规定程序注销或自动消除的前科记录。[②]

累犯的刑罚确定规则如下：在认定一般累犯、危险累犯或特别危险累犯时，确定刑罚应综合考虑“所实施犯罪的数量、性质、严重程度及后果”；“前科刑罚的矫正效果不足的具体表现”；“新犯罪行为的性质、严重程度及后果”。一般累犯量刑不得低于该罪行法定刑种最高刑期的 1/2；危险累犯的量刑不得低于该罪行法定加重刑种最高刑期的 2/3；而特别危险累犯不得低于该罪行法定加重刑种最高刑期的 3/4。若存在《刑法典》第 58 条规定的特殊情形（如减轻情节），可突破最低刑期限制，根据个案情况确定刑罚。[③]

②减轻刑事责任的情节。

初次实施非严重或中等严重程度的犯罪行为；犯罪人系未成年人；怀孕状态；犯罪人有多子女家庭或需抚养幼童；因生活困难而实施犯罪；在威胁、强迫或物质/职务依赖状态下实施的犯罪，或执行违法命令/指示的犯罪；在防卫过当、抓捕犯罪人时、紧急避险或合理风险情况下实施的犯罪；因精神障碍或智力发育迟滞导致认知能力受限时实施的犯罪；因受害人的违法或不道德行为引发的犯罪；犯罪后主动自首、协助揭露犯罪、追查涉案人员或追缴犯罪所得；犯罪后立即救助受害人、自愿赔偿损失或采取其他补救措施。若所述情节已在《刑法典》分则相关条款中作为特定犯罪的量刑依据，则不

---

① 参见《刑法典》第 42 条。

② 参见《刑法典》第 18 条。

③ 参见《刑法典》第 61 条。

得重复视为减轻情节。量刑时可考虑本条未列明的其他减轻情节。当存在减轻情节且无加重情节时，刑罚不得超过分则相关条款规定刑种最高刑期的3/4。[①]

③加重刑事责任的情节。

累犯、惯犯或有预谋地实施犯罪；犯罪造成严重后果；两人及以上共同实施犯罪，或有组织犯罪集团、犯罪团伙参与犯罪；在犯罪中起主要作用；教唆明知患有精神疾病者、醉酒者或未达刑事责任年龄者实施犯罪；出于政治、社会、民族、种族、宗教仇恨或敌视动机实施犯罪；为掩盖其他犯罪、便利犯罪实施或针对他人合法行为实施报复；针对明知怀孕的妇女、未成年人、无防卫能力者或受犯罪人抚养者实施犯罪；以特别残忍手段、侮辱性方式或对受害人及其近亲属施加折磨实施犯罪；使用武器、实施身体或精神暴力实施犯罪；利用紧急状态、自然灾害、社会动荡或其他公共灾难实施犯罪；滥用职务、职业或社会职责实施犯罪，或针对履行上述职责者及其亲属实施犯罪；采用危害公共安全的方式实施犯罪；出于卑劣动机实施犯罪；在醉酒或受麻醉品、精神药物影响状态下实施犯罪。[②]

④未遂犯罪量刑。

在确定未遂犯罪刑罚时，应考虑致使犯罪行为未能实施完毕的具体情节。对犯罪预备的处罚，不得超过《刑法典》分则相应条款对既遂犯罪规定的最重刑种最高刑期的1/2。对自动中止犯罪行为的处罚，不得超过《刑法典》分则相应条款对既遂犯罪规定的最重刑种最高刑期的3/4。[③]

⑤数罪并罚。

数罪并罚时，应当对每个犯罪分别确定刑罚。如果数罪中包含不严重的重罪或中等严重程度的犯罪，可以通过吸收较轻刑罚或者部分或全部合并刑罚的方式确定最终刑罚。在此情况下，合并后的最终刑罚不得超过所犯罪行中最严重犯罪所规定的最高刑罚。如果所犯数罪中包含重罪或特别严重的犯罪，则应当通过部分或全部合并刑罚的方式确定最终刑罚。在此情况下，剥夺自由形式的最终刑罚不得超过所犯罪行中最严重犯罪所规定的最高刑罚。可以在主刑之上附加附加刑。在部分或全部合并附加刑的情况下，最终附加刑不得超过《刑法典》总则对该刑种规定的最高期限或数额。如果在案件判决后，发现被终止案件的被告人在第一个案件判决前还犯有其他罪行，则应当按照本条规定确定刑罚。在此情况下，第一个判决所执行的刑罚期限应当

---

① 参见《刑法典》第56条。

② 参见《刑法典》第57条。

③ 参见《刑法典》第59条。

计入最终刑罚的总期限。[①]

⑥缓刑（有条件地免除刑罚）。

如果法院认为可以免除刑罚或在军事矫正部门关押的形式下判处刑罚，且被判刑人在服刑期满前有可能改过自新，法院可以作出有条件地免除刑罚的判决。在有条件地免除刑罚的情况下，法院会考虑所犯罪行的性质、严重性及其后果，以及减轻或加重情节，并考虑犯罪人的个人情况。对于特别严重的犯罪，不适用有条件地免除刑罚。[②]

法院可以为其设定考验期，在此期间，犯罪分子必须通过自己的行为证明自己已经改过自新。如果犯罪分子被判处军事矫正部门关押或不超过1年的剥夺自由，考验期不得少于6个月且不得超过3年；如果被判刑人被判处超过1年的剥夺自由，考验期不得少于9个月且不得超过5年。在有条件地免除刑罚的情况下，可以附加其他刑罚。对被判刑人行为的监督由内务部门执行，对于军人，则由军事部门和机构的领导执行。在考验期内，法院可以根据执行监督的机构的建议，全部或部分撤销或补充原先对被判刑人设定的义务。[③]

⑦自首。

对于首次犯较轻或中等严重罪行的人，如果犯罪后自首，坦白交代自己的罪行，主动提供有助于揭露犯罪的信息，积极协助调查犯罪，赔偿犯罪造成的损害，或者通过其他方式弥补犯罪造成的损失，并且没有受到受害人的投诉，综合考虑其个人情况，可以免除其刑事责任。该规定不适用与恐怖主义、极端主义相关的犯罪，有组织犯罪集团或犯罪团伙实施的犯罪，未成年人参与的性犯罪，以及针对他人健康的犯罪。此外，本条也不适用于《刑法典》其他章节中明确规定的其他情形。同样，对于未成年人参与的性犯罪，适用本条的规定也有所不同。[④]

⑧和解免责。

土库曼斯坦《刑法典》中特殊规定了通过和解可以免除刑事责任的条款。该条款是指初次实施不严重的重罪或中等严重程度犯罪的行为人，若与受害人（或自诉人）达成和解并赔偿所造成的损害，可免除刑事责任。未成年人、孕妇、抚养3岁以下子女或18岁以下残疾子女的妇女、单独抚养3岁以下子女或16岁以下残疾子女的男性、退休年龄人员首次实施未导致死亡或严重健

① 参见《刑法典》第62条。

② 参见《刑法典》第67条第1、2款。

③ 参见《刑法典》第67条第3、4、5款。

④ 参见《刑法典》第70条。

康损害的严重犯罪时，若与受害人（或自诉人）达成和解并赔偿损害，可免除刑事责任。若犯罪行为损害社会或受法律保护的国家利益，但本条所述人员真诚悔过并赔偿损害，可免除刑事责任。和解免责也有不适用的情形，分别是：针对未成年人的性侵犯罪（不排除 14 至 18 岁未成年人实施此类犯罪的情形）；故意致人死亡的犯罪；过失导致两人以上死亡的犯罪；腐败、恐怖主义、极端主义相关犯罪；与麻醉品、精神药物等非法流通相关的犯罪；有组织犯罪集团实施的犯罪。①

（2）刑罚执行制度

①假释。

在强制劳动、矫正劳动、兵役限制或监禁刑期届满前，若法院认定服刑人员已通过实际改造证明无需服满所判刑期即可改过自新，可予以有条件提前释放。此种情况下，可对服刑人员予以完全或有条件的部分刑期减免。②

适用有条件提前释放时，法院可要求被释放人员在剩余刑期内履行《刑法典》规定的义务。根据《刑法典》规定，被判处严重或较严重犯罪的犯罪分子，必须执行所判刑期的 1/3；被判处特别严重犯罪的犯罪分子，必须执行所判刑期的 1/2；对特别危险累犯或曾获有条件提前释放人员，必须执行所判刑期的 2/3，但需符合本条相关规定。实际服刑期限不得少于 6 个月。但是对于曾犯特别严重罪行又犯严重或特别严重罪行的犯罪分子以及特别危险的累犯不适用假释。③

假释由刑罚执行机关与刑事执行监督机关联合提议，经服刑人员服刑地法院裁定。普通公民的假释监督由内务机关实施，现役军人则由军事单位指挥机关实施。在未服满刑期期间：若被释放人员违反公共秩序受到行政处罚，或故意逃避义务，法院可根据相关机关联合提议撤销提前释放，继续执行剩余刑期；若过失犯罪，由法院决定是否维持提前释放；若故意犯新罪，法院应依照《刑法典》规定数罪并罚。维持提前释放的，对过失犯罪按同条规定量刑。④

②未服完刑期以较轻刑罚替代。

该制度类似于我国的减刑制度，是指对正在服监禁刑的罪犯，刑罚执行机关与刑事执行监督机关可联合提议，由法院根据其服刑期间的表现，将剩余刑期替换为较轻刑罚。在此情况下，可对罪犯完全或部分免除附加刑。适

① 参见《刑法典》第 71 条。

② 参见《刑法典》第 74 条第 1 款。

③ 参见《刑法典》第 74 条第 3 款。

④ 参见《刑法典》第 74 条。

用《刑法典》第 75 条的罪犯实际服刑期限至少已满原判刑期的 1/3。替换剩余刑期时，法院可根据《刑法典》第 41 条所列刑罚种类，选择任一更轻的处罚措施。所选刑罚的种类和幅度应与原判刑罚的性质和严重程度相适应。[①]

（3）刑罚的消灭

刑罚的消灭指由于法定或事实原因，国家对特定犯罪人不再行使或无法行使。《刑法典》规定的刑罚消灭情形包括：

①因严重疾病免除刑罚。

实施犯罪后罹患精神障碍，导致无法辨认行为实质或丧失行为控制能力者，应免除刑罚；正在服刑者应终止继续服刑。对此类人员，法院可判处医疗性质的强制措施。实施犯罪后患有其他严重疾病妨碍继续服刑者，可由法院裁定免除剩余刑期。丧失劳动能力者和达到法定退休年龄者可由法院免除矫正劳动刑。《刑法典》第 76 条第 1、2 款所述人员康复后，若《刑法典》第 73 条（时效期间）和第 78 条（前科消灭）规定的时效期间尚未届满，可恢复刑罚执行。[②]

②诉讼时效。

诉讼时效，即刑法规定的追究犯罪人刑事责任的有效期限。自法院有罪判决生效之日起，经过下列期限未执行的，免除刑罚执行：不严重的重罪——2 年；中等严重程度的犯罪——6 年；严重犯罪——10 年；特别严重犯罪——15 年。若被判刑人逃避刑罚执行，行刑时效期间暂停计算。在此情况下，时效期间自被羁押或主动投案之日起重新计算。罪犯逃避刑罚执行前已过的时效期间仍应计入总时效期限。诉讼时效规定不适用于因危害和平与人类安全的犯罪被判刑的人员。[③]

5. 分则体系

土库曼斯坦《刑法典》的刑法分则共 301 条，具体可以分为：第七编侵犯人身犯罪，具体包括危害生命和健康罪、性犯罪等；第八编危害人类和平与安全罪；第九编危害国家罪；第十编妨害国家权力机关和行政机关运作秩序罪；第十一编经济领域类犯罪；第十二编危害公共安全和公共卫生罪；第十三编计算机信息领域的犯罪；第十四编军事犯罪。

（三）民法典

《民法典》体例较为独特，德国专家参与了该《民法典》的编纂工作，

---

① 参见《刑法典》第 75 条。

② 参见《刑法典》第 76 条。

③ 参见《刑法典》第 78 条。

所以受《德国民法典》影响巨大，整体分为总则编、物权编、债权编、著作权编、继承编五部分，共计1318条。①

1. 历史发展

《民法典》是调整平等主体之间的人身关系和财产关系的重要法典，是“社会生活的百科全书”，为完善社会治理提供根本遵循。因此土库曼斯坦进行了《民法典》的编撰工作。土库曼斯坦《民法典》1998年7月17日在议会通过，取代了1963年的《土库曼斯坦苏维埃共和国民法典》，并于1999年3月1日生效。

2. 立法基本原则

一是平等原则，民事立法所调整的关系参加者一律平等，所有权不受侵犯，合同自由，禁止他人任意干涉私人事务，自由行使民事权利，保障受侵犯的权利得以恢复以及给予司法保护。二是自愿原则，自然人、法人可根据合同自由确定各自的权利和义务，可自由约定任何不与法律相抵触的合同条款。

3. 权利主体

权利主体是在法律关系中能够独立享有权利、承担义务的个体或组织。它是法律认可并赋予法律人格的实体，能够参与法律活动并受到法律保护。土库曼斯坦《民法典》中的权利主体主要包括自然人和法人。自然人主要包含土库曼斯坦公民、外国公民和无国籍人。自然人的民事权利能力始于出生终于死亡，年满18周岁享有完全民事行为能力，未满7周岁的未成年人无民事行为能力，年满7周岁未满18周岁认定为限制民事行为能力人。未满18周岁的自结婚之日取得完全行为能力，即使在18周岁之前离婚仍保留其行为能力。②

凡对独立财产享有所有权并以此等财产对自己的债务承担责任，能以自己的名义取得和实现财产权和人身非财产权并承担义务，能在法院起诉和应诉的组织，都应视为法人。③ 法人的权利能力自登记时享有。④ 法人包括企业法人（以营利为目的的从事经营性活动）和非企业法人（不以营利为目的的从事经营性活动），非企业法人以社会组织和基金会形式设立；社会组织是数人以

---

① 参见于飞：《继受与发展：中亚国家国际私法立法探析》，载《中亚研究》2018年第1期。

② 参见《土库曼斯坦民法典》，魏磊杰、朱淼、杨秋颜译，厦门大学出版社2016年版，第23条。

③ 参见《土库曼斯坦民法典》，魏磊杰、朱淼、杨秋颜译，厦门大学出版社2016年版，第48条第1款。

④ 参见《土库曼斯坦民法典》，魏磊杰、朱淼、杨秋颜译，厦门大学出版社2016年版，第49条。

共同目的为宗旨成立的，成员的变更不影响其存续的法人；基金会是一个或数个发起人在移交特定的财产给独立主体的基础上，为达到某种有益于社会的目的而成立的无成员的法人。①

4. 法律行为

法律行为是自然人和法人旨在确立、变更或终止民事权利和义务的意思表示。法律行为可以分为单方民事法律行为、双方民事法律行为和多方民事法律行为。民事法律行为包含无效情形，例如，滥用优势地位的法律行为、虚假和伪装的法律行为、违反法律规定的法律行为。可撤销的民事法律行为包括受错误影响缔结的法律行为（基于实质性错误做出意思表示）；受欺诈缔结的法律行为；受胁迫或胁迫威胁缔结的法律行为。附条件的民事法律行为是指权利和义务的产生或终止取决于期待将来发生的情况或不确定的事件，以使法律行为的履行延迟至事件发生或法律行为自事件发生时终止的民事法律行为，具体条件包括延缓条件和解除条件。②

5. 物权

《民法典》物权编以物的分类作为切入，规定了能够被人力所支配并且能够满足人类某种需要的有体物，具体可以分为动产和不动产、不可分物、结合物、主物和从物、特定物和种类物、孳息以及非物质利益；所谓的非物质利益，就是可以转让给他人的、能够给持有人带来利益或者能使他们有权向他人请求的权利。通读《民法典》物权编，可以发现物权主要分类包括所有权、用益物权和担保物权。

所有权是指所有人可在法律或合同规定的限度内自由占有并使用其财产(物)，不允许他人占有与处分，但这不得侵犯相邻人或其他第三人的权利，或构成权利滥用。③ 所有权允许共有关系的存在，法律规定共有必须基于法律规定或法律行为产生。任何共有人都有权为了共有物对第三人提出请求，且对共享份额享有优先购买权，共有物的保养费用由共有人平均分担，法律或另有规定的除外。④ 不动产相邻权应用于掉落的果实、邻地树枝、越界建造、通行、界标设置、地界争议、边界构筑物共同使用等情形。相邻土地或其他不动产所有人负有相互尊重的义务。所有权的取得和丧失需要遵循法律规定

---

① 参见《土库曼斯坦民法典》，魏磊杰、朱淼、杨秋颜译，厦门大学出版社 2016 年版，第 50、51 条。

② 参见《土库曼斯坦民法典》，魏磊杰、朱淼、杨秋颜译，厦门大学出版社 2016 年版，第 75、97、106、110、115 条。

③ 参见《土库曼斯坦民法典》，魏磊杰、朱淼、杨秋颜译，厦门大学出版社 2016 年版，第 191 条。

④ 参见《土库曼斯坦民法典》，魏磊杰、朱淼、杨秋颜译，厦门大学出版社 2016 年版，第 194 条。

的程序。不动产所有权须经公证程序证明，取得人在公共登记簿中登记才可取得，抛弃不动产所有权首先应由权利人提出申请，并在公共登记簿上登记申请。所有人须根据有效权利向取得人交付，取得人占有该物的方可取得动产所有权。发现长期埋藏物且不能查明其所有人的，该物所有权一半归发现人，一半归隐藏埋藏物的所有人。我国《民法典》规定的“业主建筑物区分所有权”在土库曼斯坦《民法典》中被称为“寓所所有权”，其主要内容分为专有所有权和共有部分所有权。承租人享有优先购买权，在该寓所居住 3 年以上的承租人可以向最后所有权人提出申请，即使承租后不居住于内仍享有此项权利。①

用益物权是指权利人对他人所有的动产或不动产，依法享有占有、使用和收益的权利。土库曼斯坦《民法典》中用益物权主要包括地上权、用益权和地役权。地上权是指土地移转给他人使用，在该土地的表面之上或之下建造建筑物的权利（地上权）同样可以转让和继承。当事人可每 10 年确认地上权租金。地上权应当作为他物权第一顺位的权利登记在公共登记簿上，且顺序不得变更。地上权不因建筑物的毁损而消灭，当地上权消灭时，土地所有权人应补偿地上权人不少于建筑物价值 2/3 的价值。经地上权人同意，也可延长地上权至建筑物预期使用年限届满之日代替补偿。但是，地上权消灭后，地上权人无权拆除建筑物及其组成部分。② 用益权是指物或权利可移转给他人使用，受益人可以使用该物或行使该权利而排除第三人使用。但无权质押、转让或通过继承移转该物。用益权人应根据其经济用途适当维护用益物，不得改造或实质性改变用益物。在投保符合正当的经济管理活动规则的情形下，用益权人应以自己的费用就整个用益权存续期间为用益物投保。保险合同必须按让所有人对保险人享有请求权的方式订立。用益物已被投保的，若用益权人负有投保义务，他应缴纳整个用益权存续期间的保险费。用益权客体包括土地和农具时，农具损坏时应赔偿通常损失，补充设备，且该设备成为设备所有人的财产。③ 地役权是指为了需役地所有人的利益，需役地所有人有权在所定的情形下使用他人土地，或要求他人在土地上不得实施特定的行为，或为了需役地而不得行使供役地所有权所随附的某项权利。地役权中规定了

---

① 参见《土库曼斯坦民法典》，魏磊杰、朱淼、杨秋颜译，厦门大学出版社 2016 年版，第 3 章，第 2、3、4 节。

② 参见《土库曼斯坦民法典》，魏磊杰、朱淼、杨秋颜译，厦门大学出版社 2016 年版，第 245—253 条。

③ 参见《土库曼斯坦民法典》，魏磊杰、朱淼、杨秋颜译，厦门大学出版社 2016 年版，第 254—259 条。

有限人役权，依据《民法典》第260条规定的条件，可以对不动产为特定人的利益以役权的方式设定负担。此等负担可以是授权权利人使用建筑物或使用其一部分作为住宅，而所有人要腾让寓所。[①]

所有权作为债的担保主要分为质押和抵押。质押是针对第三人的动产和非物质利益，出质人和质权人可以通过公证程序鉴证质押，质押自登记于公共登记簿时成立，无需转移质物的占有，也无需告知其他债权人质押事宜。文书中应列明质权人、可能存在的第三人债务人、质权人身份、所担保的债权和债权利益的金额以及清偿期限。债权同时由债务人和第三人的财产担保的，第三人可请求先以债务人的财产清偿债权，然后才以自己的财产清偿此等债权。质权人以质物转质的，应预先征得出质人的同意。不动产债权以抵押的形式设立，《民法典》中设定可以共同抵押，即数个物进行抵押。该部分也明确规定了抵押和质押中债权人和债务人等各项权利义务，以及在债权设立过程中的特殊情形及处理办法。[②]

6. 合同（债法）

债法主要以合同的形式体现，债权编分为合同一般规定和具体合同类型。首先合同一般规定主要包括合同的订立、合同中存在的格式条款以及合同解除相关规定，以及合同订立后在履行过程中的相关规定和债权债务人迟延履行的后果以及损害赔偿义务。债的消灭中规定了履行、提存、抵销、免除等债权消灭的原因。通则中还规定了债权让与的情形和连带债权和债务的具体法规。[③]

分则中列举了买卖合同、赠与合同、财产使用租赁合同、融资租赁合同、用益租赁合同、农用地用益租赁合同、特许经营合同、借用合同、消费借贷合同、承揽合同、旅行服务合同、运输合同、委托合同、所有权信托管理合同、承揽运输合同、居间合同、仓储合同、保险合同等。各合同的设立与履行以及特殊情形在各部分都有详细规定。[④]

与我国民法体系不同，土库曼斯坦《民法典》将侵权责任归入了第三编债权法的编写。侵权行为之债是指以违法的故意或过失行为给他人造成损害

---

① 参见《土库曼斯坦民法典》，魏磊杰、朱淼、杨秋颜译，厦门大学出版社2016年版，第260—266条。

② 参见《土库曼斯坦民法典》，魏磊杰、朱淼、杨秋颜译，厦门大学出版社2016年版，第2编，第3章，第6节。

③ 参见《土库曼斯坦民法典》，魏磊杰、朱淼、杨秋颜译，厦门大学出版社2016年版，第3编，第1章。

④ 参见《土库曼斯坦民法典》，魏磊杰、朱淼、杨秋颜译，厦门大学出版社2016年版，第3编，第2章。

的人，对该他人负有赔偿该损害的义务。侵权责任类型主要有：（1）散布致害信息；（2）未成年人致害责任；（3）精神病人致害责任；（4）职务行为致害责任；（5）操作运输工具致害责任；（6）建筑物危险造成损害；（7）灭火造成损害；（8）动物致害；（9）建筑物倒塌致害；（10）医疗机构致害责任；（11）瑕疵产品责任。①

7. 著作权

著作权编主要包括著作权、邻接权及其保护以及财产权的集体管理。设立著作权编的目的在于调整基于创作、使用科学、文学、艺术作品而产生的著作权以及与表演、录音录像的制作、广播电视组织的传播相邻的权利即邻接权。在一般规定中，《民法典》第1053条划定了著作权的适用范围，其他条款规定了作品公开传播、表演等相关定义。该编第二章著作权中，首先，明确著作权的客体，然而官方文件及其译文、国家官方标志、实时讯息、群众的创造性成果，这四类客体不具有著作权。著作权自创作完成的事实即产生。其次，著作权具体包括人身权和财产权。人身权包括：（1）作者身份权；（2）署名权；（3）作者名誉权。人身权不随财产权而转移，且不可转让。财产权主要集中在第1077条，分为：（1）复制权；（2）发行权；（3）进口权；（4）公开展览权；（5）公开表演权；（6）公开传播权；（7）有限传播权；（8）翻译权；（9）改编权，第四节进一步规定针对财产权的限制。著作权转移需要依靠订立著作权合同或继承的方式进行。著作权合同应以书面形式订立，应包含使用作品的详细说明（数量、类型、名称）、作品的使用方式（依合同将转让具体权利）、转让的权利可得有效行使的时空范围、使用作品的版税和/或针对作品的不同使用形式确定版税的方式、版税支付的方式和期限以及合同当事人认为重要的其他事项等内容。②

邻接权的主体包括：表演者、录音制作者、录像制作者和广播电视组织。邻接权的保护标记包含三个部分：（1）带圆圈的大写拉丁字母“P”；（2）排他性邻接权人的名；（3）录音录像制品首次发行的年份。表演者的人身权和财产权有：（1）署名权；（2）名誉尊重权；（3）获得版税权。《民法典》还合理规定了录音录像、广播电视节目等客体的使用规定。③ 第四章规范了侵犯

---

① 参见《土库曼斯坦民法典》，魏磊杰、朱淼、杨秋颜译，厦门大学出版社2016年版，第3编，第4章。

② 参见《土库曼斯坦民法典》，魏磊杰、朱淼、杨秋颜译，厦门大学出版社2016年版，第4编，第2章。

③ 参见《土库曼斯坦民法典》，魏磊杰、朱淼、杨秋颜译，厦门大学出版社2016年版，第4编，第3章。

著作权和邻接权的行为以及对于假冒制品的界定和没收规定。

8. 继承法

一般规定明确了继承人类型，其中特殊规定了“法人继承人”，即在继承开始时已经成立的法人，在遗嘱继承时，应被召集参加继承。[①] 被剥夺亲权且继承开始时未恢复的父母，不得作为其子女的继承人。恶意逃避对被继承人应尽的扶养义务，且此情形得到法院确认的，也不得成为法定继承人。除常规的继承开始时间和地点，法典中还规定了身居境外的继承：暂居国外的土库曼斯坦公民在国外死亡的，继承开始地为该公民离境前的最后住所地。无明确住所地的，遗产所在地或遗产主要部分所在地为继承开始地。永久在国外居住的公民死亡的，继承开始的地点为该公民的居住国。居住在土库曼斯坦境外的土库曼斯坦公民，应依遗产所在国的法律继承境外遗产。[②] 遗产包括被继承人死亡时所有的财产权（遗产权利）和其义务（遗产负债）。继承形式主要有法定继承和遗嘱继承。关于遗嘱的形式、变更、撤销和执行也作出了详细规定。

（四）经济和商事立法

1. 税法

土库曼斯坦《税法典》以宪法为基础，通过税收法规、总统与内阁的命令、国际税收条约等其他法律文件所构建起的法律体系。整部法律分为七章，总共 222 个条文。

（1）发展历史

税法的调整对象是国家与纳税人之间在税收征纳过程中形成的权利义务关系。自 1991 年独立后，土库曼斯坦的税法逐步发展。1996 年首部系统《税法典》颁布，确立以增值税、企业所得税为核心的现代税制，强化能源行业税收。2010 年后，土库曼斯坦融入国际税收规则、加入多边税收公约并引入反避税措施，近年则调整个税累进税率，并探索绿色税制。土库曼斯坦的税制长期依赖油气资源税收，面临经济单一化挑战。[③]

---

① 参见《土库曼斯坦民法典》，魏磊杰、朱淼、杨秋颜译，厦门大学出版社 2016 年版，第 1130 条。

② 参见《土库曼斯坦民法典》，魏磊杰、朱淼、杨秋颜译，厦门大学出版社 2016 年版，第 1144、1145、1156 条。

③ 参见王鸿貌：《塔吉克斯坦税收法律制度和土库曼斯坦税收法律制度》，中国财政经济出版社 2023 年版，第 185—188 页。

（2）基本原则

一是税收法定原则。土库曼斯坦通过成文法明确税收要素，确保税种的设立、税率和征收程序均由法律严格规定，且具体税种的税率和征收范围均以法律形式固定。二是税收公平原则。公平原则主要体现为对不同纳税主体的差异化设计，横向上对土库曼斯坦公民和符合条件的外国公民一视同仁；纵向上，企业利润税根据企业类型和利润来源区别对待；自由经济区的外资企业还可享受特殊优惠。①

（3）税法体系框架

以《税法典》为核心，涵盖总则、税种制度及征管规定；法律渊源包括宪法、国际条约、税法及政府规范性文件等。具体税种主要包括增值税、消费税、法人利润税、个人所得税、地下资源使用税、关税等；地方税包含财产税、广告费、土地建设费、停车场经营费等。②

2. 公司法

土库曼斯坦涉及公司的法律种类较多，主要包括土库曼斯坦《企业法》和《股份公司法》，这些法律涵盖了企业在土库曼斯坦的经营、合规等方面的基本规则，前者共计63条，后者共计69条。

（1）发展历史

土库曼斯坦公司法的历史发展与其独立后的经济转型和国际合作密切相关，其主要调整对象是公司在设立、组织、运营及终止过程中涉及的法律关系与主体。自1991年脱离苏联独立后，土库曼斯坦逐步构建现代法律体系以吸引外资并规范市场活动。早期法律框架主要受苏联遗留制度影响，但随着中立国地位的确立，土库曼斯坦开始通过签署双边经贸协定融入国际经济体系，推动能源、基建等领域的合作。2010年后，随着天然气出口对华合作深化，相关法律进一步细化，涉及投资保护、技术标准等领域。尽管法律体系仍显集中且透明度待提升，但其发展路径体现了从计划经济向市场导向的渐进调整，兼顾主权独立与国际合作需求。③

（2）基本原则

一是国家主导与经济安全优先原则。公司法严格遵循国家利益导向，通过立法限制外资准入和资本流动以保障经济主权。此外，《自由经济区法》虽

---

① 参见王鸿貌：《塔吉克斯坦税收法律制度和土库曼斯坦税收法律制度》，中国财政经济出版社2023年版，第191页。

② 参见王鸿貌：《塔吉克斯坦税收法律制度和土库曼斯坦税收法律制度》，中国财政经济出版社2023年版，第223页。

③ 参见郭学兰：《中亚五国企业法概论》，知识产权出版社2013年版，第185页。

允许特定区域（如工业园）实行税收优惠，但仍保留政府对关键行业（如能源、采矿）的绝对控制权，外资想参与相关行业需通过政府特许，且项目需经总统直接批准。二是市场准入与外资限制原则。公司法通过差异化规则划分内外资企业权限。根据《企业法》和《股份公司法》，外资企业注册需满足更高门槛；同时，法律明确限制外资进入领域，如军工、媒体等，并通过《自然保护法》对资源开发型企业实施强制生态保险等附加义务。三是公司治理结构法定化原则。法律强制规定公司组织形式及治理框架。《企业法》要求企业必须在章程中明确法定地址、授权资本结构（如分期缴纳规则）、管理架构（如董事会与总经理职权划分）及经营活动范围，违反章程的行为可被法院判定无效。四是投资者权益保护与风险平衡原则。立法通过双重机制平衡外资权益与风险。《外国投资法》允许外资企业通过国际仲裁解决争议，并规定政府违约需承担赔偿责任。但实践中，法律同时要求争议优先提交土库曼斯坦最高法院审理，且司法透明度较低，败诉方多为外企。五是政策工具与法律灵活性原则。公司法体系保留较强的行政干预空间，以应对经济转型需求。

（3）《企业活动法》内容

在适用范围与主体上，该法主要调整所有经营主体的法律关系，无论所有制形式或活动类型，包括完成国家登记的自然人和法人（含外国主体）。[①] 在经营形式与限制上，法律允许个体经营或设立法人实体，但禁止限制竞争行为，如分割市场、价格垄断、盗用商标等。[②] 在企业主权利与义务上，企业权利包括自由定价、选择供应商/客户、开立账户、获取不限收入等；同时负有支付最低工资、缴纳社保、确保商品质量、合规申报信息等义务。[③] 在终止经营条件上，法院在下列情形下终止经营活动：从事土库曼斯坦立法禁止的经营活动，或未取得该活动的特别许可（执照）；多次或严重违反法律规定；违反生态安全标准；企业主被宣告破产；土库曼斯坦立法规定的其他情形。企业主死亡时，权利义务由继承人承接。[④]

（4）《股份公司法》内容

公司包括开放式（可公开认购股份）和封闭式（股东人数少于等于 50 人）两种。[⑤] 股东大会是最高决策机构，决定章程修改、重组、清算等重大事

① 参见《企业活动法》第 3 条。
② 参见《企业活动法》第 4、5 条。
③ 参见《企业活动法》第 6、7 条。
④ 参见《企业活动法》第 11 条。
⑤ 参见《股份公司法》第 5 条。

项；监事会负责监督董事会，制定战略方向；执行机构则主要负责日常管理，并需要向股东大会负责；审计委员会负责监督财务合规，可发起临时股东大会。[①] 股东权利包括参与管理、分红、股份交易、获取信息、清算剩余财产等；并负有足额出资、保密、不得损害公司利益等义务。法律规定发行量不足注册资本10%的股东，无表决权，特定事项除外。[②] 公司重组形式包括合并、分立、转型三种，但需经股东大会2/3多数通过；清算按照优先清偿工资、社保、税款程序进行，剩余资产则按照股份分配。重组或清算需公告，债权人可要求提前偿付。[③] 违规企业的限制竞争所得利润可被追缴，违法交易可被判定无效。此外，异议股东可要求公司回购股份，如重组、重大交易等。

3. 银行法

土库曼斯坦银行法主要包括《中央银行法》和《商业银行法》。土库曼斯坦中央银行的业务种类包括：货币信贷政策业务、涉外经济活动中的业务、银行机构业务、为内阁提供金融服务；《中央银行法》共计56条。商业银行是土库曼斯坦法律规定的各种所有制形式设立的机构，其活动受《商业银行法》、其他土库曼斯坦法律法规、银行章程以及土库曼斯坦中央银行的规范性文件的监管，《商业银行法》共计46条。

（1）基本介绍

土库曼斯坦银行体系以《中央银行法》《商业银行法》《金融监管法》为核心法律框架，实行两级监管结构：中央银行作为最高监管机构，负责制定货币政策、监管商业银行及分支机构；第二级银行体系包括5家国有商业银行、1家民营银行、3家股份制银行及2家外资参与银行，覆盖存款、信贷、项目融资、证券管理、按揭贷款等基础业务。近年来，土库曼斯坦正推动微型信贷和农村按揭贷款发展。国家货币马纳特实行与美元挂钩的单一汇率制度（1美元=2.85马纳特），由中央银行统一调控。

（2）基本原则

一是货币政策独立性与国家主导原则。中央银行作为最高金融监管机构，依法享有货币信贷政策制定的独立性，确保了货币政策与国家宏观经济战略的衔接。二是审慎监管与风险防控原则。法律明确要求通过多层次工具防范系统性金融风险，包括储备金制度、再融资限制、直接数量限制等。三是国家经济安全与外汇管控原则。法律规定外汇交易由央行统一管理，实行严格

---

① 参见《股份公司法》第6节。

② 参见《股份公司法》第10条。

③ 参见《股份公司法》第8节。

的外汇管制制度，限制资本跨境流动。四是分业监管与职能明晰原则。银行体系采用两级监管结构，央行负责宏观政策制定及商业银行监管，第二级由国有商业银行（占市场主导地位）、民营银行及外资参与银行组成，业务范围划分明确。五是市场准入与公平竞争原则。《商业银行法》对外资银行准入设定严格条件；同时，法律通过反垄断条款限制国有银行的支配地位，但在实际执行中仍以国有机构为主导。

4. 保险法

土库曼斯坦《保险法》规定了保险机构与法人、自然人（包括外国保险机构）以及保险机构之间的保险关系，并规定了国家对保险机构活动进行监管的基本原则，共计 39 条。

（1）基本介绍

土库曼斯坦保险法以《保险活动法》为核心框架，将保险分为强制险（国家保险）和自愿险（非国家险）。其中，强制险由《自然保护法》等单行法规定，例如，针对资源利用型企业的强制生态保险政策，要求油气、纺织、运输等行业企业投保以强化生态责任。自愿险涵盖财产险、人身险、责任险等 40 余种商业险种，由国有垄断机构土库曼斯坦国家保险公司主导经营，该公司占据该国 95% 市场份额，并在全国设 41 家分支机构提供标准化服务。近年来，土库曼斯坦正推动保险法改革，酝酿《保险法》《保险事故定损及理赔程序》等新规，并引入法国安盛等国际保险企业合作，致力于提升行业规范性和服务能力。

（2）基本原则

一是最大诚信原则与信息披露义务。投保人及保险人需履行严格的诚信义务，若隐瞒重大风险，保险人可拒绝赔付并追究行政责任，旨在降低信息不对称风险，确保保险合同公平性。二是近因原则与责任界定机制。保险事故的因果关系认定遵循近因原则，以直接、决定性原因为理赔依据。三是补偿原则与损失量化规则。财产保险严格适用补偿原则，赔付金额以实际损失为上限。四是代位求偿与风险转移机制。保险人履行赔付义务后，依法取得对第三方责任人的代位追偿权。五是国家主导与市场规范协同原则。立法通过双重机制平衡垄断与竞争，主要体现为强制险国家垄断和自愿险有限开放。①

（3）权利与义务

投保人可指定或变更受益人，受益人权益独立于遗产，但负有如实告知

① 参见《关于保险法》第 1 条第 9 款。

保险标的风险、及时缴纳保费、通知保险事故、采取防损措施的义务。保险公司义务负有在约定期限内支付保险金/赔偿，保密投保人信息，监控承保财产安全等义务；同时负有延迟支付需赔偿，提前解约需退还保费等违约责任。保险相关争议由法院审理，保险机构可免交诉讼费用，法律适用上国际条约优先于国内法。

（五）社会法

1. 劳动法

土库曼斯坦管辖劳动就业的法律主要是《劳动法》，无论是当地员工还是外国员工都应当遵守《劳动法》，该法共计410条，涉及劳动合同、试用期、离职补偿、工作时间、薪酬福利等多个方面。

（1）基本框架

第一节总则主要规定了《劳动法》的立法目标和任务及相关基本原则。第二节主要规定了劳动关系主体与各自的权利义务。第三节集中于劳动合同的订立，变更和终止的各环节及相关规定。第四节主要涉及工作条件与保障，包括工时、休假、薪酬、安全、国家社会保险、工伤赔偿等。第五节规定了劳动合同争议解决和法律责任。最后，规定了一些特殊条款，主要包括农业劳动管理、外籍员工适用、亲属回避等。

（2）基本原则

一是人权保障原则。宪法中规定了公民的劳动权，在本法中继续贯彻宪法要求，保障劳动者享有健康安全的工作条件、同工同酬、休息休假、职业培训等基本权利。二是平等与反歧视原则。该《劳动法》明确规定了禁止基于国籍、性别、种族、宗教等因素的就业歧视以及特殊群体（妇女、未成年人、残疾人）的差异化保护。① 三是国家保障原则。《劳动法》第6条、第8条和第16条分别规定国家通过立法、就业服务、社会保险等机制保障劳动者权益，禁止强迫劳动。② 四是契约自由与限制原则。劳动合同的制定遵循自愿协商，但禁止规避法律规定的责任。五是三方协调原则。劳动法强调员工、雇主、政府及社会组织间的协作，集体协议不得降低法定标准。六是国际法优先原则。当国内法与国际条约冲突时，优先适用国际条约规定。③

（3）劳动者的权利与义务

劳动关系是指劳动者与用人单位就劳动者个人有偿履行劳动职能（从事

---

① 参见《劳动法》第7条。

② 参见《劳动法》第6、8、16条。

③ 参见《劳动法》第2条第5款。

某一职业、专业、资格或职位的工作）、劳动者服从企业内部劳动规章制度、用人单位保障土库曼斯坦劳动法律、劳动合同、集体协议（协定）规定的劳动条件等达成的协议。[①]

劳动者的权利包括：劳动保护权，即获得安全卫生工作环境、防护用品及职业健康检查；薪酬权，即按时足额领取工资，享有同工同酬、最低工资保障及加班费；休息休假权，即员工享受法定休假（年假、病假、婚丧假等）及带薪休息时间；职业发展权，即接受免费职业培训，参与技能提升计划；集体协商权，即通过工会参与集体协议谈判，维护自身权益；

劳动者的义务包括：遵守劳动纪律义务，即遵守企业规章制度，完成工作任务，爱护雇主财产；保密义务，即不得泄露商业秘密或知识产权；竞业限制，即离职后需遵守合同约定的竞业禁止条款。[②]

（4）劳动合同

劳动合同是劳动关系成立的核心依据。在雇主知情或授权下实际雇佣行为（即使无书面合同）也视为劳动关系成立。通过选举、任命、国家配额派遣等方式建立的劳动关系也受法律保护。劳动合同的订立必须采用书面形式，个体雇主与员工签订合同需按《劳动法》第288—300条特殊程序。禁止以欺诈、胁迫等手段签订劳动合同。最低就业年龄为16岁（需监护人同意），特定艺术领域允许15岁未成年人参与。[③] 除非明确约定期限或符合终止条件。固定期限合同最长5年，特殊情况（如紧急工作、季节性工作）可延长。禁止通过签订定期劳动合同规避长期雇主义务。[④] 普通员工不超过3个月，管理层/财务负责人不超过6个月。未成年人、应届毕业生、残疾人等群体不设试用期。试用期间解聘，雇主需提前3天书面通知说明理由，员工可提前3天无理由辞职。[⑤] 工作条件的变更需双方同意，否则员工可拒绝并终止合同。雇主仅能在生产必需时单方面调整，且需保障工资不得低于最低标准。员工也可申请变更工作条件，雇主需在3天内答复。[⑥] 若劳动合同终止，首先，双方可以协商自愿解除。其次，员工提前两周通知可主动解除，特殊情况（如参军、留学）可立即解除。雇主也可以主动解除，原因包括企业清算、裁员、员工违纪等。终止理由包括不可抗力，如服兵役、自然灾害、法院判决等情

---

① 参见《劳动法》第10条。
② 参见《劳动法》第13条。
③ 参见《劳动法》第16条第2款、第23条。
④ 参见《劳动法》第18条。
⑤ 参见《劳动法》第28条。
⑥ 参见《劳动法》第32条。

形。[①] 雇主需提前2-3个月通知，特殊情况（如盗窃）可缩短至3天。非紧急情况下雇主解除合同需工会同意。关于遣散费的数额：普通员工一般为2周平均工资；裁员/企业清算为1个月平均工资；非法解雇可要求恢复或赔偿。

4. 居民就业法

土库曼斯坦《居民就业法》共计37条，规定了国家就业政策的法律、经济和组织基础，旨在保障宪法中的公民劳动权，失业保护，并规定了就业领域的国家保障。

（1）基本原则

一是平等与反歧视原则，保障公民自由选择职业的平等权，禁止就业歧视；二是社会保护原则，例如，对失业者提供救济金、职业培训以及特殊群体（如残疾人、单亲家庭）的优先保障；三是促进就业原则，国家积极通过经济政策创造岗位，鼓励创业和中小企业发展，鼓励有偿社会服务与职业培训；四是市场调控原则，教育体系对接劳动力需求；外国劳动力配额保护国内市场；五是多方协作原则，政府、雇主、工会、非国家机构共同参与；地方与中央协同实施政策；六是透明与程序正义，明确失业认定和登记程序；失业者可对服务机构的决定提出申诉。[②]

（2）基本框架

第一章为总则，主要规定了《劳动法》的立法目的、基本概念、适用范围等。第二章涉及国家监管，明确了监管机构的职责与权限。第三章为公民权利的设置，包括就业权、信息获取权、境外就业权。第四章就业组织中明确了就业服务机构职能、雇主责任、职业培训。失业认定集中在第五章，详细包括失业登记条件、程序及权利义务。第六章强调了社会保障机制，例如，失业救济金、解雇保障等。最后一章主要为生效时间、法律冲突解决等内容。

（3）公民权利

居民就业法中公民的权利包括：平等就业权，公民可自由选择职业，雇主不得因性别、年龄、健康状况拒绝录用。外国公民享有平等就业权，但需通过配额制度控制比例；职业培训权，公民有权免费参加职业培训，政府需根据市场需求调整课程；境外就业权，公民需通过官方渠道申请境外工作，国家保护其合法权益。禁止非法中介活动，违者面临罚款或刑事责任。[③]

---

① 参见《劳动法》第39—42条。

② 参见《居民就业法》第4条。

③ 参见《居民就业法》第3章。

（4）就业组织

就业服务机构具体职能包括：协调实施国家及地方就业规划，帮助失业者和求职者匹配岗位、提升技能（包括职业培训及有偿社会服务），协助雇主招聘需求人员，并登记管理失业人员及岗位数据；同时联合工会、雇主及地方机构解决就业问题，监督法律执行，建立劳动力市场数据库以优化资源调配，并为特殊群体（如刑满释放人员）提供定向支持，全面保障公民就业权益与劳动力市场平衡。[1] 同时该组织应由主管机构统一管理，其活动经费由国家预算拨付，免费向居民和雇主提供就业服务（如岗位匹配、职业培训、招聘支持等）；机构运作须遵循主管机构批准的条例，禁止向失业者重复推荐同一岗位或同类型职业培训，同时公民有权对服务机构的行为（或不作为）向上级部门或法院提出申诉，确保服务透明合法且保障公民权益。[2]

---

① 参见《居民就业法》第16条。
② 参见《居民就业法》第16条。

第三章　土库曼斯坦营商环境法治评估

一、企业准入

企业准入是指企业注册前需要满足的特定条件和要求。企业准入不仅是企业合法经营的前提，也是政府监管市场的重要手段，通过设立规范化的企业准入制度，能够确保特定企业具有必要的生产能力和生产条件，从而稳固市场秩序。研究土库曼斯坦的营商环境法治路径，首先需要明晰企业准入的基本框架，这是企业合规经营的基础。

（一）监管框架

1. 企业准入许可规则

（1）许可证

为保护消费者权益，促进市场关系的发展，提高商品和服务的质量，对从事可能对公民生命、健康、财产、国家或地区和公共利益、环境保护、文化遗产保护构成威胁的许可业务的主体进行监管，土库曼斯坦对一些业务（行业）实行许可证管理制度。根据《土库曼斯坦关于某些类型活动的许可》（以下简称《许可法》）第 1 条的规定，许可证是指根据《民法典》的规定，对特定类型的商业活动和专业服务领域内的活动进行许可的特殊许可，由许可机关在遵守许可要求和条件的情况下颁发给许可证持有人。外国自然人和法人（包括其分支机构）以及无国籍人士也有权在与土库曼斯坦自然人和法人相同的条件和程序下获得许可证，但须遵守土库曼斯坦立法的相关规定。[①]

许可证应包括以下内容：许可机关的名称；法人或自然人的全名、法律地址、组织法律形式或自然人的姓、名、父名、居住地、护照信息；国家登记文件的编号和日期（专业服务活动除外）；许可的活动类型及其子类型；许可证的有效期；个人税务识别号；许可经营活动的实际地点；许可证号；许

---

① 参见《土库曼斯坦关于某些类型活动的许可》第 3 条第 2 款。

可证的颁发、修改和重新颁发决定的日期。①

（2）许可证监管机构

国家或地区对许可的监管由土库曼斯坦内阁和土库曼斯坦财政部和经济部（以下简称许可监管机关）实施，后者负责许可监管，以及由负责对特定活动进行许可的各部和机关（以下简称许可机关）实施。②

土库曼斯坦内阁负责根据宪法、法律和总统法令，确定国家或地区在许可领域政策的实施措施；确定许可机关；根据国家或地区经济活动分类目录，批准需许可的特定活动清单及国家或地区收取的许可费用标准；根据《许可法》第 22 条规定的清单，批准对特定活动许可的规定。许可规定可对特定活动设定限制。许可监管机关负责监督《许可法》的执行，协调许可机关的活动；提出完善国家或地区对许可监管的建议，对《许可法》和需许可的特定活动清单提出修改和补充意见；审查并协调由许可机关提交的许可条例草案；批准关于颁发许可证、补充许可证、重新签发许可证、延长许可证、提前终止许可证有效期以及书面指令格式的申请表，该书面指令内容为要求消除发现的违反许可要求和条件的行为；批准统一的许可证格式；批准关于检查许可证持有人遵守许可要求和条件的程序的说明；批准关于检查申请许可证时提交的申请和文件中所含信息的完整性和真实性，以及履行许可要求和条件的可能性的程序的说明；批准关于检查无许可证进行的需许可活动的程序的说明；建立国家或地区许可证登记册数据库；按照规定的程序向土库曼斯坦内阁报告许可活动的信息，该信息基于对许可机关活动和国家或地区许可证登记册数据库的分析。

许可控制机关在许可领域有权向许可机关索取并获取必要的文件和信息；进行计划内或计划外的许可机关活动检查，包括基于投诉、申请和其他官方请求，根据检查结果编制检查报告，指出发现的违规行为；通过审查国家或地区许可证登记册数据库中的数据以及基于许可机关活动检查报告，分析其工作；做出关于消除在检查过程中发现的许可机关违规行为的决定，并指明消除期限；要求撤销违反本法和许可条例要求的决定。

许可机关负责审查提供许可的申请及其附带文件，颁发许可或拒绝颁发；在许可中添加补充内容或拒绝添加补充内容；重新签发许可或拒绝重新签发；延长、暂停、恢复许可，或根据许可持有人的申请提前终止许可，或拒绝延长、恢复许可；在《许可法》第 17 条第 4 款第 2 项规定的情况下撤销许可，

---

① 参见《土库曼斯坦关于某些类型活动的许可》第 15 条第 1 款。

② 参见《土库曼斯坦关于某些类型活动的许可》第 6 条。

或在其他情况下向法院提起撤销许可的诉讼；审查属于土库曼斯坦行政违法行为立法管辖范围内的问题；创建和维护国家或地区许可登记数据库，包括许可活动种类及其子类别的信息；在其官方网站上发布许可持有人的信息，信息量由许可机关确定；在其官方网站上发布所有规范性法律文件，这些文件规范了其管辖范围内的许可活动及其子类别的许可；根据本法进行检查；对违反许可领域规范性法律文件要求的行为实施财政处罚；在《许可法》规定的情况下，向法院提起诉讼。

（3）许可证效力

许可证分别针对每种许可经营活动单独颁发，已获得许可证的经营活动只能由获得许可证的人进行，不得转让给任何其他方。除土库曼斯坦法律另有规定，许可证的效力覆盖整个土库曼斯坦领土。① 许可证在以下情形下丧失法律效力：许可证有效期届满；许可证被撤销；许可证持有人（法人）被注销；许可证持有人（自然人）作为个体工商户的经营活动终止或其死亡；法院认定自然人无行为能力或限制行为能力；许可证颁发机关根据许可证持有人的申请，决定提前终止许可证效力。②

（4）需要许可证的经营活动类型

根据《许可法》第5条，许可活动类型包括不能通过许可以外的其他方式进行监管的活动类型，其实施可能会对公民的权利、合法利益、道德、生命和健康、国家的国防能力和安全、土库曼斯坦人民的文化遗产和环境造成损害（伤害）。

根据现行法律，以下39类活动需要许可证：医疗活动；制药活动；医疗技术活动；消毒、灭菌和灭鼠活动；兽医活动；种子播种栽培；自然资源利用和环境保护活动；易燃易爆材料和危险化学品的生产、进口和销售活动；酒精、酒精饮品、烟草制品的生产、进口和销售活动；婴儿配方奶粉、乳制品和其他营养食品、均质化产品的生产活动；瓶装饮用水供应活动；工业安全、危险设施设计和建设、危险货物运输活动；消防安全活动；航空活动；海上和内河运输活动；货运代理活动；公路运输活动；电力活动；通信活动；网络安全活动；化学品的进口、生产和销售活动；大地测量和制图活动；工业建筑材料、产品和结构的生产活动；建筑领域活动；教育和职业培训活动；印刷活动；出版活动；旅游活动；赌博和金钱游戏活动；审计活动；保险活动；证券市场专业活动；评估活动；银行业活动；贵金属和宝石活动；法律

① 参见《土库曼斯坦关于某些类型活动的许可》第11条。
② 参见《土库曼斯坦关于某些类型活动的许可》第17条第6款。

服务活动；毒品、精神药物和前体物质流通活动；国外公民就业安置活动；文化艺术行业活动；公开演示和传播音频、视频和电影产品的活动。

（5）许可证的有效期

根据《许可法》第 12 条，许可证的有效期根据经营活动类型的不同而有不同的规定。从事专业服务的自然人和法人以及从事银行业务的经营活动，有效期不限；从事许可经营活动（除银行业务、酒精制品、烟草制品进口外），有效期不少于 3 年；进口酒精制品、高浓度酒精制品、有商标的酒精制品以及在土库曼斯坦不生产的烟草制品，有效期不超过 1 年。许可经营活动的许可证有效期不得少于 3 年，根据申请人的申请，有效期可以缩短，但不得少于 1 年。许可经营活动的许可证有效期可以延长，延长有效期的程序按照《许可法》第 14 条的规定进行。

（6）许可证申请程序

①为获得许可证，申请人应向相应的许可机关提交许可证发放申请，申请中应包括以下内容：法人实体的申请应包括全称、国家或地区注册号和日期、组织和法律形式、法定地址、活动类型和期限，以及申请人计划从事该活动的实际地点；自然人申请应包括姓氏、名称、父称、居住地、护照信息、国家或地区注册文件的编号和日期（对于注册为个体工商户的自然人）、个人税务登记号、活动类型和期限，以及申请人计划从事该活动的实际地点。

②许可证发放申请应附有以下文件：法人实体应附上公司章程副本、法人实体在国家或地区登记统一登记册摘录，以及授权代表的授权书、服务合同或命令，证明代表的授权；自然人应附上国家或地区注册文件副本（对于注册为个体工商户的自然人）和护照副本。许可证申请人还应附上其他文件，证明其有能力满足许可证要求和条件，具体文件清单由许可证条例规定。申请许可证时附带的文件清单由许可机关根据对申请人提出的分类和其他要求确定，这些要求与许可证活动清单有关。许可机关无权要求申请人提供本法和许可证条例未规定的其他文件。

③许可证申请及其附带文件应在收到当天由许可机关接收并盖章注明接收日期。申请副本应交给申请人并注明接收日期。

④许可机关自接收申请和附带文件之日起 20 个工作日内，检查申请和文件的完整性和真实性，评估申请人满足许可证要求和条件的能力，并据此作出发放或拒绝发放许可证的决定；在作出决定后 3 个工作日内，书面通知申请人发放或拒绝发放许可证的决定及其理由。发放许可证的通知应告知申请人银行账户信息和国家或地区费用的支付期限。

⑤许可证在提交证明支付国家或地区规费的文件后 5 个工作日内签发，

该规费用于提供许可证。许可证的国家或地区规费可以由申请人或他人支付。

⑥如果申请人在30个工作日内未支付国家或地区规费，许可机关可以决定撤销已签发的许可证决定，该决定由许可机关作出。

⑦拒绝签发许可证的理由包括：申请人提交的文件中存在不完整、不准确或引起怀疑的信息；申请人不符合许可证要求和条件，以及在从事许可活动时使用的建筑物、构筑物、设备、其他技术手段不符合要求。

⑧申请人有权向许可监督机关或法院申诉许可机关拒绝签发许可证或不作为的决定。申请人有权要求进行独立专家鉴定。

⑨许可机关在作出签发或补充、变更、撤销许可证、恢复其效力、延长或暂停其效力的决定后5个工作日内，以及在法院关于撤销许可证的决定生效后，向相应的税务机关发送确认该决定的信函。

⑩无正当理由拒绝发放许可证、拒绝在许可证上添加补充信息、拒绝延长许可证有效期、拒绝补发许可证副本或侵犯许可证持有人权利而造成的损失，应按照土库曼斯坦法律规定的程序进行赔偿。①

（7）许可例外情形与责任

并不是所有的活动都需要获得相应的许可证。许可证制度不适用于以下情况：使用知识产权对象产生的关系；根据土库曼斯坦《油气资源法》进行的石油作业；与维护法律秩序、国防能力和国家安全相关的专门活动；非商业活动。② 同时，《外国投资法》第11条第1款规定，外商投资企业、外国法人分支机构有权出口自产产品（含工程、服务）和进口自需产品（含工程、服务）的，无须办理许可证。《自由经济区法》第6条规定，自由经济区的参与者有权在自由经济区境内开展活动，无须获得许可证。但是必须遵守土库曼斯坦法律规定的许可要求和条件。

个人和法人未经许可或违反许可机关关于暂停活动的决定而从事需许可的活动，应根据土库曼斯坦法律承担相应责任。③

土库曼斯坦鼓励对如下行业的投资：矿产资源开采和加工行业、化工、交通基础设施建设、电子工业、旅游业等。近期，其还出台了鼓励投资绿色经济产业的法律。2021年3月，土库曼斯坦正式颁布《可再生能源法》。该法指出，为鼓励和支持可再生能源生产和使用，国家会在银行贷款、土地使用、设备进口关税等方面给予优惠，并提供国家补贴。但这并不意味着不需要遵守许可证制度规定。

---

① 参见《土库曼斯坦关于某些类型活动的许可》第24条。

② 参见《土库曼斯坦关于某些类型活动的许可》第2条。

③ 参见《土库曼斯坦关于某些类型活动的许可》第24条。

2. 企业准入规则的限制

（1）总统特批制度

土库曼斯坦政府对外资企业和重要行业的准入实行一定的控制，特别是在能源、通信、交通等关键领域。总统特批通常在特定情况下应用，例如，外资企业投资、跨国公司进入土库曼斯坦市场等。这种制度不仅是政府对经济活动的调控工具，也是为了保护国家经济、资源和社会利益。

《宪法》及相关法律为该制度提供了法律依据。根据2008年修订的《宪法》，总统是国家最高行政权力代表，拥有颁布法律、否决立法、召开特别会议等核心权力。《宪法》第68条明确总统为“国家独立性和中立地位、领土完整性、宪法遵守及国际义务履行的保证人”，其命令具有最高法律效力。总统兼任国家元首、政府首脑、武装力量总司令和议会人民委员会主席。总统可通过颁布总统令直接调整经济活动，例如，豁免法律限制或创设特殊审批流程。

土库曼斯坦未对外商投资相关领域做详细具体规定。目前，外资企业主要投资土油气、电力行业，外方投资基本都需要土总统和内阁批准，难度极大。[①] 根据土库曼斯坦总统令，国家投资项目一律采用国际公开招标方式，但招投标方式不完全与国际惯例接轨，总统令特批的情况除外。土库曼斯坦对外国公司投标参与工程项目无统一规定，尚未建立工程投标许可证制度。外国公司及自然人无论是否在当地注册，土均允许其参与项目投标。

在外国法人和自然人租赁使用土地方面，新修订的《土地法》规定：外国企业需在签订土地租赁合同且获得土总统批准的条件下，租赁非农耕用地的土地使用权，租赁期限最长为40年，而且所租赁的土地仅限于以下使用目的：工程建设和其他非农业建设项目、临时工程设施。用于搭建营业点等临时设施的土地租赁期限不得超过5年。[②]

（2）行业专项审查

土库曼斯坦作为中亚地区重要的能源与资源国家，其市场准入制度以国家安全、经济战略和社会稳定为核心导向。行业专项审查是外国投资者进入该国市场的关键环节，主要针对特定领域（如能源、基础设施、通信等）设

① 参见商务部对外投资和经济合作司等编：《对外投资合作国别（地区）指南：土库曼斯坦》（2024年版），第49页，载商务部“走出去”公共服务平台，http://fec.mofcom.gov.cn/article/gbdqzn/，2025年2月13日访问。

② 参见商务部对外投资和经济合作司等编：《对外投资合作国别（地区）指南：土库曼斯坦》（2024年版），第56页，载商务部“走出去”公共服务平台，http://fec.mofcom.gov.cn/article/gbdqzn/，2025年2月13日访问。

立严格的资质、技术、环保和安全标准，以确保外资项目符合国家发展战略和法律框架。

根据《外国投资法》，行业专项审查的设立旨在平衡吸引外资与保护国家利益之间的关系。例如，在石油天然气、建筑、农业等重点领域，审查机制不仅涉及技术合规性，还包含对投资项目的经济贡献评估、本地化要求及社会效益分析。此外，2025 年国家发展计划明确提出“保障宏观经济稳定”和“关键部门现代化”目标，进一步强化了对能源、数字经济和基础设施项目的审查力度。

①外国投资项目国家审查。

外国投资需通过内阁批准方可实施“优先投资项目”[①]。外国投资项目必须进行国家鉴定，内容包括地震、防火、防爆、环保、卫生等；外国投资项目的鉴定和注册，以及对其他形式外国投资进行的统计核算，均依照土库曼斯坦法律的相关规定办理。[②] 授权机构负责组织对外商投资项目进行鉴定和注册。[③] 禁止投资建设和使用不符合抗震、防火、防爆、卫生、环境和城市规划要求以及损害公民、法人和国家受法律保护的权益的设施。[④]

根据《关于在土库曼斯坦的投资活动》第 8 条第 1 款，在土库曼斯坦法律规定的情况和程序下，投资者有义务：向土库曼斯坦内阁授权的机构提交一份关于其投资数额和来源的声明；获得有关当局和特殊服务部门对基本建设的必要许可和批准；获得国家对投资项目是否符合抗震、防火防爆、卫生、环境和城市规划要求的规范和规则的审查结论。

由国家投资实施的国家、国家间和区域项目、有针对性的综合方案应按照土库曼斯坦内阁规定的方式接受国家强制性审查和批准。在审查过程中，应就每个方案或项目与已经通过的方案和项目的投资可行性得出结论。设施建设的项目、可行性研究和可行性计算，无论资金来源如何，都必须接受国家在抗震、防火和防爆、卫生、环境和城市规划要求方面的强制性审查。[⑤]

外国投资者在经营活动中享受不低于本国企业的法律待遇，若涉及在维护宪法原则、保障土库曼斯坦国防能力和国家安全，土库曼斯坦法律可以对外国投资者的经营范围和（或）地域设置限制或禁忌，或对外国投资者设置

---

① 参见《外国投资法》第 1 条。

② 参见《外国投资法》第 7 条。

③ 参见《外国投资法》第 6 条。

④ 参见《关于在土库曼斯坦的投资活动》第 3 条。

⑤ 参见《关于在土库曼斯坦的投资活动》第 14 条。

其他限制。[①]

②可能危害环境的经济活动环境要求。

土库曼斯坦《自然保护法》第25条规定，进行环境认证是为了确保产品的安全以及在土库曼斯坦境内开展经济和其他活动，保障人民的生命和健康的安全并保护环境。没有符合性证书，就禁止开展经济活动和生产受强制性环境认证约束的产品。环境认证按照土库曼斯坦立法规定的程序进行。

在土库曼斯坦境内开展经济和其他活动的法人和个人有义务：制定和实施自然保护措施计划，确保环境保护措施；制定环境护照，通过一套指标体系表达一组数据，反映自然资源的使用水平及其对环境的影响程度。环境护照由法人或者个人经国家自然保护主管部门批准颁发。[②] 进行环境评估是为了确定计划的经济活动和其他活动是否符合自然保护领域的要求，并防止此类活动对环境可能造成的不利影响及其相关后果。必须进行国家环境评估的项目和对象清单及其实施程序由土库曼斯坦的监管法律法规规定。未经国家环境评估批准，不得实施环境评估项目，且不予资助。国家环境评估由自然保护领域授权的国家行政机构在土库曼斯坦环境评价立法规定的权限范围内进行。[③]

工业、能源、交通运输、农业和水利设施的运行，必须考虑到既定的环境要求，采用无害环境的技术、必要的处理设施，建立防止环境污染的卫生保护区。规定设施运行时，必须采用低废、无废技术和生产设备，配备有效的危险废物、污染物排放和净化、无害化和资源化利用设施，使用安全的燃料，节约、合理利用自然资源，采取措施确保环境安全。[④]

③特许经营项目。

根据《土库曼斯坦关于特许经营》第5条的规定，在土库曼斯坦法律未禁止的所有领域和活动类型中，特许经营者有权进行自然资源勘探、开发、开采或经营，以及其他经济活动。特许经营活动的对象包括：土地及土地上存在的自然资源；水域及水域内的自然资源；个别自然资源矿床；用于勘探、开发、开采或经营自然资源的工业设施；其他对象。禁止开展损害法律保护的公民和国家权益的特许经营活动，以及不符合生态、卫生、辐射和防火防爆安全要求的特许经营活动。

特许经营权应当通过竞争性程序授予。土库曼斯坦内阁负责确定特许经

① 参见《外国投资法》第8条第4款。

② 参见《自然保护法》第30条。

③ 参见《自然保护法》第27条。

④ 参见《自然保护法》第32条。

营权招标的条件和程序。授予特许经营权时应当保证公开透明。特许经营权具有契约性、期限性和有偿性特征。特许经营项目及规划方案、技术经济论证和财务方案必须接受国家强制性审查，包括对环保和卫生防疫要求的合规性审查。特许经营协议各方有权自主决定开展补充范围的专家评审。①

特许经营权的授予程序如下②：土库曼斯坦内阁根据行业、地域和项目类型，确定特许经营活动的优先发展方向；特许经营权申请人应当向国家资产管理部门提交申请，并附具以下文件：经银行确认的申请人及其担保方的专业资质证明、技术与工艺能力文件；技术经济论证报告；国家审查结论；特许经营项目所在地州级行政机关的推荐函；国家资产管理部门对提交的文件进行审核，并通过竞争性遴选程序后，签订特许经营协议；对于特定项目，其特许经营协议必须经土库曼斯坦内阁（国家最高行政和管理机关）批准，具体项目清单由内阁确定；特许经营协议应当在签署并获批后十日内，由项目所在地行政机关完成登记。登记机关应当自登记之日起十日内，将特许经营企业的登记情况通报税务机关及授权机构，以便纳入国家统一注册系统；特许经营协议自取得"企业与组织国家统一注册系统"登记机构颁发的注册（或重新注册）证书之日起生效。

特许协议的期限为5—40年。在特殊情况下，合同期限最长为5年。合同规定的期限届满后，经双方协议可以续签。将特许权协议续订为新期限时，其条款和条件可能会发生变化。协议期限届满后，特许权对象应归还提供特许权的国家机构。③

（二）公共服务

1. 企业设立主管机构

根据《企业法》第15条，企业国家登记由土库曼斯坦登记服务局根据其驻各州与阿什哈巴德市分支机构出具的结论实施。

在土库曼斯坦，外资企业设立法人实体时可以选择几种不同的公司类型，具体包括但不限于以下几种：

有限责任公司（LLC）：由至少2个自然人或法人组成，以其所认缴的出资额为限对公司承担有限责任。如有外国资本，则最低注册资本须2万美元以上。这是最常见的公司类型，因其灵活性和对股东责任的有限性而受到

---

① 参见《土库曼斯坦关于特许经营》第4条。

② 参见《土库曼斯坦关于特许经营》第7条。

③ 参见《土库曼斯坦关于特许经营》第10条。

青睐。

股份公司（JSC）：股份公司是一种资本分成等额股份的公司形式，股东通过购买股份成为公司的所有者。至少由2名股东和1名董事组成，股东以其认购的股份为限，对公司承担责任。股份公司最低注册资本为公司创立时最低工资的200倍，需要每年向税务部门提交经审计的财务报表。

分公司（Branch）：外国公司可以在土库曼斯坦设立分公司，作为其在海外的延伸。分公司不具有独立法人资格，其母公司对分公司的债务负有无限责任。外国公司可在土库曼斯坦设立分支机构以从事商业活动。分支机构可以自有名称经营，但必须注明分支机构身份、所从事活动和所在地点，以及母公司信息。分公司注册有效期限为2年，可以延期。

代表处（Representative Office）：外国公司和机构可在土库曼斯坦开设代表处，宣传其产品或服务，与用户进行直接联络，但不得进口、出口或销售其产品。代表处需要在土库曼斯坦任命1名常驻经理。代表处注册有效期限为2年，可以延期。

合伙企业（Partnership）：由两个或多个合伙人共同拥有的企业，合伙人对合伙企业的债务承担无限连带责任。

2. 企业设立流程

（1）确立设立企业的形式

企业设立的第一步是为组织确定合适的企业形式。在土库曼斯坦注册组织的速度和难易程度取决于形式的选择。选择形式时，重要的是要考虑它们的特征。因此，由于参与者的责任有限且管理相对容易，有限责任公司是中小型企业最常见的形式；股份公司是需要大量财务资源的大型结构的首选。外国组织的代表处和分支机构可以开展有限的活动，并须向地方当局强制登记。

（2）境外投资核准或备案

我国企业在开展境外投资前，应按照相关规定，主动向我国境外投资主管部门申请核准或备案。根据国家发展改革委发布的《企业境外投资管理办法》（国家发展改革委2017年第11号令），对敏感类项目实行核准管理，对非敏感类项目实行备案管理。敏感类项目包括涉及敏感国家和地区的项目和涉及敏感行业的项目。敏感国家和地区：与我国未建交的国家和地区；发生战争、内乱的国家和地区；根据我国缔结或参加的国际条约、协定等，需要限制企业对其投资的国家和地区；其他敏感国家和地区。敏感行业：参见国家发展改革委2018年1月发布的《境外投资敏感行业目录（2018）》，包括武器装备的研制生产维修、跨境水资源开发利用、新闻传媒，以及《关于进一步引导和规范境外投资方向指导意见的通知》中限制企业境外投资的行业，例如房地产、酒店、影城、娱乐业、体育俱乐部、在境外设立无具体实业项目的股权投资基金或投资平台。

根据我国商务部发布的《境外投资管理办法》（商务部2014年第3号令），企业境外投资涉及敏感国家和地区、敏感行业的，实行核准管理；企业其他情形的境外投资，实行备案管理。实行核准管理的国家主要是与我国未建交的国家、受联合国制裁的国家。必要时，商务部可另行公布其他实行核准管理的国家和地区的名单。实行核准管理的行业主要是涉及出口我国限制出口的产品和技术的行业、影响一国（地区）以上利益的行业。

2018年1月，商务部等有关部门共同发布《对外投资备案（核准）报告暂行办法》（商合发［2018］24号），加强对外投资信息统一汇总和事中事后监管。2019年5月，商务部制定《对外投资备案（核准）报告实施规程》，明确了相关工作细则，要求投资主体按照“凡备案（核准）必报告”的原则履行对外投资报告义务，包括定期报告境外企业合规建设、基本经营状况、投资障碍等情况。

（3）申请企业名称及检查

申请人需首先向土库曼斯坦国家注册局提交企业名称申请，确保所选名称未被他人使用。企业须以其名称完成国家注册。企业名称应当载明：能够区别于现有企业的具体名称；组织法律形式的完整表述或缩写。企业不得使用与土库曼斯坦国家登记机关认定之已登记其他企业名称相同或近似的名称。企业分支机构及代表机构应当以其名称开展活动。[①]

（4）注册申请

向土库曼斯坦财政和经济部法人和投资项目国家注册管理局提交正式注册申请（须注明在土拟从事经营活动的目的，并提供公司简介及实际经营活动介绍），并按其规定提供相关的注册文件，主要包括：企业在土注册批准函、注册企业章程、企业负责人履历和授权委托书、总公司章程和在中国国内注册的相关文件、银行资信证明等。缴纳相应的注册费用，费用标准根据公司类型和注册资本的不同而有所差异。

需要提供规定格式的申请表、注册申请、公司决议、章程、营业执照、管理人员信息、在土负责人个人材料、委托书、所在国官方注册文件、缴费证明、租房证明、本国银行财务证明文件等，注册资料需以外国公司本国语言提交（加盖公章），并附有土库曼语和俄语翻译件（需公证），部分文件需

① 参见《企业法》第6条。

要土外交部或驻外使馆认证，注册所需详细文件和材料模板可登录土财政和经济部官方网站浏览和下载（https：//fineconomic. gov. tm/ru）。

所有文件内容必须翻译成土库曼语并由公证处公证。目的是确认签名和文件的真实性。如果企业创始人是非税收居民或身份文件是在土库曼斯坦境外制作的，则这些文件应根据《海牙公约》进行海牙认证。这简化了土库曼斯坦当局承认文件的过程。

土库曼斯坦《企业法》第17条规定，企业国家登记需由创始人提交以下材料：企业国家登记申请书，由创始人或其授权创建企业的代表签署。企业登记申请书应包含企业名称与法定地址；注册资本金额；创始人名单，如果创始人是法律实体，则提供名称、法定地址和银行详情；如果创始人是个人，则提供姓名、居住地和身份证件详情。以非货币形式出资创建企业时申请书应附出资评估文件；企业国家登记前已缴纳部分注册资本的证明文件。公司章程文件。如果土库曼斯坦法律未作规定，应提供企业国家注册费缴纳确认文件。

分支机构或代表处登记需提交以下文件[①]：①企业设立分支机构或代表处的决议；②分支机构或代表处业务范围说明；③设立分支机构或代表处的企业章程副本；④分支机构或代表处负责人任命决议；⑤设立分支机构或代表处的企业登记证书。此外，关于分公司或代表处的设立应通知设立该分公司的企业所在地登记处。

（5）注册审批

注册申请受理后，注册机构将申请材料转交土外交部，由土外交部通过土驻当地使馆对申请公司的情况进行核查。核查无误后，由注册机构颁发临时注册证明，以便企业凭此办理其他必要手续，如申请统计代码、税号、开立银行账户、刻制印章等。待以上手续全部办妥后，注册机构颁发正式注册许可。提交文件并进行初步验证后，缴纳在土库曼斯坦注册公司的国家费用。注册费用3000美元（不包括杂费）[②]，在国家委员会批准注册决定后支付。如果发现错误或不一致，则要求提供更多信息或更正。

（6）注册后操作

在土库曼斯坦成功注册企业后，必须完成一系列对合法商业活动至关重要的程序。

---

① 参见《企业法》第23条。

② 参见商务部对外投资和经济合作司等编：《对外投资合作国别（地区）指南：土库曼斯坦》（2024年版），第72页，载商务部“走出去”公共服务平台，http：//fec. mofcom. gov. cn/article/gbdqzn/，2025年2月13日访问。

税务登记和 TIN 收据：创建后，组织必须向税务机关注册并获得识别号（TIN）。为此，需要提交申请并附上注册证书和组织法的副本。完成公司注册后，还需在土库曼斯坦税务机关进行税务登记，并按照当地税法规定按时足额缴纳税款。

开设银行账户：分配纳税人识别号后，组织开设一个公司银行账户，用于存入授权资本并进行财务活动。为此，您应该选择一家银行机构，并向其提交注册证书、章程和纳税人识别号。

获得执照和许可证：如果组织的工作需要特殊许可证（建筑、医药或贸易），则需要从相关政府机构获得适当的许可证。许可可能需要额外的文件和检查。

3. 企业信息的可获得性

（1）在线创业信息的可获得性

《外国投资法》第 24 条规定外国投资者和外商投资企业有权依照土库曼斯坦法律的相关规定获取信息。土库曼斯坦的规范法律文本，不管任何方式，凡涉及外国投资者和外商投资企业利益的信息，均应让其知晓。在土库曼斯坦法律有规定的情形下，则应予以公布。

根据资料，土库曼斯坦政府近年来推动数字化服务，例如，2019 年推出了政府服务门户网站，提供在线支付和部分公共服务办理功能。企业注册费用为 3000 美元（不包括杂费），审批时间通常为 1—3 个月，注册需提交的材料包括公司章程、资信证明、股东信息等这些信息在官方指南中有所提及。

公众可以查看许可证登记册数据库。许可监管机关建立国家或地区许可证登记册数据库；按照规定的程序向土库曼斯坦内阁报告许可活动的信息，该信息基于对许可机关活动和国家或地区许可证登记册数据库的分析。许可机关创建和维护国家或地区许可登记数据库，包括许可活动种类及其子类别的信息；在其官方网站上发布许可持有人的信息，信息量由许可机关确定；在其官方网站上发布所有规范性法律文件，这些文件规范了其管辖范围内的许可活动及其子类别的许可。

（2）一般企业信息的可获得性

根据《民法典》第 52 条。国家登记的资料，包括商业组织的商业名称，应当列入向公众开放的统一的法人国家登记簿。该国家法人登记册由土库曼斯坦登记服务局统一管理。在作出企业注册决定后，土库曼斯坦注册局在 10 天内向土库曼斯坦国家主要税务监察局、土库曼斯坦国家统计和信息局、土库曼斯坦国家海关总署和土库曼斯坦中央银行发送《国家法人实体统一登记册》摘录。在对国有企业进行登记时，还要向土库曼斯坦经济和财政部发送

《国家法人实体统一登记册》的摘录。[①]

登记内容应公开。土库曼斯坦《民法典》第59条规定，登记应包括以下内容：法人的名称及其住所地、活动宗旨、章程通过的日期、发起人的身份、理事会成员的身份以及对其代表权限可能的限制。任何人均有权查阅登记内容并请求书面摘录。土库曼斯坦《股份公司法》第11条明确规定，国家法人登记簿中关于公司的信息应由注册机关定期在官方出版物上公布。登记簿可通过书面记录或电子记录形式维护。公司管理机构应将登记簿存放于股份公司法定地址或（及）登记机构指定地点，以便股东及质权人查阅。未全额缴付的股份信息须向公众开放查阅。[②]

《股份公司法》第60条规定，股份公司具有信息强制披露义务。股份公司必须通过可供全体股东获取的大众媒体公布下列信息：公司年度报告；注册资产负债表；财务业绩报告；在本法、土库曼斯坦其他立法和规范性法律行为规定的情况下发布公司股份的招股说明书及股东大会召开公告；公司关联方名单（注明其持有的股份数量及类别）；土库曼斯坦规范性法律文件规定的其他事项。若股份公司公开发行债券，须依照土库曼斯坦规范性法律文件规定的程序进行信息披露。

土库曼斯坦国家统计委员会于2024年11月推出企业线上数据报送平台，主要服务于企业数据提交。企业基础信息（如名称、注册号、地址）可通过国家税务委员会网站查询，但更详细的数据（如股东、财务报表）需通过付费商业服务获取。

4. 企业信息的数字服务

（1）企业与受益所有权信息的储存

《企业法》第15条规定，企业的国家登记由土库曼斯坦财政和经济部税务局及其税务机关进行。经国家登记的企业，发给国家登记证书。国家登记数据应列入土库曼斯坦财政和经济部持有的法人国家统一登记册。土库曼斯坦财政和经济部在作出企业登记决定后，应在三个工作日内将国家法人统一登记册中的信息送交土库曼斯坦国家统计委员会、土库曼斯坦国家海关总署和土库曼斯坦中央银行。《企业法》第35条要求企业按照土库曼斯坦统计领域立法规定的方式保存和提供统计报告。

自国家登记之日起不迟于30日内，公司须确保建立并维护公司证券持有人登记簿。登记簿的维护和保存程序由土库曼斯坦法律法规规定。公司股东

---

① 参见《企业法》第15条。

② 参见《股份公司法》第32条。

登记簿是公司证券持有人的正式名单，基于特定日期编制，能够识别证券持有人的身份，以及其持有证券的类别、类型、面值和数量。记名股票的变动应在公司股东登记簿中记录，该登记簿由公司自行维护，或由公司委托其他具有相关活动许可的法人（登记机构）维护。登记机构须按照与公司签订的合同规定的程序和期限，通知公司登记簿中的所有变更。[①] 公司依据《公司法》对设立文件所作的全部修订及补充、通过的章程修正案，应当办理统一国家登记簿登记手续。[②]

《贸易法》第 21 条也作出相关规定，从事贸易活动时应进行国家商业登记。国家商业登记是一个包含贸易对象信息的统一信息系统。有权机构负责国家商业登记和提供信息。国家商业登记系统所载信息应按照有权机构规定，以特定方式免费提供给利益相关人。

土库曼斯坦已启动多项数字化转型计划。财政部和经济部作为企业注册机构，负责存储企业基本信息和受益所有权信息，并在注册后 10 日内将数据同步至税务、统计、海关和央行等部门。然而，土库曼斯坦目前尚未建立完全电子化的跨部门实时共享系统，公共部门和股东仍需通过官方请求获取信息，部分流程仍需线下操作。

(2) 企业电子政务服务

根据土库曼斯坦《电子政务法》第 3 条第 5 项规定，企业主体需在统计报告、通关手续、执照和许可证发放等环节使用电子文件流程。这意味着企业可通过线上平台提交申请材料，避免了传统纸质文件的烦琐流程。同时在公共行政系统中引入综合性的“一个窗口”系统，通过建立国家机构数据库之间的电子文件流动、互动和信息交流机制，实现与民众的互动。如果提供电子政务服务的国家机构需要其他国家机构提供的文件和信息才能提供此类服务，则通过“一个窗口”综合性系统提供电子政务服务，即提供电子政务服务的国家机构通过部门间电子信息交换系统独立获取相关文件和信息，无须申请人的参与。[③] 这种“一个窗口”模式减少了企业跨部门协调的时间成本。例如，企业申请经营许可时，审批机构可直接从税务、环保等部门调取所需数据，大幅缩短审批周期。

国家电子政务数据库[④]整合了各部门信息，确保企业在注册和许可申请中数据的准确性与一致性。

---

① 参见《股份公司法》第 32 条。
② 参见《股份公司法》第 69 条。
③ 参见《电子政务法》第 10 条。
④ 参见《电子政务法》第 23 条。

企业名称验证可通过商工部在线系统进行预注册名称的查重和审批。土库曼斯坦的企业注册管理局提供了一个在线平台供企业进行公司名称的预先检查。库曼斯坦的税务系统为新成立的企业提供了电子税务注册选项，企业可以在线提交税务申请。

大部分环节仍需线下办理：

费用支付：注册费需通过银行或注册处现金缴纳，尚未实现线上支付。

社保登记：需向社保单位提交纸质材料，无在线系统。

文件提交：公司章程、股东身份证明等需公证后线下递交。

受益所有权更新：变更需提交纸质申请至财政部，电子系统尚未全面覆盖。

（三）效率

1. 时间成本

外国公司在土库曼斯坦注册手续繁杂，而且在注册过程中往往会遇到各种各样的“意外”情况，使得注册时间大大超过预期。整体而言，需要提供规定格式的申请表、注册申请、公司决议、章程、营业执照、管理人员信息、在土负责人个人材料、委托书、所在国官方注册文件、缴费证明、租房证明、本国银行财务证明文件等，注册资料需以外国公司本国语言提交（加盖公章），并附有土库曼语和俄语翻译件（需公证），部分文件需要土外交部或驻外使馆认证，注册所需详细文件和材料模板可登录土财政和经济部官方网站浏览和下载（https：//fineconomic. gov. tm/ru）。[①] 注册审批时间原则上需要1—3个月，注册费用3000美元（不包括杂费）。由于土库曼斯坦当地法律法规变化较快，特别是有较多的不可预见因素，建议中国企业聘请有经验的当地律师协助办理企业注册手续。

《企业法》第16条规定企业国家登记或拒绝登记的决定，应自企业创始人提交所需文件之日起两周内作出。

综合来看，整个过程大约需要以下时间：

公司名称确认及检查：通常需时2—3个工作日。

公司章程、注册资本和地址的准备：准备时间视乎情况，通常为7—10个工作日。

---

① 参见商务部对外投资和经济合作司等编：《对外投资合作国别（地区）指南：土库曼斯坦》（2024年版），第72页，载商务部“走出去”公共服务平台，http://fec. mofcom. gov. cn/article/gbdqzn/，2025年2月13日访问。

企业登记申请及审查：国家注册局的审查时间通常为15个工作日。

税务登记及银行开户：税务登记一般需要7个工作日，而银行开户可能需要3—5个工作日。

总的来说，从开始申请到企业注册完成，通常需要30—40个工作日（即1.5个月左右）。如遇到复杂情况，时间可能会有所延长。

2. 经济成本

（1）官方费用

①注册费用。

企业设立所需缴纳的官方费用主要是注册费用。《企业法》第20条规定，企业国家登记费用由土库曼斯坦内阁规定缴纳程序与标准。《企业注册管理条例》第5条规定注册费标准由财政部统一制定。土库曼斯坦企业注册费用3000美元（不包括杂费）。某些特定行业的公司可能需要额外的许可证或审批，这将增加注册成本。例如，金融、保险、电信等行业通常受到更严格的监管，因此相关审批流程更为复杂，费用也相应较高。

同时，根据法律规定，以下情形享有经济优惠：《外国投资者》第11条规定，投资项目的注册、在自由经济区从事项目建设和运营的外商投资企业、外国法人分支机构和代表处的注册均免征注册手续费。

对在自由经济区从事经营的外国投资者、外商投资企业免缴下列费用：咨询费和注册费；交易所的合同注册费；办理许可证及重新办证的国家规费；按土库曼斯坦法律程序和条件办理的土地租赁费；土库曼斯坦法律规定建立的预算外基金的利润提成。

②注册资本要求。

注册资本用于确定公司财产的最低规模，以保障公司债权人的利益。土库曼斯坦对公司注册资本有明确的要求，具体金额根据公司类型和经营范围的不同而有所区别。《企业法》第47条规定，公司成立文件应明确规定创始人（参与者）出资（入股）的具体条件。在签署创立文件后至提交公司注册申请前的期间内，创始人的出资额必须不低于既定出资额的50%。第二部分货币和（或）财产出资应在企业注册后1年内缴纳。如果注册资本未在本法规定的期限内全额支付，企业必须宣布减少其注册资本，并按照既定程序登记这一事实，或通过清算停止其活动。

一是有限责任公司的注册。有限责任公司可以由2名股东设立，可以是个人或公司实体。此外，公司必须任命1名董事，该董事不得是土库曼斯坦国民或居民；外资有限责任公司的最低注册资本不得低于20000美元。有限责任公司（有外国参与）有义务提交其财务报表以供年度审计。

二是股份公司的注册。这种土库曼斯坦企业设置需要 2 名股东和 1 名董事，他们可以是非居民个人或实体。股份公司注册资本的最低金额应为公司已发行并配售股份的总面值，且不得低于法律规定的创始人在缴纳注册资本出资及提交公司国家注册文件时最低工资标准的 200 倍，即最低股本要求必须为每月最低工资的 200 倍。[①] 公司设立时不得进行公开认购股份。所有股份应在公司国家注册后的 12 个月内配售给创始人并完成支付。在公司国家注册时，其注册资本（资本）应由创始人支付至少一半。[②] 与有限责任公司一样，股份公司必须向政府提交年度经审计的财务报表。

三是分公司的注册。分公司的业务范围将由母公司在注册时规定，母公司将被视为对分支机构的运营负有法律责任。设立分公司印章必须得到警方的批准。创建分支机构印章的过程分为三个步骤：印章设计、警方授权和印章制造。警方授权需要 1 周时间。

四是代表处的注册。代表处可以代表母公司在土库曼斯坦开展促销活动；代表处需要在该国任命一名常驻经理。最后，代表处的存在条款将由母公司在注册时定义。此外，个体企业最低注册资本应为土库曼斯坦法定最低工资标准的 25 倍。[③] 合作制企业最低注册资本应为土库曼斯坦法定最低工资标准的 50 倍；[④] 经营合伙的法定注册资本最低金额必须是土库曼斯坦规定的最低工资的 100 倍。[⑤]

（2）隐性成本

公证和翻译费用：由于注册文件需要经过公证和翻译，这部分费用也需要考虑在内。通常，公证和翻译费用在 200 至 500 美元之间。

律师费用：如果选择聘请律师协助办理公司注册，律师费用也是一笔不小的开支。律师费用通常在 1000 至 3000 美元之间，具体费用取决于律师的资历和服务内容。

年检费和税务代理费：有限责任公司的年检费通常较高，而合伙企业的年检费则相对较低。此外，还需要支付税务代理费等其他费用。

管理和财务成本：企业设立后，运营过程中需要定期进行税务报告、审计等，这些都会产生持续的管理和财务成本。

办公场所和租赁成本：企业设立初期通常需要租赁办公场所，租赁成本

① 参见《股份公司法》第 12 条第 1 款。
② 参见《股份公司法》第 12 条第 3 款。
③ 参见《企业法》第 26 条。
④ 参见《企业法》第 27 条。
⑤ 参见《企业法》第 29 条。

根据不同的地区和办公楼层有所不同。一般来说，市中心的商业办公租赁价格会更高。

其他费用：包括公司印章制作、银行开户、税务登记等费用，这些费用通常在500至1000美元之间。

（四）评述

1. 具体挑战

土库曼斯坦的投资环境仍然存在争议。一方面，土库曼斯坦独立4年后，即宣布为永久中立国，政局相对稳定，经济在中亚五国中保持较快增长，存在很多的投资合作机会。近年来，外商投资在土库曼斯坦的经济比重不断上升。同时，近年来土库曼斯坦政府在推动外资引进方面推出了多项优惠政策，尤其是向与基础设施、能源和农业相关的企业提供税收减免和其他激励措施。另一方面，在土库曼斯坦投资仍然存在许多风险与挑战，具体如下：

第一，市场准入风险。土库曼斯坦仍处于计划经济向市场经济过渡的转型期，政策变化较大，市场环境十分特殊，对外国企业准入的门槛和要求较高，在办理公司或代表处注册审批、外籍员工签证、入境手续和劳动许可方面限制较多，效率较低。

第二，政府审批管理不规范、信息不透明的风险。在土库曼斯坦计划经济体制和管理思维仍根深蒂固，政治经济高度集权，政府在外资项目审批中居主导地位，市场化程度不够，政府部门经常对外资企业或涉外合作项目进行行政干预和检查，并且外国企业在土库曼斯坦投资合作活动易受土对外政策的影响。同时，土库曼斯坦行政管理透明度较差，政府不对外公布内债和外债规模、期限结构等信息，不对外公布贷款来源分布等信息情况，视债务和贷款为国家机密，对社会经济统计数据严格保密。

第三，优惠政策落实风险。土库曼斯坦《外国投资法》和《自由经济区法》均规定了一系列投资鼓励政策，但《外国投资法》在具体实施中尚存在一些问题，《自由经济区法》尚未真正落地，加之审批环节多、需要时间较长，《自由经济区法》规定的一些投资鼓励政策需要等待政府研究出台具体落实措施，中资企业对此不应抱有太高期望，而应根据实际情况科学计算投资成本。

第四，缺乏一致和透明的商业立法、金融部门不发达、系统性腐败以及不确定的商业环境构成了投资挑战。国家对战略资源、基础设施、银行和外贸等多个行业拥有垄断。注册程序烦琐且耗时，通常需要高达10000美元的非正式“支付”。政府机构对外国和本地公司进行的任意审计和调查是常见的。在审计中的公司员工如果不满足政府的条件可能会面临刑事起诉的威胁。而且根据美国国务院发布的土库曼斯坦 2021 年的投资指南显示，土库曼斯坦被认为"几乎没有真正的外国直接投资""政府未能真正执行与投资相关的立法""没有独立的司法机构"以及"没有针对政府征用资产的实际有效的法律保护措施"。

2. 具体建议

基于上述情况，建议赴土库曼斯坦投资的企业和个人对关涉营商环境的要素进行全面评估。

第一，中资企业赴当地投资应提前做好市场调研和风险评估工作，深入了解当地法律法规和市场环境；合作中要依法办事，合规经营，密切跟踪有关法律变动情况，及时调整经营策略和手段，有效规避和管控风险，保障自身合法利益。

第二，土库曼斯坦机制体制特殊，市场容量有限，企业应事先了解当地法律法规，充分开展市场调研并进行经济技术可行性分析，特别注意规避汇率风险。土库曼斯坦实行严格的外汇管制政策，汇率市场封闭，独立于国际金融市场之外，完全由政府操控，汇率变化趋势不可预测，企业应尽可能实行以国际通行货币计价，在当地发生的部分可以支付当地币，其他支付国际通用货币，以规避汇率风险。同时，由于土库曼斯坦政府严格管控外汇，中资企业应充分计算投资回收的风险。同时，外国公司在土库曼斯坦注册手续繁杂，而且在注册过程中往往会遇到各种各样的意外情况，使得注册时间远超预期，中资企业对此应有充分准备，正确选择注册企业类型，详细了解注册要求、程序，备齐所需文件等。

第三，土库曼斯坦企业准入制度的变革将与其经济转型进程深度交织。作为传统能源依赖型经济体，该国正面临全球能源格局剧变与国内发展模式迭代的双重挑战。随着《2022—2028 年社会经济发展纲要》的推进，政府逐步释放出有限开放信号，特别是在跨境物流、新能源和数字基建领域，或将通过专项立法简化外资准入流程。当前冗长的审批程序有望在电子政务改革中优化，阿什哈巴德试点的"单一窗口"系统若全面推广，可将企业设立周期压缩至 30 天内，并向欧亚经济联盟标准靠拢。这一进程与"一带一路"倡议的深化形成共振，中资企业在能源产业链延伸、化工园区建设等战略项目中可能获得差异化准入待遇。同时，数字化监管工具的引入（如企业信用数据库、电子监察系统）将逐步提升信息透明度，而里海自贸区试行的"监管沙盒"机制，可能在投资仲裁、外汇结算等敏感领域打开政策缺口。综上所述，在土投资仍具有巨大潜力。

二、获取经营场所

经营场所是企业开展业务和进行管理的重要场所，企业获取经营场所的方式包括购买、租赁、新建等。结合营商环境的评价体系，获取经营场所是衡量企业用地用房便利性的重要指标，适当的选址不仅与企业上下游发展环环相扣，同时也影响着各法律规范的适用。土库曼斯坦经营场所的获取主要从以下几个方面加以考察。

（一）监管框架

土库曼斯坦国家对土库曼斯坦境内授予土库曼斯坦和外国的自然人、法人以及外国和国际组织拥有、使用和租赁的所有土地，无论所有权形式和部门隶属关系如何，控制其使用以及保护。①

国家控制土地使用和保护的主要任务是：确保所有国家权力和管理机构、地方行政当局和地方自治机构、自然人、土库曼斯坦和外国法人以及外国和国际组织遵守土库曼斯坦土地法的要求；确保执行保护和合理利用土地的国家政策；防止在土地使用和保护领域违反土库曼斯坦法律的行为，查明此类违法行为并采取适当措施予以消除；确保土地所有者、土地使用者和土地承租人遵守土库曼斯坦法律在保护和使用土地、防止污染和土壤肥力下降、动植物、水体和其他自然资源退化方面规定的标准和条例。②

国家对土地使用和保护的控制由国家土地管理机构实施。国家土地管理机构对土地的使用和保护行使国家控制，确保对以下方面的控制：将所有土地用于预期目的；国家权力和管理机构、地方行政当局和地方自治机构、土库曼斯坦和外国的自然人和法人以及外国和国际组织遵守土库曼斯坦关于土地使用和保护的立法；防止未经授权占用土地；实施土地管理项目和其他土地利用和保护项目；开垦受干扰的土地；及时归还临时占用的土地；土地所有者、土地使用者和土地承租人及时、正确地采取组织经济、农业技术、林业和其他措施来恢复和保持土壤肥力；土地所有者、土地使用者和土地承租人及时向有关国家机构提供有关土地的可用性、状况和使用情况的信息；保护已安装的地块边界标志；满足土地使用环境制度的要求；及时和高质量地实施土地改良措施，预防和消除水土流失、盐碱化、洪水、荒漠化、乱扔垃圾、污染和其他导致土地退化的过程的后果；防止侵犯所有权、土地使用权

① 参见《土地法》第 106 条。

② 参见《土地法》第 104 条。

和土地租赁权的交易；土地的生态状况；土库曼斯坦国家权力和管理机构、地方行政当局和地方自治政府在土地立法领域所作决定的合法性。[①]

1. 不动产产权转让和限制

土库曼斯坦《土地法》第17条第2款规定，土地所有权仅授予土库曼斯坦公民。土地所有权仅限土库曼斯坦公民享有，外国自然人及企业无法获得土地所有权，因而无法购买不动产。土地的永久或临时使用权可以提供给土库曼斯坦公民和法人。土地租赁可以提供给土库曼斯坦公民和法人以及外国公民和法人、外国国家或地区和国际组织。

（1）获得土地所有权的方式

根据《土地法》和土库曼斯坦其他规范性法律文件，土库曼斯坦公民对土地的私人所有权是在将土地授予私人所有权时产生的，是将住宅或建筑物的所有权转让给另一土库曼斯坦公民的民事交易的结果，也是通过继承转让所有权时产生的。[②]

土库曼斯坦公民关于私人拥有土地的申请由以下机构审议：城市土地委员会；阿什哈巴德省土地委员会；国家土地管理机构；国家土地委员会。根据土库曼斯坦内阁根据国家土地委员会的建议作出的决定，将土地转让给私人所有。

（2）土地用途限制

土库曼斯坦公民可以按照土库曼斯坦法律规定的方式获得土地，用于：在农村地区经营个人附属农场家庭用地；城镇的个人住房建设；农业生产——从农民协会和其他农业企业的土地长期租赁，然后转让给有效利用土地的承租人；服务分配；放牧；割草；用于商业活动的建筑和其他非农业需求；临时非农业设施的安置。[③] 可以按照土库曼斯坦法律规定的方式向土库曼斯坦法人提供土地，用于：进行农业生产；辅助农业；临时建筑物的放置；牲畜饲养；建筑；矿产开发；其他非农业目的。[④] 土地所有权的授予和转让必须考虑土地的预期用途。[⑤]

（3）土地所有者的权利与义务

土库曼斯坦公民——土地所有者有权：根据土地的预期用途独立经营土地；农作物和种植园的所有权、生产的农产品及其销售收入；按照土库曼斯

① 参见《土地法》第107条。
② 参见《土地法》第24条。
③ 参见《土地法》第18条。
④ 参见《土地法》第19条。
⑤ 参见《土地法》第24条。

坦法律规定的方式，为经济需要使用土地上常见的矿物；进行灌溉、农业技术和开垦工作；根据规定的限制，从灌溉水源接收用于灌溉作物、种植园和其他目的的水；按照土库曼斯坦法律规定的方式建造住宅、工业、文化和生活设施以及其他设施，并根据地块的预期用途进行重建和拆除；在因国家和公共需要而征用土地的情况下，按照土库曼斯坦法律规定的方式获得所遭受损失的赔偿；拥有《土地法》规定的其他权利。①

土库曼斯坦公民——土地所有者有义务：根据预期用途合理使用土地，提高土壤肥力，采取环境保护措施，防止生态状况恶化和自然资源枯竭。执行《土地法》和土库曼斯坦其他规范性法律文件规定的一系列保护土地的措施；及时支付土地费用；不侵犯其他土地所有者以及土地使用者和土地承租人的权利；以有关国家机构规定的形式及时向有关国家机构提交有关土地状况和使用情况的信息；按照土库曼斯坦法律规定的方式赔偿对其他土地所有者、土地使用者和土地承租人造成的损害；按照既定规则开展必要的土地改善和绿化工作，保护和维护绿地；承担其他义务。②

（4）土库曼斯坦公民和法人的土地使用权

符合《土地法》第 18 条和第 19 条规定的土库曼斯坦公民和法人获得土地的目的和方式，可以向土库曼斯坦公民和法人提供土地使用，无论其经营形式如何，但向土库曼斯坦公民提供私有土地的情况除外。土地可以永久使用（无期限）和临时使用（有期限）。③ 在下列情况下，土地使用权按照土库曼斯坦法律规定的方式产生：提供土地使用；土地使用权的转让；通过继承转让土地使用权；民事交易；土库曼斯坦法律规定的其他理由。土地使用权的出让、转让和转让必须符合土地的预期用途。④

2. 不动产租赁和限制

（1）法律法规和政策

土库曼斯坦的租赁法律体系以《宪法》为基础，由《租赁法》及配套规范性文件构成。允许租赁的财产包括不动产（如土地、建筑物）、动产及产权，但货币、证券、知识产权及法律限制流通的财产除外。⑤

租赁关系依出租人和承租人自愿平等缔结的租赁合同而成立、变更和终止。租赁合同以书面形式订立，但《租赁法》第 11 条第四部分包括的租赁合

① 参见《土地法》第 28 条。
② 参见《土地法》第 29 条。
③ 参见《土地法》第 31 条。
④ 参见《土地法》第 32 条。
⑤ 参见《租赁法》第 3 条。

同除外。租赁合同的出租人必须按照约定为承租人提供一定的财产，承租人支付固定的暂时使用费并按照土库曼斯坦立法独立实施经济活动或其他活动。承租人应当按照租赁合同的条款使用、转让财产并向出租人支付约定费用。租赁合同按照土库曼斯坦立法进行登记。

租赁合同中应注明以下内容[①]：合同双方的名称、法定地址和要求；租赁对象的名称、参数、成分、数量、价值、位置以及使用租赁对象的目的；租赁财产转让的程序和条件，以及租赁条款；租金金额，相互结算的程序和条件；租赁合同变更和终止以及条款延长和（或）修改的程序和条件。其中，当事人的权利、义务和责任包括：出租人应当向承租人转让符合合同规定用途的财产，并事先告知承租人租赁物负担的第三方权利；承租人应当在合同终止后将租赁财产退还给出租人，但要考虑合法使用造成的正常磨损；出租人与承租人租赁物经营和修理责任的分配；依据土库曼斯坦立法给租赁物投保；租赁财产状况的管理程序。

对于建筑物租赁[②]，租赁建筑物合同中，出租人负责将建筑物转移给承租人临时使用。在转移建筑物使用权的同时，实际占用的部分土地使用权及其必要通行权也一并转移。出租人转移建筑物的义务或者承租人退还建筑物的义务，应当在双方签署转让/接受行为之后进行，除非土库曼斯坦法律或租赁合同另有规定。土地出租（包括库存）按照法律规定进行。[③] 土地租赁是以合同为基础的对土地的定期有偿使用。土地承租人可以是土库曼斯坦和外国的自然人、法人以及外国和国际组织。承租人和出租人的权利和义务以及土地租赁权产生和终止的理由由租赁协议的条款确定。根据土地租赁协议，土地可以连同或不连同其经济用途所需的住宅和附属建筑一起转让。土地租赁示范合同的形式和签订程序由国家土地管理机构制定和批准。土地租赁合同的登记和租赁土地实物边界的确定由国家土地管理机构进行。[④] 对于房屋出租[⑤]，房屋租赁期内，出租人应当转让自己所有权的住房给承租人临时使用。住宅租赁同时也应当符合对建筑物租赁的要求。出租人提交书面申请之日起10日内，由房屋所在地的行政机关和当地自治机构进行房屋租赁合同登记。只有按照《住房法》规定将住宅房屋转成非住宅房屋，才允许不按预期目的使用租赁住宅。

---

① 参见《租赁法》第6条。
② 参见《租赁法》第13条。
③ 参见《租赁法》第14条。
④ 参见《土地法》第44条。
⑤ 参见《租赁法》第15条。

此外，国有财产租赁需遵循特别程序[①]，国有财产租赁程序由授权机构制定，并经土库曼斯坦内阁批准。国有企业财产复合体及其细分，包括分配的土地，可按照土库曼斯坦法律规定的程序进行全部或者部分出租。租赁争议可通过协商或司法程序解决。[②]

（2）外资企业和外国人租赁不动产的限制

①租赁主体资格限制。

在土库曼斯坦，大部分土地归国家所有，外国自然人和法人不可在境内购买土地，只能租赁。《土地法》规定，土地租赁政策原则上不向外国法人和公民开放。如确有需要，则需向内阁提出申请，并由农业和环境保护部根据内阁授权批准[③]。

②租赁不动产的期限限制。

根据租赁的财产类型、目的和条件，租赁期可分为1年以上5年以下或者5年及以上。土库曼斯坦法律规定，某些情况可以订立无固定期限租赁合同。除了临时建筑物土地租约最多是5年外，林业基金包括的土地租约都是长期的。[④] 外资企业与国内主体适用相同期限规定。外国自然人和法人在与土地管理部门签订租赁合同且获得内阁批准的情况下，可租赁非农业用地，租赁期限最长为40年，且租赁土地只能用于工程建设和其他非农业建设项目、临时工程设施。[⑤]

用于搭建营业点等临时设施的土地租赁期限不得超过5年。[⑥] 在实践中，地方政府土地管理部门提供的土地租赁合同通常不允许外国企业做任何修改，而且合同有效期通常为1年，之后每年续签。土库曼斯坦不允许外资获得农业耕地、林地所有权和承包经营权。[⑦]

---

① 参见《租赁法》第16条。

② 参见《租赁法》第18条。

③ 参见《土地法》第16条第5款。

④ 参见《租赁法》第7条。

⑤ 参见商务部对外投资和经济合作司等编：《对外投资合作国别（地区）指南：土库曼斯坦》（2024年版），第56页，载商务部“走出去”公共服务平台，http://fec.mofcom.gov.cn/article/gbdqzn/，2025年2月13日访问。

⑥ 参见《土地法》第7条第2款。

⑦ 参见商务部对外投资和经济合作司等编：《对外投资合作国别（地区）指南：土库曼斯坦》（2024年版），第56页，载商务部“走出去”公共服务平台，http://fec.mofcom.gov.cn/article/gbdqzn/，2025年2月13日访问。

表 3—1　土库曼斯坦土地租赁的相关规定

土地类型	允许用途	租赁年限	外资限制
工业用地	工厂、仓库、能源设施	最长 50 年	需与国企合资，外资持股≤49%
商业用地	商场、酒店、办公楼	最长 30 年	需地方议会审批，租金溢价 20%
农业用地	农场、种植园、加工厂	最长 25 年	禁止外资独资，棉花田附加战略作物税
旅游用地	度假村、娱乐设施（如阿瓦扎特区）	最长 40 年	特区内外资可独资，但需雇佣 90%本地员工
特殊经济区用地	自贸区、科技园区	最长 99 年	税收优惠，但需满足出口比例要求

（3）租赁不动产的用途限制

向外国公民、法人以及外国国家和国际组织出租土地，适用于以下用途：建设及其他非农业需求；设立临时贸易与生活服务点、仓库、停车场及其他设施。上述土地的出租须依据土库曼斯坦总统的决定执行。土地使用权的出让、转让和转让必须符合土地的预期用途①。同时土地管理机构对租赁用途实施全程监控②。土地分类和从一个类别转移到另一个类别的程序在《土地法》第 6 条中有规定：土库曼斯坦土地基金类别中的土地分类和从一个类别转移到另一个类别的程序，根据其预期目的，按照《土地法》和土库曼斯坦其他规范性法律文件确定的方式进行。③ 土地使用者有义务根据预期用途和提供条件使用土地。④

建筑物租赁需符合用途规定，住宅用途房屋不得擅自转为非住宅用途，除非依据《住房法》完成转换。⑤ 外资企业若需租赁工业或商业建筑，需确保合同明确用途，否则可能面临行政干预。国有财产即使不按预期目的（未确定、保留）使用，只要技术上合理，并且租赁不会损害生产，就可以临时出租。⑥《租赁法》第 8 条第 1 款明确禁止转租国家财产，外资企业无法通过转租国有不动产扩展业务。

① 参见《土地法》第 32 条。
② 参见《土地法》第 11 条。
③ 参见《土地法》第 7 条。
④ 参见《土地法》第 39 条。
⑤ 参见《租赁法》第 15 条第 3 款。
⑥ 参见《租赁法》第 16 条第 1 款。

(4) 不动产租赁程序

启动和审议土库曼斯坦公民和法人关于授予土地所有权、使用和租赁的申请的程序由土库曼斯坦内阁规定。土地获取流程与审批机制如下。

国内申请：公民和本国企业向地方土地管理机构提交申请，需说明用途、面积和位置。

外资申请：希望租赁土地的外国公民和法人以及外国和国际组织应向土库曼斯坦内阁提出申请。向土库曼斯坦和外国的自然人、法人以及外国和国际组织提供土地，由国家土地管理机构根据土库曼斯坦内阁的决定进行。[①]

申请材料需提交包含以下内容的正式文件：土地用途（必须符合土库曼斯坦产业政策）、地块面积与地理位置详述、项目可行性证明文件、环境评估报告（涉及工业用地时）。

外资土地申请需要多级审查：初审——地方土地委员会（州/市级别）进行初步审查，国家土地委员会根据国家土地资源管理机构根据各地区和城市、州和阿什哈巴德市土地委员会提交的材料得出的结论，审议有关提供地块的材料；专业评估——国家土地资源管理局进行技术审查；终审决策——内阁根据国家土地委员会建议作出最终裁定；文件发放——土地管理局完成租赁登记并颁发证书，国家土地资源管理机构按照土库曼斯坦法律规定的方式办理提供土地的材料、颁发证明土地所有权、使用权和租赁权的文件以及这些权利的国家登记。

国有财产租赁的特殊程序：国有财产租赁需由授权机构制定程序并批准[②]，外资企业可能面临更严格的审查。若同一国有财产有多个申请人，需通过封闭式拍卖确定承租人[③]，外资企业需与本土企业竞争，增加准入难度。

3. 建筑法规和环境许可的监管标准

(1) 区域和土地划分适用

土库曼斯坦国家城市规划政策旨在通过城市规划确保社会的可持续发展，以改善生活环境和人类生活，包括考虑残疾人的特点，保护和增强土库曼斯坦人民的文化遗产，有效和谨慎地利用土地和自然资源，在城市规划领域实现社会、国家和公民利益的和谐结合。[④]

《城市规划法》第 7 条规定，国家对城市规划活动的监管由土库曼斯坦内阁、建筑和建筑领域的授权国家机构以及地方行政权力机构和地方自治机构

① 参见《土地法》第 16 条。
② 参见《租赁法》第 16 条第 4 款。
③ 参见《租赁法》第 10 条第 9 款。
④ 参见《城市规划法》第 3 条。

根据土库曼斯坦法律进行。外国的个人和法人实体、无国籍人有权在土库曼斯坦开展城市规划活动，除非土库曼斯坦法律另有规定。[①]

土库曼斯坦对以下地区的城市规划活动实行国家特别监管，阿什哈巴德和阿卡达格市的领土；消除自然和环境紧急情况后果的区域；具有不可移动的物质文化价值、受特别保护的自然领土及其保护区所在的领土；度假区和休闲区；自由经济区；城市潜在发展的地区；对国家和州际具有重要意义的运输、工程、边境和海关基础设施的预期发展地区；机场领土；军事城镇、边境哨所和其他封闭设施中的定居点的领土；根据土库曼斯坦法律被确认属于实施城市规划活动国家特别监管的地区的其他地区。土库曼斯坦对以上地区、城市规划活动的特殊监管通过引入特别规则来实施，包括：制定强制性的州城市规划标准和规则；引入制定、协调和批准城市规划文件、颁发建筑和安装工程许可证的特殊程序；制定特别计划，以保护面临自然和环境紧急情况风险的地区；采取土库曼斯坦法律规定的其他措施。[②]

城市规划文件的编制和批准具有严格的程序。城市规划文件应由城市规划文件的编制单位根据委托方签发并与授权国家机构商定的合同和转让书编制。城市规划文件应经过国家专家审查，并按照土库曼斯坦立法规定的程序批准。委托方应将一份经批准的城市规划文件副本发送给授权国家机构。对已批准的城市规划文件的修改和补充须经批准该文件的机关决定[③]。

土库曼斯坦《城市规划法》对居民点功能区做出了详细规定。法律规定居民点内可设立下列功能区域：居住区；公共商业区；工业区；工程与交通基础设施区；休闲区；农业使用区；特殊用途区；军事设施及其他管制区；郊区。居民点功能区域边界应根据红线、自然地貌、地块边界及其他界线确定。需特殊国家管制的功能区域内，可对特定建筑、设施的规划与施工提出附加要求[④]。各功能区的法律要求如下表所示：

---

① 参见《城市规划法》第 13 条。
② 参见《城市规划法》第 11 条。
③ 参见《城市规划法》第 18 条。
④ 参见《城市规划法》第 32 条。

表 3—2 各功能区的法律要求

序号	功能区域	法律要求
1	居住区	《城市规划法》第 33 条规定：居住区用于建设多层住宅、中低层住宅及独栋住宅。 居住区内允许设置独立或附属的社会文化设施、宗教建筑、停车场、工业及仓储设施（需无卫生防护带要求且不产生噪音、振动、辐射、污染等环境影响）。 居民点范围内的园艺合作社用地亦属居住区
2	公共商业区	《城市规划法》第 34 条规定：公共商业区用于布局商业金融中心、医疗文化设施、教育机构、行政科研场所、宗教建筑及停车场等。 允许建设住宅、酒店、地下或多层车库
3	工业区	《城市规划法》第 35 条规定：工业区布局工业、市政、仓储设施及其配套工程与交通基础设施，并划定卫生防护带。 卫生防护带内禁止建设住宅、学校、医疗机构、运动场馆及农业活动。 工业区环境整治由区内设施所有者负责
4	工程与交通基础设施区	《城市规划法》第 36 条规定：本区域用于布局空中、铁路、公路、海运、河运、管道运输设施及通信工程设备。 确保设施与居住、公共、休闲区保持法定距离，符合国家规划规范及专项规则。 禁止在居民点内建设可能直接危害公民生命健康的设施
5	休闲区	《城市规划法》第 37 条规定：休闲区用于发展旅游业及公共休憩，包括城市森林、公园、海滩等。 禁止新建或扩建无关工业、市政及仓储设施
6	农业使用区	《城市规划法》第 38 条规定：城市及镇区内划定农业使用区，涵盖耕地、果园、牧场等农业用地及附属设施
7	特殊用途区	《城市规划法》第 39 条规定：特殊用途区用于布局公墓、垃圾填埋场等禁止其他区域设置的设施。 使用规则按城市规划规范及专项规则制定
8	军事设施及其他管制区	《城市规划法》第 40 条规定：本区域用于布局需特殊使用制度的设施。使用规则由土库曼斯坦内阁制定
9	郊区	《城市规划法》第 41 条规定：郊区（城市发展储备用地）包括毗邻城市边界的土地，用于城市扩展、居民休憩及园艺合作社。边界依据城乡规划文件及土库曼斯坦土地法确定。 《城市规划法》第 42 条规定：郊区开发需兼顾公共利益及建设主体权益。规划纳入州级区域规划、区级方案及城市总体规划。郊区划定卫生及休憩绿带，禁止危害环境的经济活动

土地所有权人或使用权人实施土地开发建设应当获得建设许可，以证明其享有实施土地开发建设的权利。建设许可由地方行政机关在授权机关完成许可登记后核发，但独栋住宅建设除外。① 城市规划领域的授权国家机构负责设施建设许可证的登记。② 城市规划活动领域的地方行政当局和地方自治机构负责依据城市规划活动主体的申请，按规定程序核发城市规划活动许可（或禁令），并对许可（或禁令）的有效期遵守情况进行监督。③

（2）建筑法规标准

土库曼斯坦建筑活动领域的国家政策旨在营造良好的生活环境，保护土库曼斯坦人民的文化遗产，并致力于协调社会、国家与公民在建筑活动中的利益关系。土库曼斯坦部长、土库曼斯坦建设和建筑部（授权机构）以及地方行政机构和地方自治机构根据土库曼斯坦法律对建筑活动进行国家监管。④

对建筑项目具有严格的规范，必须符合相应的标准。土库曼斯坦《建筑法》第 16 条规定，建筑物项目的设计应在项目总建筑师的指导下或在其强制参与下进行。建筑物项目的设计应由项目总建筑师和（或）项目总工程师按照授权机关规定的程序签署。建筑物项目的施工工作文件应根据国家或地区技术标准、建筑规范和规则，在已批准的设计基础上进行编制和执行。⑤ 建筑物项目的施工应根据已批准的项目文件、国家或地区技术标准、建筑规范和规则，以及土库曼斯坦的其他规范性法律文件进行。建筑师或其授权人员应参与建筑物项目竣工验收，并签署相应的验收文件。⑥ 国家建筑和建筑工程监督按照土库曼斯坦立法规定的程序进行，旨在确保建筑活动主体在土地开发、建筑和工程设施的建设和安置过程中遵守批准的城乡规划和其他项目文件、当地建筑规则、初始数据要求以及保护国家或地区对建筑产品消费者权利的保护。国家建筑和建筑工程监督由国家或地区建筑和建筑工程监督授权机关的机关执行。⑦

外国国家的自然人和法人实体以及居住在土库曼斯坦的无国籍人在进行建筑活动时，享有与土库曼斯坦公民相同的权利并履行相同的义务，除非土库曼斯坦法律和土库曼斯坦国际条约另有规定。⑧

---

① 参见《城市规划法》第 44 条。
② 参见《城市规划法》第 9 条。
③ 参见《城市规划法》第 10 条。
④ 参见《建筑法》第 4 条。
⑤ 参见《建筑法》第 17 条。
⑥ 参见《建筑法》第 18 条。
⑦ 参见《建筑法》第 19 条。
⑧ 参见《建筑法》第 27 条。

发包人和承包人在进行建筑活动时，应将特定类型的项目和施工工作委托给持有相应许可证的人员；按照施工图纸进行建筑施工，使用符合国家或地区建筑标准、建筑规范和规则的建筑材料、构件和结构，如需强制认证，则应通过认证；在设计任务书中不得包含违反土库曼斯坦法律、经批准的城市规划文件、国家或地区建筑标准、建筑规范和规则的要求。①

（1）建筑环境许可

第一，环境影响评估（EIA）。

环境影响评估是指识别、记录和分析计划经济活动和其他活动对环境造成的直接、间接和其他后果，以对其实施的可能性或不可能性作出适当决策的一种活动。根据《自然保护法》第 26 条，影响评估是对可能对环境产生直接或间接影响的计划经济和其他活动进行的，不论经济和其他活动主体的组织和法律所有制形式如何。所有可能对自然环境产生直接或间接影响的建筑项目（包括选址、设计、施工、运营及拆除阶段）必须进行环境影响评估（EIA）环境。环境影响评估材料的要求由自然保护领域的授权国家行政管理机构制定。

对引进的设施或技术对土地状况的负面影响以及设想的土地利用和保护措施的有效性的评估应在环境评估的基础上进行。禁止在没有保护土地免受退化或侵犯的措施和环境评估肯定结论的情况下投入使用设施、建筑物和构筑物以及引进新技术。在土地上安置物体、建筑物和构筑物，以及引进影响土库曼斯坦和外国自然人、法人以及外国和国际组织拥有、使用和租赁的土地状况的新技术，应按照土库曼斯坦法律规定的方式和条件，与国家土地管理机构、环境保护机构和其他机构协商。②

第二，生态技术规范与设计要求。

对环境产生直接或者间接负面影响的建筑物、构筑物和其他设施的设计应当符合自然保护要求。同时，必须采取措施保护环境，修复自然环境，合理利用和再生产自然资源，确保环境安全。

在设计建筑物、构筑物和其他设施时，必须考虑对环境允许的人为负荷标准，必须采取措施防止和消除环境污染，以及处理生产和消费废物的方法，必须采用节约资源、低废弃、无废弃等现有的最佳技术，以保护自然和修复自然，合理利用和再生产自然资源。③ 遵守大气、水体、土壤等环境介质的污

① 参见《建筑法》第 32 条。
② 参见《土地法》第 102 条。
③ 参见《自然保护法》第 31 条。

染控制标准;[①] 对企业、建筑物和其他设施的设计进行监督，确保其符合环境保护的要求；禁止使用或排放破坏臭氧层的化学物质。[②]

第三，施工与运营阶段的环保义务。

建造、改建建筑物、构筑物和其他设施，必须按照批准的项目进行，经过国家环境影响评估，并符合自然保护要求。在建设过程中采取措施，复垦土地，合理管理和恢复自然资源，改善地貌，保护环境。

经营建筑物、构筑物和其他设施的法人实体和个人必须：遵守自然保护、修复自然环境和合理利用自然资源领域批准的技术和要求；采用生产和消费废弃物处置和安全处置、污染物排放处置的技术手段和技术，以及其他现有的确保符合自然保护要求的最佳技术，确保符合环境质量标准；按照土库曼斯坦监管法律法规的要求开展恢复自然环境、开垦土地和改善领土的活动。[③]

《土地法》第102条规定，在新建和改建设施、建筑物和构筑物的选址、设计、建造和调试以及引进对土地状况产生负面影响的新设备和新技术时，必须规定和实施保护土地的措施，确保遵守环境、卫生和其他特殊要求（规范、规则、标准）。土地使用者有义务确保合理和有效地使用分配给他们的土地；采用符合环境、卫生和其他要求的生产技术，并在其经济活动中遵守既定的建筑和其他规范和规则，实施本法和土库曼斯坦其他规范性法律规定的一系列土地保护措施；开展必要的工作，改善和绿化其领土，保护和维护绿地。[④]

法人和个人应当采取必要的有效措施，防止和消除噪声、振动、磁场的有害影响、红外线辐射和其他有害物理影响对工业、公共和住宅场所、街道、庭院、城市广场和其他人口密集地区、居民休闲区和野生动物栖息地的自然环境造成的有害影响。[⑤]

法人和个人有义务采取必要的有效措施，减少生产和消费废物的产生、使用、处置、加工、贮存和填埋。在地方执行权力机关和地方政府经授权的国家机构同意决定确定的地点进行废物的储存、销毁和填埋。禁止将废弃物和未经处理的废水排放到地表水、地下水体、水资源保护区、居住区、林地、农田和其他自然物体中。禁止在施工现场或者毗邻地区直接填埋建筑垃圾。[⑥]

---

① 参见《自然保护法》第46条、第47条、第40条。

② 参见《自然保护法》第48条。

③ 参见《自然保护法》第31条。

④ 参见《土地法》第39条。

⑤ 参见《自然保护法》第35条。

⑥ 参见《自然保护法》第37条。

第四，特殊区域限制。

在自然保护区、水源保护区、城市绿化带、人口稠密区等区域，建筑活动需符合更严格的生态要求。

禁止在城市和其他人口稠密地区附近、灌溉土地、水体（包括里海土库曼斯坦水域）、水资源土地、度假区、医疗保健和休闲区以及其他可能对公众健康和自然环境造成危害的地方掩埋危险废物。① 在规划和开发城市及其他人口密集地区，设计、建造、改建和运行生产或其他设施，创造和开发新技术，运行车辆和通讯设备时，必须考虑噪声、振动、磁场、红外辐射和其他有害物理影响的最大允许水平标准。② 在规划和发展城市和其他人口密集地区时，必须规定并执行废物的卫生清洁、处置、回收、储存、安全清除、处理和填埋。在城市和工业中心周围，应建立森林公园、绿地和有限自然资源管理制度的保护区。③

同时，对具有特殊环境、科学、文化、教育、娱乐、健康和美学意义的地区、自然综合体和单独对象实施特殊保护。特别保护的自然区域和对象包括国家自然保护区、国家生物圈保护区、国家自然公园、国家自然保护区、国家自然纪念物、健身自然保护区、国家植物园和国家动物园。水体保护区和水体的沿海水域保护区、水体保护区和其他区域应该依据土库曼斯坦法律规定的方式受到特别保护。土库曼斯坦立法可以规定其他类别和类型的特别自然保护区和对象（具有国际重要性的湿地、重要的鸟类学地区、独特的自然水体或其部分等）。④

第五，环境审计。

环境审计是指独立评估企业和其他实体是否遵守土库曼斯坦自然保护领域监管法律法规的要求并提出环境活动领域的建议。环境审计对象包括各类企业、生产设施或从事特定经营活动的经营实体（不论所有制形式）。⑤

《土库曼斯坦关于环境审计》第 17 条规定，环境审计应在强制性或自愿的基础上进行。强制性环境审计或自愿环境审计可以采用全面环境审计（全面的环境影响检查）或专门环境审计（检查对环境各个组成部分的影响）的形式进行。在以下情况下，应进行强制性环境审核：①产品、流程、工作或服务的环境认证；②对于对环境有影响的生产企业和设施进行重建、现代化

① 参见《自然保护法》第 37 条第 3 款。

② 参见《自然保护法》第 35 条。

③ 参见《自然保护法》第 33 条第 2 款。

④ 参见《自然保护法》第 45 条。

⑤ 参见《土库曼斯坦关于环境审计》第 5 条。

改造或重新定性；③在国有生产企业和设施的基础上建立对环境有影响的个人或合资企业；④设施的强制性国家环境保险；⑤对环境有影响的生产企业和设施的法人实体变更；⑥开展对环境有害的活动，运营列入清单的对环境有害的设施。[①]

对于从事环境危害活动和经营清单中所列环境危害设施的企业或行业，以及土库曼斯坦法律规定的其他情况，应每年进行一次强制性环境审计，以准备环境报告和签订强制性国家环境保险合同。对从事环境危害性活动及经营列入清单之环境危害性设施的企业或行业，以每三年一次全面环境稽核的形式进行强制性环境稽核，在未来两年内，以专项环境稽核的形式进行强制性环境稽核。对在经济和其他活动过程中对环境有影响且未列入《名录》的企业和行业，应每三年进行一次强制性环境审计。[②]

环境审计的结果：环境审计师或环境审计组织应检查他们获得的所有数据，以确定环境审计客户的活动是否符合环境审计的标准。如果发现环境审计客户的活动不符合环境审计标准，应记录在案，并通过环境审计数据加以证实。如果符合商定的环境审计范围的框架，则应记录环境审计师或环境审计机构确定的环境审计客户的活动是否符合环境审计标准的信息。[③] 环境监察员或环境监察机构有义务在规定的期限内向环境监察客户提交环境监察结论。应根据土库曼斯坦法律，按其规定向相关国家机构和其他有关人员提交环境审计报告的副本。在收到环境审计结论后 10 天内，环境审计的客户有义务将其副本交给授权机构进行会计核算，并盖章和签字证明。[④] 所有环境审计文件以及环境审计的结论必须根据环境审计师或环境审计机构与环境审计客户之间签订的提供环境审计服务合同保留 5 年。[⑤]

第六，国家环境监测。

国家环境监测是指对环境状况进行观测、评估和预测其在自然和人为因素影响下状态变化的综合系统。

国家环境监测目的是监测环境状况，包括在人类活动活跃影响的地区，以及满足国家、法人和个人对为防止和（或）减少环境状况变化不利影响所必需的自然环境状况可靠信息的需求。实施国家环境监测的架构、内容和程

---

① 参见《土库曼斯坦关于环境审计》第 18 条。

② 参见《土库曼斯坦关于环境审计》第 18 条。

③ 参见《土库曼斯坦关于环境审计》第 24 条。

④ 参见《土库曼斯坦关于环境审计》第 26 条。

⑤ 参见《土库曼斯坦关于环境审计》第 27 条。

序由自然保护领域的授权国家管理机构制定。[1]

第七，责任承担。

法人和个人如果因其经济活动和其他活动，或因违反土库曼斯坦环境法律，造成环境污染、动植物破坏、自然资源耗竭和破坏、不合理使用自然资源、生态系统、自然综合体和自然景观退化和破坏，或因违反土库曼斯坦法律，对环境造成损害，则有义务全额赔偿所造成的损害。[2] 法人和个人的经济活动和其他活动对环境造成负面影响，给公民的健康和财产造成损害的，应当给予全额赔偿。[3]

法人或个人利用对环境有害的设施和生产设施的活动可能会被暂停，如果无法消除造成危害的原因，则在下列情况下终止或重新制定[4]：居民健康和生活条件以及自然环境造成有害影响；对环境造成有害影响的事故或事件威胁；企业、组织、建筑物和其他设施在安置、设计、建造、重建、调试和运行过程中违反环境要求；处理化学、放射性和生物物质时违反环境要求；违反保护自然免受生产和消费废物污染的环境要求。

（二）公共服务

1. 在线服务的可及性和可靠性

（1）产权转让—电子政务服务

第一，国家登记册及土地地籍。

土库曼斯坦建立国家不动产权利及相关交易登记册（以下简称国家登记册），即关于现有和终止的权利和权利负担以及权利持有人的信息库，其权利已由领土服务机构登记在登记簿中。同时设有专门地籍——国家地籍，包括根据土库曼斯坦法律规定的自然和其他特征的房地产的系统数据。专门地籍包括土地、水、森林、城市规划和其他地籍。[5]

《土地法》规定国家土地资源管理机构需建立统一计算机化地籍数据库。国家统一数据库应记录全部土地权属信息，建立全域土地信息管理系统。同时国家建立统一的不动产信息库（国家权利登记簿），涵盖权利、负担及权利人数据。内阁统一制定产权证明文件格式。土地所有权、使用权和租赁权（租期超过 5 年）必须在国家地籍系统中登记，并确保用途符合目标，登记流

---

① 参见《自然保护法》第 56 条。
② 参见《自然保护法》第 61 条。
③ 参见《自然保护法》第 62 条。
④ 参见《自然保护法》第 63 条。
⑤ 参见《关于不动产权利的国家登记和与之相关的交易》第 1 条。

程包括提交土地坐标勘测报告、支付登记费、公示10个工作日、核发电子产权证书。

不动产登记簿由若干部分组成。每一部分包含不动产国家登记信息、地籍编号、库存编号及关联登记案卷索引。若不动产未按法定程序取得地籍编号或库存编号，则其编号由领土登记机关按照关于不动产权利的国家登记和与之相关的交易中登记管理规定的程序予以分配。记载建筑物、构筑物信息的登记章节应位于对应土地信息章节之后。记载孤立房间的登记章节应直接附属于相关建筑物/构筑物章节；根据本法第54条第4款规定，在登记建筑物、构筑物或其他不动产权利人（或相关权利人）权利时，应同步填写包含孤立房间、建筑物、构筑物及其他不动产信息的章节，并注明其所在土地信息。每个登记章节应对应特定不动产标的信息。登记章节内的每项登记及标注应包含登记日期、编号、代码、国家登记员印章及签署。根据土库曼斯坦法律，登记及标注可包含补充信息。登记簿中的记录仅可经法院裁决注销，而更正仅限于本法明文规定之情形。记录的更正与注销应通过在登记簿中录入相应记录的方式实施。登记簿的登记程序由土库曼斯坦司法部制定。

个人和法人实体从国家登记处提供信息的请求登记簿应由该局的领土机构保存，以记录收到的请求和从国家登记簿提供的信息。保存个人和法律实体要求从国家登记册中提供信息的登记册的程序由土库曼斯坦司法部确定。①

第二，国家登记的内容与管理机构。

不动产的下列权利和产权负担须经国家登记：所有权；经营管理权；经营管理权；继承土地所有权；信托管理权；租赁（租用）土地或者建筑物、构筑物、隔离场所五年以上的权利；土地使用权；抵押权产生的权利；地役权；国有财产非国有化和私有化过程中对不动产设定的权利和负担；司法裁决产生的权利；土库曼斯坦规范性法律文件规定的其他权利和权利负担。不动产权利的产生、转让、终止或产权负担的国家登记只能通过法院宣布无效。②

不动产权利及相关交易的国家登记管理由土库曼斯坦司法部下设的不动产权利及关联交易国家登记局（以下简称“国家登记局”）及其在州、州级市及中央直辖市设立的国家登记局地方分局执行。中央直辖市设立的管理局及国家登记局地方机关具体承办不动产权利及相关交易的国家登记业务。③

国家登记册由以下文件组成：提交国家登记的文件账簿；登记事项；登

① 参见《关于不动产权利的国家登记和与之相关的交易》第27条。

② 参见《关于不动产权利的国家登记和与之相关的交易》第6条。

③ 参见《关于不动产权利的国家登记和与之相关的交易》第9条。

记簿；个人和法人实体提供信息请求的账簿。国家权利登记局还可以确定维护国家登记册所需的其他文件。[①]

第三，国家登记册文件的保存。

提交国家登记的文件登记册由领土机构保存，以记录提交的权利产生、变更或终止以及不动产权利负担国家登记的申请。提交国家登记的文件的账簿按照连续记录的原则保存。对提交国家登记的文件登记簿的更正是通过在其中输入适当的条目来进行的。提交国家登记文件登记册中的申请之间的优先权根据提交国家登记申请的日期、时间和分钟确定。保存提交国家登记的文件的程序由土库曼斯坦司法部制定。[②]

国家登记册文件的保存按照以下原则进行：①统一性——国家登记册文件的保存按照土库曼斯坦全境的统一规则进行；②可靠性——国家登记册中的信息在被证明不准确之前是可靠的；③公开——除本法规定的情况外，国家登记册的信息是公开的。登记簿中的记录是指通知所有人登记行为的实施，土库曼斯坦规范性法律规定必须书面通知的情况除外；④可比性和兼容性——国家登记册中的信息必须与其他地籍和其他信息资源中的信息具有可比性和兼容性。[③]

《关于不动产权利的国家登记和与之相关的交易》第 29 条规定了国家登记册文件的保护和保存。国家登记册文件的维护由领土服务机构以纸质和电子媒体进行。纸质数据和电子数据不一致的，以纸质数据为准，技术错误除外。如果登记册中的数据与国家登记册中其他文件的数据不一致，则以登记册中的数据为准，除非存在技术错误。国家登记文件、登记簿和登记档案是指永久保存的文件。不允许销毁它们，也不允许从其中拿走任何文件。如果登记档案中保存的所有权文件或其他文件被损坏或销毁，领土服务机构可以通过一切允许的方式恢复这些文件，包括向权利持有人或其所属的国家机构索取必要的文件。允许从国家登记处领取丢失的文件。如果纸质登记表丢失（损坏），可以从国家登记册信息系统和（或）登记档案中存储的材料中恢复丢失登记表上的信息。如果在国家登记册中进行国家权利登记的不动产所有权文件原件（经核证的副本）丢失或损坏，则恢复所有权文件的方法是签发保存在登记档案中的指定文件副本的副本。丢失或损坏的所有权文件或所有权证书的副本的签发和原件（核证副本）的注销按照国家权利登记处规定的方式进行。

---

① 参见《关于不动产权利的国家登记和与之相关的交易》第 23 条。

② 参见《关于不动产权利的国家登记和与之相关的交易》第 24 条。

③ 参见《关于不动产权利的国家登记和与之相关的交易》第 22 条。

第四，国家登记程序及要求。

不动产权利及相关交易的国家登记按以下顺序进行：①接受权利国家登记所需并符合本法要求的文件，对此类文件进行登记，并强制附上确认支付国家登记费的文件；②对文件进行法律审查，核实交易的合法性；③确定该不动产所主张的权利与已登记的权利之间不存在矛盾，以及其他妨碍国家登记的理由；④在没有上述矛盾和其他拒绝或暂停国家登记的理由的情况下，在国家登记册中输入条目；⑤在产权文件原件上进行登记铭文和（或）向申请人颁发房地产所有权证书。只有在国家登记册中对该不动产先前产生的权利进行了国家登记，才能对不动产权利的设定进行国家登记。权利的国家登记应在提交申请和国家登记所需文件之日起1个月内进行。①

土地上的不动产权利转让国家登记时，应当登记该不动产所在地块的相应权利和该地块上的不动产权利，并在以前颁发的国家土地权属证书、国家土地使用权证书、土地租赁权证书（见《关于不动产权利的国家登记和与之相关的交易》第42条第一部分第2款规定的相关文件中）中注明该地块的所有者、使用者、承租人的变更。在这种情况下，根据相关人员（权利持有人、其授权人、继承人）的申请，土库曼斯坦农业部在30个日历日内分别向权利持有人颁发国家土地所有权证书、国家土地使用权证书、土地租赁权证书②。

任何超过5年的房地产租赁协议都必须进行国家登记。房地产租赁协议的国家登记是根据房地产租赁协议一方的申请进行的。申请附有房地产租赁协议，其副本存放在登记档案中。不动产租赁国家登记时，应注明承租人、租赁期限和租赁标的等信息。出租建筑物、构筑物以及其中的房屋或者房屋的一部分的，应当在提交国家登记的房地产租赁协议中附上建筑物、构筑物的平面图，标明出租房屋的面积。③

（2）建筑环境许可

土库曼斯坦内阁规定了在自然保护和自然资源利用领域颁发许可证以及进行环境审计的程序。④

自然保护管理国家机关：对法人和自然人遵守土库曼斯坦自然保护和合理利用自然资源领域的法律法规进行国家监督；对生态系统保护、土地、地表水和地下水污染防治、里海土库曼斯坦部分及其沿海区的海洋环境以及自然资源的利用进行国家监督；对生产设施、商业和住宅建筑的建设和重建的

---

① 参见《关于不动产权利的国家登记和与之相关的交易》第33条。

② 参见《关于不动产权利的国家登记和与之相关的交易》第42条。

③ 参见《关于不动产权利的国家登记和与之相关的交易》第48条。

④ 参见《自然保护法》第6条。

前期项目和设计文件进行国家环境评估；参与国家和工作委员会对新建和改建的生产设施、商业和住宅建筑的验收。① 同时法律要求授权机构通过标准化程序管理许可流程，根据土库曼斯坦关于许可某些类型活动的法律，按照既定程序颁发、暂停和撤销与使用自然资源和自然保护以及制定环境文件有关的活动类型的许可证；决定进行强制性环境审计。②

根据土库曼斯坦《自然保护法》第56条，自然保护领域的授权机构负责建立并维护国家环境监测系统，整合环境数据、监测环境状况。

公民享有下列权利：向政府机构和组织提出有关环境问题的投诉、陈述和建议，以及向司法机构提出申请，以确保受到侵犯的环境权利得到保护；提出进行公共环境评估的建议并按照土库曼斯坦立法规定程序参与实施；通过行政或司法程序要求撤销关于安置、建设、重建和调试企业、建筑物和其他对环境有害的设施的决定，以及关于限制、暂停和终止对环境和人体健康产生不利影响的法人和个人的经济活动和其他活动的决定。③

2. 信息透明度

(1) 产权信息的透明度

第一，土地地籍信息公开。

土库曼斯坦国家按照土库曼斯坦法律规定的方式，向有关人员提供关于土地的可用性、状况、使用和保护的信息并开展国家土地管理工作、维护国家土地地籍和土地监测工作。④

国家土地地籍是关于土地的自然、经济和法律制度、类别、数量和质量特征以及经济价值、地块的位置和面积及其在土地所有者、土地使用者和土地承租人之间的分配的必要信息和材料的系统。国家土地地籍包括：土地权利的国家登记；考虑土地的数量和质量；关于土地可用性、分配和使用的报告；土壤评估和土地评估；土地和地籍信息的系统化、存储和更新，建立土地资源数据库。⑤

土库曼斯坦和外国的自然人、法人以及外国和国际组织的土地所有权、土地使用权和土地租赁权的国家登记应在这些土地所在地进行，并将有关数据输入 Etrapa（市）的国家土地地籍簿。⑥《土库曼斯坦国家土地报告》每年

① 参见《自然保护法》第7条。
② 参见《自然保护法》第7条。
③ 参见《自然保护法》第9条。
④ 参见《土地法》第5条。
⑤ 参见《土地法》第94条。
⑥ 参见《土地法》第99条。

编制一次，包括关于整个国家和行政领土单位（州、阿什哈巴德、地区和城市）的土地状况、按类别、土地所有者、土地使用者和土地承租人的分布情况以及报告所述期间的其他土地地籍信息。国家土地报告提交给土库曼斯坦内阁以及相关部委和部门。①

第二，国家登记信息公开。

土库曼斯坦和外国的自然人、法人以及外国和国际组织对土地的权利应按照土库曼斯坦法律规定的方式在国家土地管理机构进行国家登记。土地权利国家登记的基础是证明、修改或终止这些权利的文件。证明地块权利的文件有：地块私人所有权——地块所有权的国家证书；土地使用权——国家土地使用权证书；土地租赁权——土地租赁权证书。土地的私人所有权和使用权必须在公共登记册上登记。②

国家权利登记机构应出示身份证件的人的书面申请，提供有关不动产登记和登记的权利和产权负担的信息，但构成国家或商业秘密的信息除外。除非土库曼斯坦法律另有规定，有关不动产登记权利和产权负担的信息是有偿提供的。关于不动产登记权利和产权负担的信息以国家登记册摘录的形式发布。关于属于特定自然人和法人的不动产权利的信息仅提供给：①其权利持有人；②收到权利人授权书的个人和法人；③不动产权利通过继承方式转移的人；④土库曼斯坦法律规定的案件中的法院和其他国家机构。信息或拒绝提供信息的理由应在提交申请或收到书面请求之日起 3 个工作日内以书面形式提供。载有国家登记册信息的文件应由国家书记官长签署并加盖印章。权利持有人可以就拒绝提供信息和逃避提供信息向法院提出上诉。相关机构不提供信息或提供不准确信息将根据土库曼斯坦法律承担责任。所发布信息的信息应予以考虑。国家权利登记局、该局办公室或其领土机构有义务（有义务）应权利持有人的申请或要求，提供有关已收到有关其有权拥有的房地产信息的个人和机构的信息。③

第三，信息可信性与完整性。

公共登记簿应可由任何利害关系人查阅知悉，不动产所有权和他物权应记载于公共登记簿。公共登记簿的登记信息被推定为是可信的，即只要未被证明为不准确的，则登记簿上的记录应视为可信的。④

国家土地地籍由国家土地管理机构根据统一制度维护，费用由土库曼斯

---

① 参见《土地法》第 97 条。

② 参见《土地法》第 99 条。

③ 参见《关于不动产权利的国家登记和与之相关的交易》第 30 条。

④ 参见《民法典》第 326 条。

坦国家预算支付。国家土地地籍的维护是通过以下方式确保：进行航空航天测量、地形和大地测量、制图、土壤、农业化学、地球植物学和其他调查和调查；土地的定量和定性核算和评估；土库曼斯坦和外国自然人、法人以及外国和国际组织对土地的权利进行国家登记；编写关于土地可用性、分配和使用的报告；利用当前土地调查、测量和监测的材料，创建和存储土地和地籍信息计算机化数据库。①

维护国家土地地籍的基本原则是：全面覆盖土库曼斯坦境内的所有土地；统一开发土地和地籍信息的方法；土地和地籍信息的可靠性；土地地籍数据的可用性。② 土地使用者有义务及时向有关国家机构提交有关土地状况和使用情况的信息。③

（1）建筑许可和环境许可信息的透明度

第一，环境信息透明度。

为确保法人实体和个人有权获得有关环境和自然资源状况的完整、可靠和及时的信息，并根据环境信息决定经济活动的开展，确保环境信息的可获得性至关重要。

根据土库曼斯坦《关于环境信息》第 4 条，环境信息分为公开的环境信息和专门的环境信息。未归类为专业环境信息、所有人均可访问的环境信息，在印刷出版物、其他大众媒体、互联网官方网站上以及通过数字网络或其他公开访问的方式发布，其提供和传播的许可不受限制，构成公开的环境信息。根据合同提供并需要额外准备工作（包括收集、处理和分析）的环境信息属于专业环境信息。关于对环境造成有害影响事实的环境信息，属于公开的环境信息。

环境信息包括以下信息：①环境状况，包括土地、土壤、底土、地表水和地下水、森林、动植物及其生物多样性、生态系统、自然景观和特别保护的自然区域、大气、气候和地球臭氧层、其他自然物体，以及这些物体、基因工程生物和微生物之间的相互作用；②对污染物、有害化学和生物物质、放射性物质、废物，其释放到环境中会影响或可能影响其成分，以及对环境的影响噪声、冲击、磁场、超过最大允许标准的红外辐射和其他有害的物理影响；③国家当局、地方自治机构、法人或个人的经济活动和其他活动所采取的措施，成本效益分析，以及用于对《关于环境信息》第 5 条第 1 款所述环境组成部分的状态有或可能产生影响的环境问题决策中使用的其他经济分

① 参见《土地法》第 95 条。

② 参见《土地法》第 96 条。

③ 参见《土地法》第 39 条。

析和预测；④关于合理利用自然资源和环境保护的规范性法律行为、概念、战略、方案和计划，其实施对环境状况已经或可能产生影响；⑤环境影响或可能影响公民健康、生活条件和安全的程度；⑥土库曼斯坦立法规定的环境状况的其他信息。[①]

国家环境信息基金是由授权机构建立的国家信息库，目的是向国家机构、地方自治机构、其他法人和个人提供有关环境及其设施状况、环境影响因素、为保护环境而采取的措施、预防和减少环境污染以及合理性的可靠信息自然资源的使用。国家环境信息基金应当向用户提供环境信息，并通过公开的方式传播。

该基金的信息资源应包括以下类型的环境信息：①自然资源地籍的生态学信息；②污染物排放和转移登记册和其他环境信息登记册；③对环境有害的活动和环境危害设施清单；④环境监测数据；⑤在客户同意的情况下对计划活动进行的环境影响评估和国家环境专业知识的数据；⑥环境保护和合理利用自然资源领域的监管法律行为和监管和技术文件；⑦报告与环境保护相关的研发工作实施情况；⑧生态学和环境友好技术领域的科学和技术文献；⑨其他信息和包含环境信息的文件。[②]

环境信息使用者有权自由获取环境信息持有者持有的环境信息。外国法人和个人以及无国籍人与土库曼斯坦法人和个人平等地享有获取环境信息的权利。[③] 当环境信息使用者为获取和使用环境信息而申请时，环境信息持有者有义务创造一切必要条件，使其能够搜索环境信息，熟悉相关文件，获取其副本，并采取其他措施准备对官方申请和请求的正式回应。[④] 同时环境信息持有者应当确保环境信息的传播，根据土库曼斯坦法律，通过将相关信息发布在印刷出版物、其他大众媒体、互联网官方网站上和数字网络或通过其他可公开访问的方式，提请环境信息用户注意相关信息。

环境信息持有者无权拒绝提供环境信息，但在以下情况下，不得提供或传播环境信息：①提供或传播环境信息可能导致违反司法行政、进行初步调查和进行行政违法诉讼的规则；②提供或传播环境信息将对环境造成危害或对环境造成危害的威胁；③环境信息属于国家或商业秘密；④在土库曼斯坦立法、土库曼斯坦国际条约为保护国家安全、保护公民权利和自由以及法人实体权利而规定的其他情况下。在以下情况下，可能会拒绝提供环境信息：

---

① 参见《关于环境信息》第5条。

② 参见《关于环境信息》第7条。

③ 参见《关于环境信息》第9条。

④ 参见《关于环境信息》第10条。

环境信息持有者没有所要求的环境信息，并且无法从其他环境信息持有者那里获得；土库曼斯坦法律规定的其他情况。[①]

以下环境信息不得限制访问：环境状态或对其造成的损害；违反环境保护领域允许的最高标准或在没有此类标准的情况下向大气中排放污染物和向水体排放废水，此类情况下，如果土库曼斯坦法律要求其发展；将化学品和其他物质、它们的混合物或废物排放到水体中；将化学品和其他物质引入土地（土壤），导致其质量或地下水质量恶化；对电离和电磁辐射、噪声或其他物理影响违反对环境影响的最大允许标准，或在没有此类标准的情况下，如果土库曼斯坦法律要求其发展；土库曼斯坦法律规定的其他情况。[②]

公民有权向政府机构和组织提出有关环境问题的投诉、陈述和建议，以及向司法机构提出申请，以确保受到侵犯的环境权利得到保护；获得关于其居住地环境状况的完整、可靠信息；参加有关环境问题的会议、集会、示威、公投；提出进行公共环境评估的建议并按照土库曼斯坦立法规定程序参与实施；通过行政或司法程序要求撤销关于安置、建设、重建和调试企业、建筑物和其他对环境有害的设施的决定，以及关于限制、暂停和终止对环境和人体健康产生不利影响的法人和个人的经济活动和其他活动的决定。[③]

第二，建筑活动信息透明度。

地方执行权力机关和地方自治机关定期向公众通报在建筑领域所采取的决策。[④] 不直接参与建筑活动的公民和公共组织可以从地方行政机关及时、准确地获取有关居住环境和生活条件状况及其因建筑活动而可能发生变化的信息，但法律规定的限制获取的信息除外；可以在建筑项目建筑设计文件批准前，参与讨论，提出修改可能影响公共或私人利益的决策的建议。[⑤]

（3）分区块和土地利用的规划信息的透明度

土库曼斯坦《城市规划法》第6条规定，公民有权接收有关其居住地的规划、开发、土地使用和改进的全面信息，参与城市规划文件的讨论和通过；在批准城市规划文件草案之前提出意见和建议，以及对现有城市规划计划提出建议。城市规划领域的授权机构应当定期向民众通报城市发展领域做出的决策。[⑥] 城市规划活动领域的地方行政当局和地方自治机构应当在地籍系统中

① 参见《关于环境信息》第11条。
② 参见《关于环境信息》第11条。
③ 参见《自然保护法》第9条。
④ 参见《建筑法》第7条。
⑤ 参见《建筑法》第33条。
⑥ 参见《城市规划法》第9条。

创建一个数据库，并定期向民众通报城市发展领域做出的决策。[①]

土库曼斯坦国家城市规划地籍是土库曼斯坦存储和利用其相关领土地理空间数据的系统，涵盖行政区划单位、生态与工程地质条件、国家建筑规范标准及规则等信息资源，旨在满足国土规划与建设的信息需求，同时构建国家地理信息资源的行业组成部分。国家城市规划地籍由授权机关负责管理。国家城市规划地籍的编制来源包括：国家地理信息资源；已批准的城乡规划文件、竣工文件中所含专业地理空间数据的数字阵列；其他必要数据。专业地理空间数据应自城乡规划文件批准之日起 30 个自然日内录入相应层级的国家城市规划地籍。国家城市规划地籍所含信息为公开数据，但依法定程序列为国家秘密的除外。[②]

（三）效率

1. 获取经营场所的时间

（1）不动产转让的时间

国家登记册文件中的错误由国家登记员纠正：技术错误——应权利持有人、其他有关人员和机构的要求，由国家登记员主动提出；非技术性质的错误——由法院判决。如果有理由相信更正技术错误可能损害或侵犯权利持有人或依赖有关登记记录的第三方的合法利益，则应通过法院命令进行更正。属地服务机构应在 10 个工作日内处理纠错申请。在收到更正登记簿中错误的申请时，国家登记员应在登记簿上注明收到申请。国家登记官应在 10 个工作日内书面通知有关权利人更正错误。由注册官在 10 个工作日内以书面形式提交。因国家书记官的过错而出现错误的文件应免费更换。国家登记册文件中与权利持有人身份信息、定居点和街道名称、建筑物编号或其他情况的变更有关的更正，应权利持有人的申请或根据国家机构的相关信息进行。领土机构应在 3 个工作日内将国家登记册文件更正的信息发送给服务办公室，以便将其记入国家登记册。[③]

对提交国家登记的文件的审议应按照收到的登记文件簿中的条目顺序进行。国家登记官应在收到提交国家登记的文件之日起 10 个工作日内进行登记行动，但《关于不动产权利的国家登记和与之相关的交易》第 37 条第 3 部分和第 4 部分规定的情况除外。[④]

---

① 参见《城市规划法》第 10 条。

② 参见《城市规划法》第 19 条。

③ 参见《关于不动产权利的国家登记和与之相关的交易》第 28 条。

④ 参见《关于不动产权利的国家登记和与之相关的交易》第 37 条。

（2）获得建筑许可的时间

建筑行业许可需要遵守《许可法》法律规范的要求，按照法律规定的程序获得相应行业的许可证。获得许可证的程序参照市场准入部分的“行业许可”。

（3）获得环境许可的时间

《自然保护法》第29条规定，环境影响评估需在项目设计阶段完成。对于必须进行国家环境评估的项目和对象未经国家环评批准，不得实施环境评估项目，且不予资助。[①] 在土库曼斯坦境内开展经济和其他活动应当进行环境认证，没有符合性证书，就禁止开展经济活动和生产受强制性环境认证约束的产品。[②] 违规项目可能被暂停或终止，导致时间延误。[③]

2. 获取经营场所的成本

（1）不动产转让的成本

《租赁法》第10条对租金进行了详细规定：承租人按照租赁合同以现金和（或）实物形式向出租人支付合法使用租赁物的租金。租金的支付程序和条件由租赁合同确定，合同没有确定的，认为当事人已确定类似财产租赁的程序和条款。租赁复杂物品的可以整体或者按部分进行安装。租金包括：①除土地相关法律另有规定外，偿还租赁资产的价值（为弥补物品耗损进行折旧，考虑租赁期间价值的重估）；②由租赁合同确定租赁利息（出租人从租赁物经营中获得的利润）；③租金还包括承租人在租赁期满后返还出租人的设施维修资金。

除了租赁财产的使用费外，承租人还应以租赁合同确定的方式偿还出租人或第三方向他提供的公共和其他服务的费用以及根据合同维修租赁物的费用。在租赁服务市场确定的类似物租金水平基础之上，出租物租金还要考虑承租人进行的活动类型（工程或服务）、租赁物位置（地板、安全和基础设施可及性）以及结束租赁之日，但不低于偿付磨损、维护和修理租赁物的费用。

合同双方可以按照约定协商改变租金。如果租赁服务市场租金水平发生变化，租金可以在期限内经一方当事人要求进行修改，但每年租赁期内不得多于一次。承租人出资对租赁物进行不可分割的改善不能成为出租人增加租金的理由。因不可抗力或租赁财产严重短缺导致使用租赁物条件显著恶化的，承租人有权要求减少租金。租赁合同规定单位土地或其他参数租金的，按租

---

① 参见《自然保护法》第27条。

② 参见《自然保护法》第25条。

③ 参见《自然保护法》第63条。

赁对象的实际参数确定。

国土资产租赁单位土地或其他参数的租金由土库曼斯坦经济发展部确定。如果同一租赁对象、国有财产有两个以上申请人，租赁合同与封闭式拍卖（竞争）的获胜者缔结，拍卖程序由授权机构规定。作为国有财产租金的一部分，租赁利息不由法定实体签订的租约以及土库曼斯坦法律进行规定。

《土地法》第55条对土地费用进行了详细规定：土库曼斯坦的土地以土地费和租金的形式有偿使用。对土库曼斯坦公民拥有的土地以及土库曼斯坦公民和法人使用的土地征收土地费。土地费用的费率、计算和支付程序由土库曼斯坦内阁确定。对出租给土库曼斯坦和外国的自然人、法人以及外国和国际组织的土地征收租金。确定土地租金数额、条件和支付期限的程序由土库曼斯坦内阁规定。根据土库曼斯坦内阁确定的方式和条件，向自然人和法人提供支付土地和租金的优惠。国家税对不动产权利和相关交易的国家登记征收国家税。不动产权利和相关交易国家登记的国家费用数额由土库曼斯坦内阁确定。[①] 自由经济区参与者可享受10年的土地租赁费用优惠期，即自合同签订之日起3年内可免缴土地租赁费，之后7年可按照土库曼斯坦相关法律规定费用标准的一半缴纳。

土地价格：根据土法律规定，土地不向外国机构、法人和自然人出售，但外交机构可租赁土地，年租赁价格为2美元/平方米。

不动产注册费用根据《关于不动产权利的国家登记和与之相关的交易》第7条规定：国家关税的强制性：不动产权利及相关交易的国家注册需缴纳国家关税。具体费用标准由土库曼斯坦内阁统一制定并公布。

（2）获得环境许可的成本

建筑企业需缴纳自然资源使用费、污染物排放费及废物处理费和其他污染征收的环境污染和其他有害影响补偿费。自然资源使用补偿费的计算和适用标准由自然保护领域的授权国家管理机构规定。土库曼斯坦的环境污染和自然资源使用补偿标准随价格变化而变化。超限排放需支付更高费用，缴纳自然资源使用费并不免除自然资源使用者采取自然保护措施、支付违反土库曼斯坦环境法规的罚款以及赔偿环境污染造成的损失的义务。[②]

土库曼斯坦对从事环境危害型经济活动和其他活动的法人和个人实行强制性国家环境保险。强制性国家环境保险的程序和条款由土库曼斯坦立法规定。法人与个人从事环境危害型以外的环境活动时，可以签订协议，采用自

---

① 参见《关于不动产权利的国家登记和与之相关的交易》第7条。

② 参见《自然保护法》第14条。

愿投保环境保险的方式。[①] 生态护照编制和定期环境监测增加管理成本。[②] 为技术升级与合规，采用低废技术、污染处理设施等需额外投资。[③] 环境审核的客户应根据提供环境审计服务的合同，及时全额支付环境审计服务的费用，包括在环境审计结论与环境审计客户的立场不一致的情况下。[④] 外商投资建设的项目进行国家生态鉴定所需费用，由外商自行承担；土政府投资建设的项目由国家预算承担。

（四）评述

1. 具体挑战

土库曼斯坦通过系统的法律体系为投资者提供了明确的规则边界，尤其在长期租赁和特殊经济区政策上表现突出。工业用地租赁期限最长可达50年，特殊经济区用地甚至提供99年的使用权保障，为大型基础设施和能源项目奠定了稳定性。自由经济区（如阿瓦扎旅游区）允许外资独资经营，并给予税收减免和出口便利，成为外资进入的重要跳板。作为全球第四大天然气储备国，土库曼斯坦正积极推动能源出口多元化，外资在天然气勘探、管道建设及下游化工领域具有合作空间。城市化进程的加速也催生了商业地产、物流中心和公共设施的需求与发展，首都及新兴城市的开发项目为外资提供了参与机会，对外资企业和个人经营场所的获得也将会呈开放态势。但是在获取经营场所层面，在土库曼斯坦投资还面临许多挑战。

第一，法律与政策的严格性。土库曼斯坦在土地和不动产管理上采取高度保护性政策，对外国投资者的限制尤为明显。土地所有权仅限本国公民所有，外国企业及个人无法直接持有土地，仅能通过租赁方式获得使用权。这一政策导致外资在长期经营中缺乏资产稳定性，且租赁合同通常附加苛刻条款，例如，用途限制和短期续签机制。此外，农业和林业用地对外资的准入几乎完全封闭，工业领域则要求与本土企业合资，进一步压缩了外资的自主权。

第二，审批流程的复杂性与不确定性。获取经营场所的审批流程涉及多层级政府部门，程序冗长且透明度不足。外资企业需从地方到中央逐级提交申请，并配合提供环境评估、项目可行性报告等大量文件。环境许可和建筑许可的审核周期可能长达数月，且缺乏明确的时间表，增加了项目的时间成

① 参见《自然保护法》第16条。
② 参见《自然保护法》第30条。
③ 参见《自然保护法》第31条。
④ 参见《关于环境审计》第12条。

本和不确定性。对于国有资产的租赁，外资企业还需参与竞争性拍卖，与本土企业直接竞争，进一步提高了准入门槛。

第三，高昂的运营成本。土库曼斯坦的租赁费用和合规成本显著高于地区平均水平。工业用地租金虽由政府定价，但商业用地常需支付溢价。环境法规要求企业承担污染物处理、废物管理及强制性环境保险，技术升级和环保设施的投资进一步推高了初期投入。此外，不动产交易涉及高额登记费用和隐性支出，例如，公共设施维护和保险分摊，加重了企业的财务负担。

第四，信息透明度与行政效率的短板。尽管政府建立了土地地籍和城市规划数据库，但信息分散于多个部门，跨系统协调困难。外资企业在选址和风险评估时难以获取完整的土地权属、环境限制等关键数据，依赖本地代理增加了操作成本。此外，政策执行中存在地方差异，部分地区以“技术原因”拖延审批或强制采用固定合同模板，导致实际操作与法规精神不符。

2. 完善建议

第一，充分信息搜集与材料准备。在投资前，外资企业应充分利用土库曼斯坦现有的政府公开数据库全面调研，如地籍数据库、土库曼斯坦国家城市规划地籍、国家不动产权利及相关交易登记册、国家环境信息基金等。还可以通过行业协会报告及本地咨询机构，系统搜集土地政策、租赁市场行情、环保要求等信息，避免因信息不对称导致决策失误。提前准备审批材料，根据项目类型，提前整理环境评估报告、可行性研究、土地使用规划等文件，并与相关部门预沟通，缩短审批周期。建立本地信息网络，与本地律所、会计师事务所及商业伙伴合作，实时获取政策变动和市场动态，降低信息滞后风险。

第二，本地化合作与合规管理。外资企业可以优先选择与本土国企或大型私营企业合资，以减轻租赁经营场所以及建筑环境合规成本，降低准入壁垒。将大型项目拆解为多个子模块，分阶段申请许可，避免因单一环节延误影响整体进度。在前期规划中，主动与地方政府和环保部门沟通，预判可能的争议点（如用地分类冲突），并提前准备替代方案。

第三，成本控制与风险对冲。争取长期租赁合同以锁定成本，并在条款中明确租金调整机制（如与通胀率挂钩）。采用模块化环保设施或租赁现有厂房，减少初期资本投入。通过多边机构（如世界银行旗下的MIGA）投保政治风险，覆盖征收、汇兑限制等潜在风险。

随着政府推动经济多元化，土地政策可能逐步向特定领域倾斜，例如，在农业合作中试点外资技术参股模式，或在数字经济领域为数据中心、通信基建项目提供专项用地支持。自由经济区及跨境合作项目（如跨里海运输走廊、TAPI天然气管道）的推进，将进一步释放工业用地需求，政府或通过简化审批流程、延长租赁期限等方式吸引外资参与基建投资。在绿色转型背景下，环保技术企业可能获得优先用地审批权，例如，太阳能电站、土壤修复项目在规划阶段即可享受土地用途分类的灵活性，而政府主导的生态修复工程（如里海沿岸治理）也将为环保企业提供长期租赁或合作开发的机会。尽管短期内行政效率和文化差异仍是挑战，但区域一体化进程与“一带一路”倡议的深化将倒逼土库曼斯坦优化外资服务机制，长远来看，土库曼斯坦在平衡资源保护与外资开放的过程中，有望通过政策创新和技术合作，逐步打造更高效、透明的经营场所获取体系，成为中亚地区兼具战略价值和可持续增长潜力的投资目的地。

三、公共设施服务

公共事业是负责维持公共服务基础设施的事业，公共事业服务作为政府职能的重要组成部分，是保障和改善营商环境的重要举措。其中，电力、供水和互联网维系着企业正常的生产经营活动，为企业经营运作提供了强大支撑。基于此，围绕公共事业服务的营商环境评估要求，土库曼斯坦的公共事业服务评价分别围绕以下指标展开。

（一）监管框架

1. 供电

（1）可靠供电的监管法规

土库曼斯坦《电力法》第7条规定，确保电力行业的不间断和可靠运行、电力行业的技术统一是电力行业经济关系组织的基本原则。

①调度管理的强制性。

电力行业运行调度控制系统包括对电力行业设施和用户设施的技术运行模式进行集中控制的一系列措施，按照国家标准和规范性技术文件的要求提供可靠的电力供应和电（热）能质量。①

电力系统中的运行调度管理坚持以下基本原则②：确保电力（热力）生产和消费的平衡；在不同层级之间分配运行调度控制职能，以及下级管理层对上级管理层的服从；电力系统和电力用户无条件执行运行调度命令和指示；实施确保电力系统安全运行和预防事故的措施；在土库曼斯坦电力系统中确

① 参见《电力法》第16条。
② 参见《电力法》第17条。

保规范的能源储备；确保电力生产和消费的短期和长期预测；确保运行调度管理的经济效率，基于优化电力系统运行模式，以最小化生产和分配电力的成本为标准；下级运行调度管理层必须执行上级运行调度管理层的命令和指示，除非执行这些命令和指示会对人员生命和健康以及设备安全造成威胁。

中央调度管理作为土库曼斯坦电力系统中操作调度管理系统的最高级别，确保遵守土库曼斯坦电力系统可靠运行的既定参数；向电力部门和电力消费者发布强制性操作调度命令和与调度员职能相关的指示，以执行土库曼斯坦电力系统的调度员职能；组织从电力站和电力网络中撤出设备的运行，以及在维修后将其投入运行；制定土库曼斯坦电力系统中电力站和电力网络的最优日负荷图；在电力系统的控制点进行电压调节，控制防雷系统；在土库曼斯坦电力系统独立运行时调节电流频率；组织土库曼斯坦电力系统与外国电力系统的并行运行模式管理；参与制定和发布技术要求，以将电力部门连接到土库曼斯坦电力系统，确保其在系统中的运行。①

②应急处理机制。

在紧急模式（由于土库曼斯坦电力系统技术完整性受损而引起的，导致其分为单独的局部部分，电气参数超出技术要求的限制，并中断对消费者的电力供应）出现时，中央调度管理使用所有发电站的发电能力，无论其隶属关系如何，包括消费者的自主电源。在消除紧急模式时，消费者的电力供应按照确保土库曼斯坦电力系统稳定运行所需的电力供应量的方案进行。在电力短缺的情况下，根据与地方行政当局协商的图表，对消费者的电力供应进行限制。为了在紧急模式出现时立即消除电力短缺，并在没有时间引入限制图表的情况下，电力供应企业有权在未经事先同意的情况下，将消费者从电力系统中切断。② 但是土库曼斯坦内阁批准的清单中的生命支持设施以及具有连续生产技术周期的设施在电力系统正常运行期间不得与供电系统断开。③

（2）供电安全的监管法规

确保电力行业的生态安全是电力行业经济关系组织的基本原则。④

①电力设施保护。

最重要的电力设施由专门的准军事警卫部队保护。为了确保电网安全，

① 参见《电力法》第18条。

② 参见《电力法》第20条。

③ 参见《电力法》第22条第1款。

④ 参见《电力法》第7条。

土库曼斯坦内阁批准了对法人和自然人具有约束力的电网保护条例。[①] 为确保电力设施对环境和设施所在地区居民的安全，应建立保护区，保护区的规模和使用方式由土库曼斯坦内阁确定。[②]

②技术安全规范。

电力（热力）能源消费者有义务：根据规范性技术文件的要求，保持电力设备和计量设备的良好技术状态；遵守合同规定的电力消费制度；允许国家或地区机关的结构部门的工作人员，进行电力计量和电力技术监督，以及根据规范性技术文件的要求，对电力（热力）设备的技术状态和安全运行进行检查。[③] 电力行业授权机构批准电气装置设计规则；电力设施技术操作规则；电力设施运行安全规则；电力监管组织条例。[④]

③监督与处罚

授权机构实施电力监管，电力监管是指旨在预防、发现和制止电力行业主体和电能消费者违反本法和土库曼斯坦电力行业其他规范性法律文件规定的电力行业可靠性和安全要求的活动。授权机构组织和进行检查，采取法律规定的措施，以制止和（或）消除发现的违规行为的后果，并追究责任人的责任；对电力能源主体在活动过程中遵守电力能源可靠性与安全要求进行系统性监督。[⑤] 破坏或盗窃电力工业设备和装置、擅自接入电（热）网、盗窃电力工业产品以及其他可能导致电力工业损害、降低电力工业安全和消费者供电可靠性的行为的法人和个人，应承担土库曼斯坦法律规定的民事、行政和刑事责任。[⑥]

（3）供电可持续性的监管法规

法律通过投资政策、技术升级和资源管理确保电力系统的长期发展。

第一，投资政策。

国家鼓励对电力行业的投资，包括：①国家集中资本投资；②土库曼斯坦银行的贷款；③用电（热）能的部委和部门的资金；④外国贷款和投资；⑤土库曼斯坦法律不禁止的其他来源。[⑦] 土库曼斯坦电力行业投资回报的保证包括：土库曼斯坦政府的担保；银行保函；向消费者提供的电（热）能关税

---

① 参见《电力法》第24条。

② 参见《电力法》第5条。

③ 参见《电力法》第23条。

④ 参见《电力法》第11条第3款。

⑤ 参见《电力法》第14条。

⑥ 参见《电力法》第27条。

⑦ 参见《电力法》第15条第3款。

的投资部分；其他保障措施。[①]

第二，可再生能源与节能。

基于确保电力（热力）能源的质量和最小化电力（热力）能源的成本，形成稳定的电力（热力）能源需求满足系统，按照经济核算原则开展活动，确保行业经济合理收益是电力行业经济关系组织的基本原则。[②] 电力相关监管机构各司其职，促进电力的可持续供应。内阁积极促进可再生能源发电项目的实施。[③] 授权机构制定和实施合理利用电能、燃料和能源资源以及使用可再生能源的措施。[④] 授权机构有权为了确保最有效和合理地利用电力容量，根据运营情况和电力系统储备的可用性，与土库曼斯坦内阁、各省和阿什哈巴德市的行政长官协商后，引入企业的特殊运营制度。[⑤] 电力供应企业有权监督电（热）能消费者在有效利用能源和节约能源方面的工作。[⑥]

2. 供水

（1）可靠供水的监管法规

第一，监管监测。

水体国家监测是指定期观察水体状态的系统，用于及时监测水体状态的变化，评估、预防和消除影响水体水质的负面过程的后果。被授权机构与环境保护领域的授权执行机构、水文气象领域的授权国家机构和地质领域的授权执行机构一起对水体状况进行国家监测。国家对水体的监测应由土库曼斯坦国家预算承担。[⑦]

土库曼斯坦《水法》第 101 条规定，建立水使用和保护领域的统一监管制度，以确定对水量和水质的要求、指标测量精度的标准，并应规范工业和其他活动对水体的影响限度。为合理使用和保护水，制定以下标准：①用水环境安全标准；②水体水质的环境标准；③污染物向水体中的最大允许排放标准；④排放到水体中的污染物形成的行业技术标准；⑤用水技术标准。水使用和保护领域的监管应由授权机构、环境保护领域的授权执行机构及其权限范围内的其他国家机构执行。

国家水管理机构负责监督供水服务质量，包括水质、水量及技术标准的

---

① 参见《电力法》第 15 条第 4 款。
② 参见《电力法》第 7 条。
③ 参见《电力法》第 10 条。
④ 参见《电力法》第 11 条。
⑤ 参见《电力法》第 12 条。
⑥ 参见《电力法》第 22 条第 2 款。
⑦ 参见《水法》第 29 条。

执行。根据《水法》第 10 条，水使用和保护领域的国家管理应由土库曼斯坦内阁、水使用和保护领域的授权国家机构、地方行政机构和地方自治机构进行。

授权机构制定发展土地开垦和水资源管理的国家计划；开展和协调对水体进行状态监测的工作；向法人实体和个人发放有偿特殊用水许可证，并暂停特殊用水许可证的有效期；协调关于提供水体供共同使用的建议；进行与水域使用和保护、水力回收系统和水体的建设和运营有关的设计、调查、研究和设计工作。[①] 环境保护领域的授权执行机构应：与授权机构和执行国家卫生监督、鱼类资源保护的机构和地方行政当局协调，按照既定程序颁发使用水体排放废水的许可证；如果影响水体状况，则准备文件以决定暂停、终止经济或其他活动，或重新评估对环境有害的设施和生产设施；控制对污染物向水体的最大允许排放标准的遵守情况；对遵守土库曼斯坦立法的要求、供水源卫生保护区制度、采取措施防止污染、水资源的枯竭、合理和经济地利用进行国家控制。[②]

第二，服务质量保障机制。

用水者有权根据土库曼斯坦立法规定的程序，接收有关开展水管理活动的水体状况的信息，检查所提供水的质量和数量。[③] 应提供水体满足饮用水和生活用水供应以及居民的其他需要，其水质应符合土库曼斯坦既定的国家标准。[④]

根据土库曼斯坦《水法》第 42 条，水使用权受法律保护，非因法定事由不得剥夺，若供水方未按合同约定供水，用户可通过法律程序追责。若供水服务中断导致用户损失，责任方需按《水法》第 118 条赔偿，即对水体和水利结构造成损害的人，应自愿或通过法庭进行赔偿。此外，《水法》第 110 条明确经济调节机制，包括对违规行为的罚款，以及对节水技术的信贷支持，间接保障供水的稳定性。

根据土库曼斯坦立法规定的程序，为了保护公众健康、环境、确保国家安全，以及在低水位、自然和人为的紧急情况的情况下，可以限制用水者的权利。但是限制用水户的权利不应使饮用水和家庭用水条件恶化。用水者单独用水的权利由提供该水体单独使用的授权机构限制，特殊和二次用水权由

---

① 参见《水法》第 12 条。
② 参见《水法》第 13 条。
③ 参见《水法》第 40 条。
④ 参见《水法》第 47 条。

颁发指定用水许可证的授权机构按照土库曼斯坦立法规定的方式进行限制。[①]

（2）供水安全的监管法规

①专业认证。

地方行政机关负责采取措施为其管辖范围内的人口和经济部门提供水；地方自治机构负责协助为其管辖范围内的人口和经济部门提供水。地下水开采设施的安装及操作需获得地质管理部门颁发的许可证。[②] 所有类型的井都必须配备调节装置，不适合作业或已终止使用的水井将被保存或废弃。禁止钻探用于排放工业和生活废水的吸收井，只要这些井可能成为适合用于饮用水和生活供水的含水层的污染源。[③]

②供水安全监管。

为了评估使用水水体以满足人口和经济部门需求的可能性，土库曼斯坦制定确保用水的安全条件的环境安全标准。[④] 用水环境安全标准应为水体中有害物质（包括放射性物质）的最大允许浓度的指标，其水用于满足人口和经济部门的饮用、家庭和其他需求。国家通过多部门联合检查确保供水安全。根据《水法》第 20 条，国家控制职能包括监督水用户是否遵守用水规则。对水的使用和保护进行国家控制由授权机构内的水资源使用控制处、环境保护部的生态控制服务和国家地质控制局共同执行。例如，批准地下水开采许可、保存地下水的州记录、对地下水进行状态监测等。

（3）供水可持续性的监管法规

第一，水的可持续供应及使用。

在供水的环境可持续性方面，《水法》第 4 条确立可持续用水原则，强调水资源的合理利用与生态保护。供水须优先保障饮用水需求，通常不允许将水体用于满足与饮用水和生活用水供应无关的居民用水需求。[⑤] 原则上不允许将饮用水体用于工业用途和生产需要。只有在特殊情况下，并且根据土库曼斯坦内阁的决定，在不影响满足人民需求的情况下，才允许将饮用水用于工业目的和生产需要。[⑥]

根据水的综合利用和保护水的要求，应按照特殊用水的顺序使用水体进行使用，同时考虑到其他用水者、经济部门以及居住在能源设施附近居民的

① 参见《水法》第 43 条。
② 参见《水法》第 14 条第 3 款。
③ 参见《水法》第 90 条第 3 款。
④ 参见《水法》第 103 条。
⑤ 参见《水法》第 47 条第 2 款。
⑥ 参见《水法》第 63 条。

利益。[①] 地下水开采需遵守储量保护规定，并安装水位监测设备。[②] 设定相应的用水限制，用水应根据每年确定的限度进行。[③]

在用水环境可持续性方面，《水法》第 41 条规定，用水者有以下可持续用水的义务：用水者应合理利用用水资源，注重节约用水，恢复和改善水质；采取措施，通过改进生产技术和供水方案（使用无水工艺、空气冷却、循环和重复顺序供水以及其他技术方法）来减少用水量和废水排放；根据其提供的目的和条件使用水体；遵守污染物最大允许排放量的既定标准和既定的取水限值，以及卫生和其他要求；采取措施防止废水污染水体；保持饮用水和生活供水源的卫生保护区、沿海水保护带、通行权、沿海水道带、处理和其他水利结构和技术设备处于适当的状态。

其活动影响水体状况的法人和个人有义务遵守土库曼斯坦环境保护立法规定的环境要求，并采取组织、技术、森林复垦、农业技术、水力技术、卫生流行病学和其他措施，以确保保护水体免受污染、堵塞和枯竭。为了保护水体免受污染和堵塞，禁止法人实体和个人：①将工业、生活和其他类型的废物排放到水体中；②排放石油产品、化学品、放射性废物和其他经济和其他人类活动的废物；③污染集水区表面及冰层，包括排放工业及生活垃圾、抛洒物以及石油化学产品等废弃物可能导致地表水与地下水质量恶化及污染的物质；④使用化肥及有毒化学物质污染水体。[④]

使用水体的法人和个人有义务采取措施防止水体枯竭。法人和个人管辖的地下水取水设施应配备水计量装置，用于系统监测地下水位和测量取水结构在其运行过程中的流量。[⑤]《水法》第 102 条规定用水需基于年度限额，内阁部长会议根据水源水量分配用水指标。农业用水需按计划执行，用水者在规划农作物播种面积的大小和建立结构、确定水量和用水条件时，应遵循限制用水条件[⑥]，采取措施减少灌溉和排水系统中过滤和蒸发的水损失。未被列入饮用水和矿泉水的地下水可用于技术供水和其他生产需要。[⑦] 采取措施，通过改进生产技术和供水方案（使用无水工艺、空气冷却、循环和重复顺序供水以及其他技术方法）来减少用水量和废水排放。[⑧]

---

① 参见《水法》第 65 条。

② 参见《水法》第 91 条第 2 款。

③ 参见《水法》第 102 条。

④ 参见《水法》第 90 条。

⑤ 参见《水法》第 91 条。

⑥ 参见《水法》第 53 条。

⑦ 参见《水法》第 64 条。

⑧ 参见《水法》第 41 条第 2 款。

在节水行动的激励措施方面，《水法》第 110 条提出，根据土库曼斯坦法律，在法人实体和个人引入节水技术并实施其他有效措施来保护和合理利用水资源时，向他们提供信贷和其他优惠。此外，实施差异化水费政策，超额用水需支付更高费用[①]，以此激励用户减少超额用水。

第二，可持续废水处理。

根据《水法》第 74 条，废水排放需符合生态及卫生标准，未经处理的污水禁止排入地表水体。在特殊情况下，可以使用水体排放废水，前提是根据环境保护领域的授权执行机构与授权机构、人口卫生和流行病学福利领域的授权国家机构以及授权的渔业执行机构协调颁发的许可证对其进行适当处理。法律规定禁止将废水和排水排放到地形（沟壑、低地、采石场、泥石流床、原木）上。在超过污染物最大允许排放量的既定标准的情况下，可以根据土库曼斯坦立法规定的程序限制、暂时禁止（暂停）或终止向地表水体排放废水和废物。工业废水需通过技术手段降低污染物浓度。[②] 在特殊情况下，对相关底土地块进行特殊地质研究后，在存在使用底土的项目文件以及遵守土库曼斯坦关于底土的立法要求的情况下，允许在土地内部处理无法通过现有方法处理的废水。[③]

3. 互联网

土库曼斯坦的互联网法律框架主要由《互联网发展和提供互联网服务法律规定》（以下简称《互联网法》）和《通讯法》构成，《通讯法》是土库曼斯坦通信领域的基础性法律，涵盖电信、广播、互联网等广义通信服务。它规定了通信基础设施的建设、运营许可、服务提供者的义务等基本框架。《互联网法》则更聚焦于互联网服务的具体管理，包括接入条件、内容监管、用户数据保护等细节。例如，该法规要求个人或法人接入互联网时需提供身份证明和场所使用权文件。《互联网法》优先适用于具体互联网服务问题；《通讯法》作为补充，适用于未在专门法规中明确的事项。

（1）互联网可靠供应的监管法规

①监管监测。

根据《互联网法》，土库曼斯坦建立了多层次的互联网监管监测体系。

《互联网法》第 7 条强调，互联网服务领域的国家政策通过建立和维护国家和非国家机构的基础设施，提供连接到互联网的计算机设备，确保普遍和

① 参见《水法》第 111 条。
② 参见《水法》第 77 条。
③ 参见《水法》第 79 条。

平等地获得互联网连接服务；为社会弱势群体提供互联网服务方面的优惠；在土库曼斯坦农村、偏远和难以进入的地区发展互联网连接服务基础设施；在互联网上建立和整合土库曼斯坦国家机构、地方自治机构、教育和图书馆机构的网络和信息资源，为公民提供普遍访问它们的机会；及时完善提供互联网服务活动的法律监管机制，同时考虑到技术的变化和有关其使用的社会关系。

从事互联网服务活动的自然人和法人的许可证发放应按照土库曼斯坦法律和土库曼斯坦其他监管法律规定的程序进行。用于提供互联网服务的技术设备和软件的认证应按照土库曼斯坦法律规定的程序进行。①

土库曼斯坦互联网发展和使用监管过程的参与者有监管互联网发展和使用领域被授权的国家机构和互联网服务提供商。在互联网开发和使用监管领域获得授权的国家机构包括执行机构，这些机构被赋予以下职能：制定互联网开发和使用领域的国家政策和法律法规；确保国家信息安全，保护土库曼斯坦公民的合法利益；遵守个人和法人实体在土库曼斯坦提供和使用互联网服务的权利。②

《通讯法》第 47 条明确规定，法律明确规定电信通讯运营商有义务根据既定的质量指标和资费提供电信通讯服务；向电信通讯服务的用户提供签订协议所需的完整信息以及有关其提供的电信通讯服务的信息；确保电信通讯网络为紧急情况做好准备，以此保证提供的互联网的质量。

②服务质量保障机制。

互联网服务运营商（ISP）承担确保服务连续性的责任。根据《互联网法》第 12 条互联网运营商必须“为土库曼斯坦用户提供互联网访问权限”，并“提供受外部保护的互联网网络”。若运营商因技术故障导致服务中断，需按照该法第 31 条的规定承担相应责任，包括赔偿用户损失。土库曼斯坦通过其国家认证和个人许可活动，进行互联网连接服务的质量培训，提供互联网服务。③

《互联网法》第 40 条规定，在发生自然灾害、传染病、动物传染病和其他紧急情况时，土库曼斯坦内阁对通讯实行管制，有权优先使用任何电信和邮政通讯技术手段和网络，不论其部门隶属关系和所有权形式，并有权暂停其活动。

《通讯法》第 47 条规定电信通讯运营商有义务在消除可能影响信息安全

---

① 参见《互联网法》第 9 条。

② 参见《互联网法》第 10 条。

③ 参见《互联网法》第 7 条。

的威胁（恶意代码、病毒、违反规则）之前，暂停相关通讯网络的运行或限制违反规则的信息系统用户的权限。电信通讯服务的通讯运营商停止活动时需保护通讯服务的用户的利益。停止提供电信通讯服务的通讯运营商必须在停止提供电信通讯服务前至少 1 个月通知电信通讯服务的用户。如果由于通讯运营商违反土库曼斯坦法律导致其号码和/或无线电频谱资源接收许可被取消或失效，该通讯运营商有义务按照土库曼斯坦法律规定的程序向用户赔偿因停止提供电信通讯服务而造成的损失。如果通讯运营商不当履行通讯服务协议规定的义务，则根据土库曼斯坦法律，通讯运营商向通讯服务的用户赔偿损失。[①]

（2）互联网连接安全性的监管法规

①数据加密与信息保护。

互联网服务领域的国家政策的主要方向确保国家、自然人和法人在提供互联网服务过程中的信息安全。加密信息保护措施必须符合土库曼斯坦相关立法。[②] 同时，法律保护互联网用户的个人数据。互联网用户自己选择他在互联网上发布（报告）的个人数据的保密级别。国家有责任确保私人生活不受侵犯，并且不得将个人数据用于互联网上的不正当目的。国家以互联网开发和使用监管领域的相关授权国家机构为代表，为互联网用户提供在违反保密性或恶意歪曲个人数据的情况下寻求正义的机会。[③]

②防止非法活动与网络犯罪。

国家采取立法和其他措施来抵制互联网用户将互联网用于非法目的。其中一项措施是互联网服务运营商有义务将有关用户和提供给他们的服务的信息存储至少 12 个月，并在司法和（或）执法机构要求提供这些信息。[④] 《互联网法》第 26 条规定在互联网开发和使用监管领域获得授权的国家机构与公共协会合作，以打击互联网上非法信息的传播。根据土库曼斯坦法律，在互联网开发和使用监管领域获得授权的国家机构有权与活动旨在检测互联网上非法信息的公共协会合作。这种合作是根据互联网开发和使用监管领域的授权国家机构与公共协会签订的协议进行的。根据这些协议，公共协会在发现非法信息后，将有关发布该信息的网站地址的信息发送给互联网开发和使用领域的相关授权国家机构，以便根据其权力采取应对措施。

---

① 参见《通讯法》第 50 条。

② 参见《互联网法》第 13 条。

③ 参见《互联网法》第 27 条。

④ 参见《互联网法》第 25 条。

③儿童网络安全。

《互联网法》第28条和第29条特别规定了在互联网领域对儿童的保护。如要求教育机构使用技术手段过滤不适当内容、规定限制或禁止在特定年龄段儿童中传播的信息类型、通过互联网向儿童传播计算机和其他电子游戏的要求等。

④责任承担。

对于不遵守互联网用户接收、储存和发送的信息中所载信息的保密性；违反记录数据的期限或程序；使用未经认证的加密信息保护方法等行为，互联网服务运营商应当承担相应的责任。

如果互联网服务运营商将通信手段用于损害个人、社会和国家利益的目的，包括用于犯罪目的，则通信领域的授权执行机构有权暂停任何技术手段和电信网络的运行，无论其部门隶属关系和所有权形式如何。因互联网服务运营商不当履行互联网服务提供合同项下的义务而给互联网用户造成的损失，应根据土库曼斯坦法律进行赔偿。[①]

（二）公共服务

1. 电力

（1）法律规定

电（热）能用户有权：按照合同规定接收电（热）能；要求供电企业按照合同约定赔偿因电（热）能供应不足或者供应不合格造成的损失；向法院申请解决与合同订立和履行有关的争议问题。[②]

授权机构有权审议电（热）能消费者和电力行业主体关于其在电力行业权利和合法利益受到侵犯的投诉。[③]

自然人和法人有权按照土库曼斯坦法律规定的方式对授权机构官员的作为（不作为）提出上诉。[④]

（2）服务现状

土库曼斯坦的电力工业是该国的重要经济部门，也是其基础设施的重要组成部分。土库曼斯坦的电力工业发展迅速，近年来在发电、输电和配电方面取得了显著成就。土库曼斯坦的电力工业以天然气为主要燃料。土库曼斯坦拥有丰富的天然气资源，为电力工业的发展提供了充足的燃料保障。土库

① 参见《互联网法》第31条。
② 参见《电力法》第23条。
③ 参见《电力法》第12条。
④ 参见《电力法》第28条。

曼斯坦的电力企业主要生产电力和热力产品，其产品种类丰富，质量优良。土库曼斯坦的电力工业发展迅速，近年来在技术改造和设备更新方面取得了显著成就。政府通过引进先进技术和设备，提高电力企业的生产效率和产品质量。同时，土库曼斯坦的电力企业积极开拓国际市场，电力产品出口到多个国家和地区。土库曼斯坦的电力工业不仅在国内市场占有重要地位，在国际市场上也具有较强的竞争力。土库曼斯坦的电力产品以其高质量和稳定供应受到国际市场的欢迎；其电力产品主要出口到伊朗、阿富汗和周边国家。土库曼斯坦政府高度重视电力工业的发展，制定了一系列政策和措施，推动电力工业的发展。政府还积极推动电力工业的现代化和国际化，吸引外资和技术，提升电力工业的整体竞争力。

在电力产能方面，土库曼斯坦电力供应充足，满足国民经济和社会发展需求的同时还向乌兹别克斯坦、阿富汗、伊朗等邻国出口部分电力。全国目前有 12 座国营电厂（主要为燃气轮机和蒸汽轮机电站），总装机容量逾 6500 兆瓦。根据土库曼斯坦国家统计局数据，2020 年前三季度，发电量逾 193 亿千瓦时，较 2019 年同期增长 16. 3%；电力出口逾 36 亿千瓦时，为 2019 全年电力出口量的 3. 1 倍。根据土库曼斯坦电力发展规划，政府目前致力于对现有电站进行现代化改造，计划在 2024 年前使全国电力生产达到每年 330 亿千瓦时。[①]

土库曼斯坦目前在建的发电项目：①土库曼巴什石油加工综合体燃气发电项目，2020 年 9 月 9 日举行奠基仪式，拟建设 2 座设计装机容量为 70 兆瓦的燃气发电机组；②列巴普州燃气轮机电站，装备 3 台燃气轮机，总功率为 432 兆瓦，由日本住友商事株式会社、三菱日立电力系统公司和土耳其复兴控股公司共同建设，计划 2021 年投运。目前，土已建成三条 500 千伏高压输电线，即马雷—卡拉库尔，长度为 370 公里；谢津—达绍古兹，长度为 379 公里；环形电网项目一期阿哈尔州—巴尔坎州，长度为 421 公里。土库曼斯坦 220 千伏的输电线总长度为 2000 公里，110 千伏的输电线总长度为 7600 公里。

在电力出口方面，土电力资源充裕，不仅可以满足本国经济和社会发展需要，还可以出口国外；截至 2023 年底，土库曼斯坦已向阿富汗、伊朗、乌兹别克斯坦、吉尔吉斯斯坦出口电力。按土计划，估算年内出口量达 90 亿度。根据《2030 年前国家社会经济发展规划》，土计划到 2030 年将电力出口量提升至 110 亿度。此外，土库曼斯坦积极推动向土耳其、哈萨克斯坦、塔

---

① 参见本书编委会编：《企业对外投资国别（地区）营商环境指南：土库曼斯坦（2021）》，载中国国际贸易促进委员会网，http://www.ccpic.org/，2025 年 2 月 13 日访问。

吉克斯坦、高加索地区国家出口电力，扩大电力出口辐射范围。

在电网连通方面，根据《市区、城镇和乡村生活条件改造规划》，土库曼斯坦计划到2028年前持续投资建设输变电项目，其中，阿哈尔州1412公里、巴尔坎州347公里、达绍古兹州301公里，列巴普州474公里，马雷州750公里。①

目前，土在建的主要输电项目：①环形电网项目二期巴尔坎—达绍古兹高压输电线路，将铺设220千伏、长度475公里的输电线路一条，还将建设2座500/220/110千伏变电站和2座220/110千伏变电站。相关设施建成后，土电力系统将实现全国联网，各地州将获得可靠稳定的电力供应，该项目主要利用了亚洲开发银行贷款；②TAP输电项目（土库曼斯坦—阿富汗—巴基斯坦）。该项目协议于2018年2月签署，土库曼斯坦段奠基仪式于2020年2月在马雷州举行。为扩大对阿富汗电力出口，库曼斯坦沿谢尔杰特阿巴特—杰拉特方向修建自马雷国家电站至阿边境的输电线路，电压为220千伏，总长达450公里。2019年5月，土启动电力设备维修和服务中心建设，该项目用于对发电用燃气轮机、发电机、变压器等电力设备进行维修保养。项目业主为土能源部下属国家电力公司，由土耳其查里克集团旗下企业实施，拟于2022年投运，届时土电力设备无须再送到国外维修。根据2019年4月土总统批准的“2019—2025年金色世纪湖发展构想行动计划”，土将在巴尔坎州谢尔达尔区建设首座功率为10兆瓦的太阳能和风能复合电站，经国际招标土耳其查里克能源公司（ÇalikEnerji）被确定为项目实施单位。该电站由土国家能源研究所开发，阿布扎比发展基金提供贷款，期限为15年，年利率为4%。

2. 供水

(1) 水体信息透明度

公民和公共团体有权根据土库曼斯坦法律规定的程序，接收有关水体状况、污染源、用水和保护的完整可靠信息；以土库曼斯坦立法规定的方式参与有关水域使用和保护问题的决策；向法院提起诉讼，要求赔偿因污染、堵塞和用水而给国家和公民造成的损害。②

土库曼斯坦国家水地籍是一组关于水体状况和使用情况、水资源和用水者的系统化数据。土库曼斯坦国家水地籍应按照统一系统进行维护，并应以国家水务核算的数据为基础。土库曼斯坦国家水地籍应由授权机构根据地质

---

① 参见商务部对外投资和经济合作司等编：《对外投资合作国别（地区）指南：土库曼斯坦》（2024年版），第24页，载商务部“走出去”公共服务平台，http://fec.mofcom.gov.cn/article/gbdqzn/，2025年2月13日访问。

② 参见《水法》第19条。

学领域授权的执行机构、水文气象领域的授权国家机构和其他有关国家机构提供的数据进行维护。土库曼斯坦国家水地籍与地表水有关的部分应由水文气象领域的授权国家机构维护，该机构应按照既定程序组织将这些数据传输给授权机构。[①] 用水者有义务向地质领域的授权机构和授权执行机构提交所有必要的数据，以纳入土库曼斯坦国家水地籍。

被授权机构有义务确保感兴趣的法人实体和个人能够按照既定程序获取土库曼斯坦国家水地籍中包含的信息。[②] 公共用水条件和规则根据地方行政机关的决议制定，并需与授权机构、环境保护领域授权行政机关及保障居民卫生流行病福利领域授权国家机关协商一致。相关机关有义务将各具体水体的公共用水条件告知利益相关的法人及自然人。[③]

（2）价格和价格制定的透明度

水费征收需明确征收范围，土库曼斯坦的普通用水应免费使用，特殊水使用（如工业取水、废水排放）需按标准收费，豁免情形由内阁部长会议明文列出。水费标准由授权机构（如农业部）与经济发展部协商制定，其依据包括供水成本、水质、供水量及时效性等客观指标，[④] 针对不同类别的用水者制定差异化的供水服务费率。向用水者收取供水服务费用的程序应根据土库曼斯坦法律制定。

同时，《水法》第 19 条赋予公民和公共组织参与水管理决策的权利，具体包括：公众可以按照法律规定的程序获取水体状况等完整可靠的信息，以土库曼斯坦立法规定的方式参与有关水域使用和保护问题的决策。第 28 条第 5 款规定，国家水登记册中关于水资源利用的数据必须向公众开放，也为水费定价提供透明的基础数据支持。水关系主体之间发生的争议如对定价存在异议，应通过各方协商解决，由水用户协会设立的机构以及水使用和保护领域的地方执行机构、授权机构和其他授权的国家机构进行审议。若未能解决水争端，则应根据土库曼斯坦法律在法院解决该争端。[⑤] 违反土库曼斯坦《水法》应根据土库曼斯坦法律承担责任，且应承担消除违法行为和赔偿其造成的损害的义务。[⑥]

（3）服务计划中断的发布和公告

《水法》第 34 条第 3 款授权地方政府在必要时限制或禁止公共用水（如

---

① 参见《水法》第 28 条。

② 参见《水法》第 28 条。

③ 参见《水法》第 34 条第 4 款。

④ 参见《水法》第 111 条。

⑤ 参见《水法》第 113 条。

⑥ 参见《水法》第 117 条。

因卫生安全)，但需提前通知用户。《水法》第43条进一步规定，水用户的权利可以根据土库曼斯坦法律规定的程序，在保护人民健康、环境、保障国家安全以及在水资源短缺、自然灾害和人为灾害等紧急情况下予以限制。但是，对水用户权利的限制不应恶化居民饮用水和生活用水的条件。

3. 互联网

(1) 电子政务服务

互联网的专门网站应保障[①]：①由国家权力机构、地方自治机构提供的互联网服务，还应包含这些服务；②能够以电子形式填写接收国家当局、地方自治机构的互联网服务所需的文件；③以电子形式提交接收国家权力机构、地方自治机构提供互联网服务文件的可能性；④以电子形式获得国家权力机构、地方自治机构提供互联网服务进度信息的可能性；⑤以电子形式获得国家权力机构、地方自治机构提供互联网服务的结果的可能性，如果它与这项服务的本质不矛盾；⑥电子支付国家权力机构、地方自治机构提供互联网服务的可能性。

(2) 信息透明度

根据与互联网连接的合同，互联网服务运营商承诺：为有使用权或其他权利的互联网用户提供将其终端设备连接到互联网的服务，并且互联网用户承诺：为互联网服务运营商提供的服务付费，并根据指定协议在法律和土库曼斯坦的其他法规法律内使用。[②] 根据有关提供电子邮件服务的协议，互联网服务的运营商有义务向服务的消费者提供地址，并接受通过互联网发送到此地址的信息，以及代表互联网用户存储并将此信息通过互联网发送到他指示的地址，而互联网用户承诺为其提供的服务付费，并根据指定协议在法律和土库曼斯坦的其他法规法律内使用。[③]

电信通讯服务的用户在订购和/或使用电信通讯服务期间有权从电信通讯运营商处免费获得有关电信通讯服务内容、质量和提供电信通讯服务程序的全面信息。[④]

《通讯法》第15条第2款明确规定，通讯运营商在具备技术能力的情况下，有义务根据土库曼斯坦法律规定的协议或其他方式，为其他运营商接入其网络提供便利。电信通讯服务的用户在订购和/或使用电信通讯服务期间有权获取关于取消已订购电信通讯服务的可能性和程序的通知；电信通讯服务

---

① 参见《互联网法》第16条。

② 参见《互联网法》第13条第3款。

③ 参见《互联网法》第14条第1款。

④ 参见《通讯法》第41条第1款第6项。

的用户在订购和/或使用电信通讯服务期间有权就电信通讯运营商的不当行为向上级机构或法院提出上诉。

（3）发展现状

自2000年起，土开通国际互联网业务，至今仍主要采用ADSL2拨号上网方式，下一代宽带技术（即VDSL2技术）自2015年起开始规模使用，其中土Telecom新购进VDSL宽带接入设备，单设备最大可容纳2048个用户。土首都市话局购进的GPON宽带接入设备，单设备最大可容纳1.6万个用户。上述设备全部来自中国华为技术有限公司，其可以在1000米铜线距离内实现40—80Mbps高速上网。截至2018年底，土全国国际出口总带宽10Gb左右，宽带用户总计6.5万个左右，多为国家机关、企事业单位、外交机构等团体用户以及首都家庭用户。土于2009年底开放3G服务业务，2013年8月4G网络投入使用。根据土总统最新签署的《土库曼斯坦2018—2024年通信发展规划》，当地通信领域将进行全面现代化改造。根据土《2019—2025年数字经济发展方案》，政府将在3年内系统地提高国家通信质量水平，在全国范围内建设发展光纤通信网络，阿什哈巴德市承载网容量将由目前的20G/秒增加到100G/秒，各州中心城市将增加到1G—10G/秒，农村偏远地区将增加到1G/秒。固定宽带最高可以达到200Mbps，新增23万个固定宽带接入。金色世纪通讯公司将实现3G全国覆盖、4G覆盖主要城市的目标，持续提高网络通信质量，使服务信号覆盖土库曼斯坦全境。土国家通信署2019年总结报告显示，过去3年土全国国际互联网容量扩展10倍，移动互联网用户增加50多万个。①

（三）效率

土水、电、气、汽油供应较充足，大多对本国居民以优惠价格供应。对外国企业工业用水、用电收费因合同签订内容不同而不同，具体以实际合同为准。

1. 电

（1）用电接入时间

根据《电力法》第21条，接入需签订供电合同。电力（热）能源消耗过程中产生的关系由电力供应企业与电力（热）能源消费者根据土库曼斯坦法

① 参见商务部对外投资和经济合作司等编：《对外投资合作国别（地区）指南：土库曼斯坦》（2024年版），第23页，载商务部“走出去”公共服务平台，http://fec.mofcom.gov.cn/article/gbdqzn/，2025年2月13日访问。

律签订的相应电力（热）能源使用协议进行规范。如果消费者符合土库曼斯坦法律规定的要求，供电企业无权拒绝将其连接到电力（热）网络。

（2）用电接入成本

土库曼斯坦由内阁制定供电企业服务价格政策。[①]

电力供应企业有义务：为所有电力（热力）能源消费者提供平等条件；按照土库曼斯坦法律规定的电价向消费者提供电（热）能，根据合同向电力（热力）能源消费者提供电力（热力）能源；进行电力（热力）能源的计量，以便根据电力供应企业和消费者之间的合同进行相互结算。[②] 电力（热力）能源消费者有义务按时支付电力（热力）能源费用。[③]

土库曼斯坦对外国企业用电的具体收费标准因合同签订内容而异，2023年的参考电价为0.125马纳特/千瓦时（0.04美元/立方米），用户缴费时还会额外收取一定比例的增值税。[④]

2. 水

土库曼斯坦对外国企业用水、用电的具体收费标准因合同签订内容而异，2023年的参考水价为0.5马纳特/立方米（0.15美元/立方米），用户缴费时还会额外收取一定比例的增值税。[⑤]

水资源使用和保护领域的经济监管包括向用水者提供供水服务和有偿废水处理，包括进行维修和修复以及其他水管理工作。[⑥]

水费标准及监管由土库曼斯坦内阁批准，并根据实际供水成本制定。根据《水法》第111条，土库曼斯坦的普通用水应免费，特殊水使用需支付费用，但部分特殊水使用类型可由内阁部长会议豁免。水费标准由授权机构（如农业部）与经济发展部协商制定，为合理利用水资源，可以针对不同类别的用水者制定差异化的供水服务费率，同时考虑以下标准：国家供水支出；供应的水质；供水的及时性；使用水力回收系统；供应水资源的领土。在设定关税税率时，也可能考虑其他标准。此外，超限额用水需按更高费率收费。

---

① 参见《电力法》第10条。

② 参见《电力法》第22条。

③ 参见《电力法》第23条。

④ 参见商务部对外投资和经济合作司等编：《对外投资合作国别（地区）指南：土库曼斯坦》（2024年版），第38页，载商务部“走出去”公共服务平台，http://fec.mofcom.gov.cn/article/gbdqzn/，2025年2月13日访问。

⑤ 参见商务部对外投资和经济合作司等编：《对外投资合作国别（地区）指南：土库曼斯坦》（2024年版），第38页，载商务部“走出去”公共服务平台，http://fec.mofcom.gov.cn/article/gbdqzn/，2025年2月13日访问。

⑥ 参见《水法》第110条。

水费征收程序由土库曼斯坦法律规定，确保透明性和规范性。

饮用水和居民使用集中污水处理系统的服务收费应由土库曼斯坦内阁确定。土库曼斯坦人民的饮用水量及其使用程序由土库曼斯坦内阁批准。饮用水和集中污水处理系统使用服务的费用对于所有组织、企业和机构，无论所有权形式以及组织和法律形式如何，应根据土库曼斯坦法律确定。①

3. 互联网

《互联网法》第 7 条规定为社会弱势群体提供互联网服务方面的优惠；如果互联网用户违反合同条款，以及延迟支付互联网服务费用，互联网服务提供商有权暂停用户对互联网的访问，直到缺陷得到消除。②

《通讯法》第 25 条第 1 款规定土库曼斯坦电信和邮政通讯市场应根据以下原则制定资费：根据这些服务的成本和利润计算资费；按用户实际获得的电信服务时长收取费用。但是法人和自然人可以免费呼叫紧急业务部门（消防、警察、急救、燃气抢险服务等）。电信通讯服务的结算是根据通讯运营商和通讯服务的用户之间提供电信通讯服务的协议进行的。③

对于码号资源的获取，《通讯法》第 27 条规定，通讯运营商应按土库曼斯坦内阁确定的数额和方式收取费用。如果码号发生变化，重新获取码号资源无须缴纳任何费用。

（四）评述

1. 具体挑战

（1）电

土库曼斯坦天然气资源丰富，电力产能持续增长，2023 年出口量已达 90 亿度，并计划至 2030 年提升至 110 亿度。充足的电力供应使本土电价维持在较低水平（约 0.04 美元/千瓦时），对于高耗能产业（如冶金、化工）具有显著成本优势。且依托中亚—南亚输电网络（如 TAP 项目），土库曼斯坦正从“能源孤岛”转向跨境电力出口中心。2023 年对阿富汗、伊朗等国的电力出口量增长显著，未来若接入中亚统一电力市场，企业可借势布局电力贸易或配套服务（如输电设备维护、跨境结算系统）。政府计划在 2024 年前完成现有电站的现代化改造，并试点建设太阳能与风能复合电站。外资企业可通过技术合作或设备供应参与能源基础设施升级，尤其是在智能电网、储能技术

① 参见《饮用水法》第 25 条。
② 参见《互联网法》第 12 条第 3 款。
③ 参见《通讯法》第 26 条。

等领域。但是在供电层面仍有以下挑战：

第一，能源结构单一化风险。土库曼斯坦电力系统高度依赖天然气发电（占比超90%），尽管天然气储量丰富（全球第四），但单一能源结构导致电力供应易受国际市场波动和国内产能分配影响。例如，政府优先保障天然气出口换取外汇，可能挤压本土发电用气配额，间接影响电价稳定性。此外，过度依赖化石能源与全球低碳转型趋势相悖，未来可能面临国际碳关税压力，增加出口型企业的合规成本。

第二，区域供电不均衡与技术滞后。尽管首都及工业区供电稳定且正在推进全国电网互联项目，但目前电网覆盖仍存在区域性不平衡。农村及偏远地区供电稳定性较低，可能限制企业在这些区域的业务扩展。现有发电设备以天然气为主，可再生能源（如太阳能、风能）的规模化应用尚处于试点阶段，长期依赖传统能源可能增加企业的碳减排压力。

（2）水

农业用水占全国总消耗量85%，滴灌渗透率不足5%，政府计划在2030年前将节水灌溉面积扩大至50%。企业可推广低成本滴灌设备、土壤湿度传感器等解决方案，结合世行或亚开行贷款支持，与本地农场主建立分成合作模式。工业领域则需无水工艺（如空气冷却）和循环水系统，契合政府“超限额水费翻倍”的管控政策。里海沿岸地区正探索海水淡化厂建设，以缓解内陆供水压力。土耳其、韩国企业已参与技术投标，外资可通过EPC模式（设计—采购—施工）切入项目。此外，中亚五国重启跨境水资源谈判，企业可提供水质监测设备或数据平台，参与区域水资源分配机制优化。但面临的挑战如下：

第一，极端干旱与地下水超采危机。土库曼斯坦80%国土为沙漠，年均降水量不足100毫米，农业与工业用水主要依赖跨境河流（阿姆河）和地下水。近年来阿姆河流量因上游国家用水增加持续减少，地下水超采导致盐碱化加剧，部分区域饮用水质恶化。政府虽实施严格配额管理，但监管执行力度在地方层面参差不齐，企业可能面临隐性用水成本（如贿赂获取额外配额）。

第二，基础设施老化与投资缺口严重。苏联时期建设的灌溉系统（如卡拉库姆运河）年久失修，输水损耗率高达40%。农村地区供水管网覆盖率低，约30%人口依赖水车送水。私营资本参与度低，政府财政优先投向能源领域，导致水务升级资金不足，制约企业规模化用水需求。

（3）互联网

根据《2019—2025年数字经济发展方案》，土库曼斯坦政府计划将光纤网络覆盖至农村地区，并新增23万个固定宽带接入。土政府计划在2025年前将光纤覆盖率提升至70%，在首都阿什哈巴德试点智慧交通、电子政务系统。政府将继续大力支持互联网的发展，为外资使用提供更多便利。其在互联网方面面临的挑战如下：

第一，网络封闭性与国际带宽瓶颈。土库曼斯坦互联网国际出口带宽长期受限（2023年仅15Gb），跨境数据传输延迟高，影响跨境电商、远程办公等业务。政府对外资ISP准入严格，本土运营商垄断市场，导致资费高昂，中小企业数字化成本居高不下。

第二，数据主权与内容审查风险。法律要求所有用户数据本地存储，加密技术需政府认证，金融、医疗等行业面临敏感数据出境合规难题。社交媒体和独立新闻网站被屏蔽，企业需自建内容审核团队，避免触犯“传播非法信息”条款，增加运营复杂性。

2. 具体建议

（1）用水管理

在土库曼斯坦，工业用水需遵守严格的年度配额限制，超量用水将面临高额费用。建议企业或个人投资安装智能水表与实时监测系统，动态追踪用水量并优化流程，避免超额风险。例如，在生产线中引入循环水技术（如冷却水回用），或采用无水工艺（如空气冷却替代传统水冷），可显著减少用水需求。对于废水处理，优先选择模块化污水处理设备，确保排放达标，避免因违规处罚导致的额外成本。与本地水务公司合作，共享污水处理设施以降低成本。农业投资者可试点滴灌或微灌技术，结合土壤湿度传感器精准调控灌溉量，既符合政府节水激励政策，又能提升作物产量。

（2）用电保障

尽管土库曼斯坦电力供应总体充足，但偏远地区或突发事故可能导致临时断电。建议在厂区或办公场所配置备用电源（如柴油发电机或太阳能储能系统），保障关键设备持续运行。同时，通过能效审计识别高耗能环节，替换老旧设备为节能型号（如LED照明、高效电机），并安装智能电表实时监控负荷，降低电费支出。对于数据中心、精密制造等对电力稳定性要求高的行业，可考虑与本地供电企业签订优先供电协议，或在合同中明确断电赔偿条款，减少运营风险。

（3）互联网使用

土库曼斯坦互联网覆盖不均衡，国际带宽有限可能影响跨境业务。建议企业采用“双链路”方案，同时接入两家以上本地运营商（如Turkmentelekom与私营ISP），确保网络冗余；重要数据同步使用本地服务器与云端备份，避免单点故障。为满足数据监管要求，需部署经政府认证的加密技术，并定期清理敏感信息。远程办公或依赖云服务的企业，可优先选择部署在首都阿什哈巴德等光纤覆盖区域，并利用 CDN（内容分发网络）加速跨境访问。个人投资者应避免使用非备案 VPN，选择合规通信工具，以规避法律风险。

土库曼斯坦公共事业服务的未来发展将深度融入国家经济转型与区域一体化进程。在电力领域，政府计划通过电网互联（如全国环形电网）和可再生能源试点（如太阳能风能复合电站）实现供应稳定性与绿色转型，同时依托丰富的天然气资源扩大跨境电力出口，成为中亚能源枢纽。供水系统的改革将聚焦节水技术普及与跨境水资源管理，通过差异化水价和信贷优惠推动农业与工业用水效率提升，并探索海水淡化技术以缓解内陆干旱压力。互联网基础设施的升级（如光纤网络覆盖农村、5G 试点）将加速数字化服务渗透，电子政务与智慧城市项目的推进（如首都智慧社区）为外资企业提供技术输出场景，而国际带宽扩容有望缓解跨境数据传输瓶颈，吸引数据中心与云计算投资。

此外，土库曼斯坦若成功加入世界银行“营商环境”项目，或将推动法规透明化与私营资本参与，进一步优化水电定价机制和外资准入流程。区域合作方面，跨境电力交易、水资源共享协议与数字丝路倡议的协同，将强化其作为欧亚大陆枢纽的地位，为投资者创造“技术+资源+市场”的多维价值空间。总体而言，土库曼斯坦公共事业的现代化不仅依赖内部改革，更需通过区域互联与国际合作释放长期增长潜力，为前瞻性布局的企业提供结构性红利。

四、劳动者保护

劳动力是企业存续最重要的生产要素，也是影响企业发展的根本动力。就劳动者而言，通过劳动能够获得收入来源并满足自身需求，两者相互依存、互为保障。在世行营商环境评价报告发布之初，关于劳动的指标考量多以企业为单一视角，随着世行对子指标的调整和完善，劳动的评估方法也逐渐转向企业和劳动者的双重兼顾，旨在更好地平衡劳动者权利与劳动力市场的灵活性。鉴于此，从企业和劳动者的角度出发，围绕以下三大支柱对土库曼斯坦的劳动指标进行解析。

（一）监管框架

1. 劳动条件

（1）劳动合同

①合同的分类。

劳动合同是雇主和员工之间的协议，规定了劳动关系中双方的基本相互权利和义务，根据该协议，雇主有义务为员工提供工作（工作地点），以履行有条件的劳动职能。劳动合同是劳动关系产生的依据。根据《劳动法》第5条第5款的规定如果民法性质的合同实际上规定了员工与雇主之间的劳动关系，则土库曼斯坦《劳动法》的规定适用于这种关系。

《劳动法》第18条规定，劳动合同的期限包括无固定期限（无限期）、固定期限（定期），但不超过5年。值得注意的是，在不能无限期建立雇佣关系的情况下，签订定期劳动合同，并在合同中考虑到所要做的工作性质或履行工作的条件，但是如果劳动合同中没有规定其有效期，则该合同被视为无限期签订。而且如果双方均未因定期劳动合同期限届满而要求解除定期劳动合同，而劳动者在劳动合同期限届满后仍继续工作，则劳动合同视为无限期订立。而在缺少国家和土库曼斯坦劳动立法监督机构或法院规定的情况下，签订的固定期限劳动合同被视为无限期签订。[①]

②合同的签订主体。

《劳动法》第23条规定，工作合同的签订主体要求年满16周岁。但是如果父母一方（监护人）同意的情况下，可以与年满15岁的人签订劳动合同。但是在一些特殊组织，例如，电影艺术、剧院、剧院和音乐会组织、马戏团中，经父母一方（监护人）同意并经监护和保护机构许可，允许与15岁以下的人签订劳动合同。值得注意的是，在这种情况下，代表员工的劳动合同由其父母（监护人）签署。[②] 但若劳动合同是在欺骗、威胁、使用暴力和其他类型的胁迫影响下签订或者虚构的劳动合同；以及签订劳动合同的人无法理解自身行为，精神疾病或痴呆症而被认定为无法律行为能力的人，则所签劳动合同无效。[③]

（2）劳动者权利

①休假权利。

根据《劳动法》第86条的规定，基本年假每年为30个日历日。但是教育工作者和各类教育机构负责人以及残疾人有权享受45个日历日的基本年假。在科学组织、机构和企业中担任全职职务并拥有博士学位的科学工作者有权享受45个日历日的基本年假，拥有副博士学位的科学工作者有权享受36个日历日的基本年假。同时该法第87条明确了雇主需要在连续工作满11个月之前，应根据员工的要求准予其休基本年假，并且在基本年假开始前15天

---

① 参见《劳动法》第18条第4、5、6款。

② 参见《劳动法》第23条第1、2、3款。

③ 参见《劳动法》第21条。

通知员工。员工有权根据具体情况推迟或者延长基本年假。

②获得补贴权利。

《劳动法》第176条规定，在有害或特别困难的工作条件下工作的员工有权获得在特殊工作条件下工作的劳工养恤金、增加工资、免费医疗和预防性营养、牛奶或同等食品、带薪工作间歇、缩短工作日、额外假期和其他补偿。

③获得劳动保护信息的权利。

《劳动法》第177条规定，在签订劳动合同或调换工作时，雇主须向员工告知工作条件，包括职业病和其他疾病的风险、员工应享有相关的福利和补偿以及个人保护手段。员工还需了解特定工作场所和生产设施的劳动保护状况。

（3）工资制度

①工资的计算方式。

平均工资的计算，有统一的标准。应考虑其所有类型的收入，根据这些收入应缴纳国家社会保险，但兼职工作的工资，一次性付款以及不受现行工资制度约束的付款除外。日平均工资的计算方法是用月平均工资除以29.7。《劳动法》第131条中规定计算平均工资的其他时间段，前提是这样做不会恶化员工的处境。当根据土库曼斯坦总统的法令增加工资时，用于计算休假、遣散费、补偿和报销金额的工资应与工资增加系数挂钩。

②工资的支付形式

工资应至少每半个月支付一次。但是如果工资支付日恰逢周末、公共节假日或纪念日，则应在这些日子的前夕支付工资。而工资应在员工工作所在地支付给员工，或根据员工的书面要求转入员工指定的土库曼斯坦银行账户。非特殊情况，雇主有义务及时全额支付员工工资并且提供相关明细。[①]

2. 就业限制

（1）工作时间

《劳动法》第59条规定，正常工作时间每周不得超过40小时并且雇主需要记录员工实际工作时间。但是，16—18岁员工每周不超过36小时，16岁以下员工每周不超过24小时；从事有害或特殊艰苦工作的员工每周不超过36小时。残疾人可根据医疗建议缩短工作时间（但每周不少于36小时），且工资不减少。[②]

《劳动法》第61条明确，非工作日和纪念日前夕的工作时间可减少1小

① 参见《劳动法》第132条。

② 参见《劳动法》第60条。

时（如无法减少，加班需按双倍工资支付）。但是每周工作六天的员工，休息日前夕工作时间不超过 5 小时。但是针对夜间时间，即 22 时至 6 时，工作时间应减少 1 小时。较为人性化的是孕妇、18 岁以下员工禁止参与夜间工作。而且要求连续两天加班不超过 4 小时，全年累计不超过 120 小时。

此外，在轮班制度时，单班工作时间不超过 12 小时，轮班间隔休息不少于 12 小时。①

（2）最低工资标准

最低工资是土库曼斯坦法律规定的，员工在正常工作条件下从事最简单工作的最低劳动报酬。《劳动法》第 13 条规定，员工有权“按时足额领取工资，但不低于土库曼斯坦法律规定的最低工资”。而雇主保证支付的工资也不得低于土库曼斯坦法律规定的最低工资。②

综上，最低工资标准的核心条款集中在《劳动法》第 13 条和第 111 条，明确要求雇主支付的工资不得低于土库曼斯坦法律设定的最低标准。

（3）通知期和解雇补偿金

①解雇通知期。

如果企业清算或个体雇主终止活动、裁员（生产技术或组织变化导致），雇主需提前两个月书面通知员工。但是如果员工资格不足导致解雇则雇主需提前两周书面通知员工。如果定期劳动合同到期：雇主需提前两周书面通知员工。

但是因严重违纪行为解雇（如盗窃、酗酒等），雇主需提前 3 个日历日书面通知员工。特别注意例外：若员工因健康状况不符合工作要求，无须提前通知。而经员工同意，可用与通知期时长对应的平均工资作为补偿代替通知期。③

②解雇补偿金。

企业清算、裁员或个体雇主终止活动支付相当于 1 个月平均工资的遣散费。若员工未找到新工作则保留平均工资至解雇后两个月。如果有特殊情况，如员工在第三个月内仍未就业且已登记求职，可延长至第三个月。

《劳动法》第 54 条明确，在一些情况下，需支付两周平均工资，具体包括以下情况：员工应征入伍或恢复原职员工导致解雇；因健康原因无法调岗而解雇；员工拒绝调岗至其他地区或变更劳动合同条款等。而如果法院判定

---

① 参见《劳动法》第 72 条。

② 参见《劳动法》第 111 条第 2 款。

③ 参见《劳动法》第 44 条。

解雇非法，雇主需赔偿员工至少 3 个月平均工资，并补偿相关法律费用。①

（二）公共服务

1. 社会保障

（1）失业保险

在土库曼斯坦《劳动法》中，关于“失业保险”的具体条款并未直接提及。然而，在一些条款中可能涉及失业相关的保障措施，其中该法第 6 条第 5 款提到国家就业机构（服务机构）将免费帮助人们找到合适的工作和就业机会。第 402 条提到社会保障包括“养老金、国家津贴和社会补助金”，但未明确“失业保险”为单独项目。第 403 条指出公民在失业时有权享受社会保障。

（2）医疗保险

首先，雇主必须为特定员工（如未成年人、残疾人、从事高危工作者等）提供免费定期体检，费用由雇主承担。这属于预防性医疗福利的一部分。② 而且《劳动法》第 197 条规定，雇主有义务为在工作场所突发疾病的员工提供急救，如果员工在工作场所突发疾病，那雇主有义务提供急救，并承担将其送往医疗机构的费用。针对临时残疾（如疾病或受伤）无法工作的员工，雇主需要支付临时残疾津贴。虽然未明确使用“医疗保险”一词，但这一津贴可能涵盖医疗期间的部分收入补偿。③

第 155 条明确员工因工伤或职业病导致的医疗费用、康复费用及其他相关支出由雇主或国家社会保险承担。但是若员工因工作条件导致健康恶化，雇主需承担其职业再培训、康复治疗等费用，确保其健康状况恢复或适应新岗位。④

（3）退休养老金

《劳动法》第 51 条提出，员工因退休主动终止劳动合同，雇主需在解雇文件中明确说明退休原因，并支付所有未使用的假期补偿。但是员工因工伤或职业病死亡，其家属（包括配偶、子女等）有权获得养老金或其他社会保障补偿。⑤ 而工作的养老金领取者每年可享受不超过 30 个日历日的无薪假期。⑥

---

① 参见《劳动法》第 56 条。
② 参见《劳动法》第 187 条。
③ 参见《劳动法》第 154 条。
④ 参见《劳动法》第 174 条。
⑤ 参见《劳动法》第 216 条。
⑥ 参见《劳动法》第 103 条。

2. 机制框架

（1）就业培训

根据土库曼斯坦《劳动法》第157条，雇主派遣员工参加在职培训时，需保留其原职和平均工资，并承担差旅费用。并且第178条指出雇主有义务组织劳动保护、安全技术及应急知识的培训，并禁止未通过培训或测试的员工上岗。同时第194条规定所有员工（包括管理人员）必须接受劳动保护培训，新员工需接受入职安全指导，针对从事高危岗位者需定期培训和考核。

雇主也有权根据自身需求决定员工的职业培训、再培训和进修的必要性。关于培训形式和所需专业清单由雇主确定，培训需依据劳动合同或集体协议的条件和程序进行。并且雇主需要提供法律和合同约定的保障。值得注意的是，若员工在完成培训后无正当理由不履行合同义务，则需要向雇主偿还培训费用。① 第323条中关于学徒形式的职业培训具体包括以下内容：需明确培训的专业、期限、报酬及双方义务；而合同期限根据培训需求确定，可因特殊情况延长。

（2）劳动争议处理

劳动争议处理方式分为个人劳动争议处理和集体劳动争议处理。

一是个人劳动争议可通过以下机构解决：劳动争议委员会（由企业劳动集体选举产生）；工会机构（企业或其分支机构的工会）；法院（直接受理特定争议或上诉）；劳动争议委员会的成立与程序，委员会由企业员工选举产生，负责在10日内审理争议，决议需半数以上委员通过，以书面形式送达员工和雇主；若决议未执行，员工可凭委员会出具的证明申请法院强制执行。员工可直接向法院申请以下争议：恢复工作、更改解雇理由、支付被迫缺勤工资、健康损害赔偿、拒绝雇用的争议。② 而恢复工作的争议：自收到解雇通知副本起1个月；其他争议需要自权利被侵害之日起3个月。但是法院可因正当理由延长时限。③

二是集体劳动争议可通过以下机构解决：当出现员工（或其代表）与雇主在工资、集体协议签订与执行等问题上的未解决分歧时，出现这种情况可以通过调解处理，由调解委员会进行调整，如果没有达成协议，可以向法院提起诉讼。法院可以进行裁决，法院对集体劳动争议的裁决具有强制执行力，未执行者需承担法律责任。④

---

① 参见《劳动法》第318条。

② 参见《劳动法》第381条。

③ 参见《劳动法》第382条。

④ 参见《劳动法》第397条。

（3）劳动监察

针对劳动监察，土库曼斯坦存在特别授权机构，即土库曼斯坦内阁授权的国家机构，负责监督所有企业、中央执行权力机关、地方权力机关和地方自治机构遵守劳动法、集体协议和劳动合同的情况。其具体权限包括监督宪法、劳动法、国际协议及集体合同的执行。调查生产事故，协调劳动保护培训。要求相关机构提供必要信息，并对违法行为实施制裁。①

《劳动法》第 404 条规定，工会也是通过技术和法律劳动监察机构行使监督权。并且地方当局和地方自治机构可以在其管辖范围内监督劳动法执行。工会及其技术和法律劳动监察员的具体权利包括：独立检查工作条件和安全状况。参与工伤事故调查；要求雇主暂停存在直接生命危险的工作；向雇主下达纠正违法行为的命令；参与劳动保护法规的制定。②

此外，《劳动法》第 182 条明确国家劳动保护管理机构（如土库曼斯坦劳动保障局）有权暂停违规企业的运行，并对责任人追责。第 178 条指出工会有权监督劳动保护措施的实施，并要求雇主整改。对于阻止劳动监察的行为，第 409 条还规定未支付工资、拖延发放就业记录簿或阻碍监察活动的行为需承担法律责任。

（三）效率

1. 劳动成本

（1）社会保险费用

土库曼斯坦的社会保障制度包括养老金、国家津贴等，社会保险费用是保障体系的核心组成部分，雇主需依法履行缴费责任。首先，土库曼斯坦《劳动法》规定，雇主有义务按照土库曼斯坦法律规定的程序为员工提供国家社会保险。主要指的是雇主需履行国家社会保险的缴纳义务，确保员工在养老、医疗、失业等领域的保障。需要注意的是，雇主根据土库曼斯坦法律向员工支付临时残疾津贴，此类津贴属于国家社会保险范畴，费用由雇主承担。③

第 175 条规定，高危行业的雇主必须为员工购买工业事故和职业病的强制人身保险，相关费用由雇主承担。第 288 条明确，使用雇佣劳动的个体雇主必须按照土库曼斯坦法律规定的程序和金额缴纳国家社会保险费及其他强

---

① 参见《劳动法》第 405 条。

② 参见《劳动法》第 406 条。

③ 参见《劳动法》第 154 条。

制性费用。

（2）加班费

加班的定义为超出正常工作时间的劳动，需经员工书面同意和工会意见。加班费按双倍工资支付，或可选择调休。[①]

（3）其他费用

此外，针对特殊情况，雇主需承担个人防护设备（如特殊服装、鞋类）的购置、清洗和维护费用。[②] 为从事有害工作的员工免费提供牛奶、医疗营养品等。[③] 并且第197条明确员工在工作场所生病的急救以及送医费用需要由雇主承担。差旅费用需要报销，包括交通费、住宿费和每日津贴。调职补偿涵盖搬迁费、安家补贴等。献血员工享有额外休息日及保留平均工资。

2. 就业限制成本

（1）解聘时间

根据土库曼斯坦《劳动法》第44条，企业清算或个体雇主终止活动、裁员，雇主需至少提前两个月书面通知员工。如果是员工资格不足导致解雇，需提前两周通知。固定期限劳动合同到期，需提前两周通知员工。若因员工严重违纪（如旷工、盗窃、违反劳动保护规定等）解雇，雇主需至少提前3个日历日通知员工。员工需提前两周以书面形式通知雇主终止劳动合同。经双方协议，可缩短或延长通知期。[④] 此外，第241条针对弱势群体也有相应的保护，例如，禁止雇主主动解雇孕妇及有未成年子女的妇女，除非企业清算或员工严重违纪。如果定期劳动合同到期但员工怀孕，合同需延长至妊娠结束。

（2）解聘费用

第54条规定，企业清算或裁员时，员工可获相当于月平均工资的遣散费，并保留平均工资至多2个月（特殊情况3个月）。但因健康原因解雇时，需支付两周平均工资的补偿。[⑤] 如果雇主主动解雇员工，则工资需在解雇当日或员工提出结算要求的次日支付完毕。若存在争议，雇主需先支付无争议部分的金额。第55条明确员工主动辞职，若员工提前通知，工资应于通知期满日支付；若未提前通知，工资应于离职次日支付。

---

① 参见《劳动法》第64条。

② 参见《劳动法》第188条。

③ 参见《劳动法》第189条。

④ 参见《劳动法》第41条。

⑤ 参见《劳动法》第49条。

3. 公共服务效率

（1）劳动争议解决时间

一是个人劳动争议解决时间。《劳动法》第 372 条规定，劳动争议委员会应在收到申请之日起 10 个日历日内审理个人劳动争议第 375 条明确委员会决议应在允许上诉的 10 个日历日到期后 3 个日历日内执行。如若向法院提起诉讼，第 382 条针对复职争议，需在收到解雇通知之日起 1 个月内提出。针对其他劳动争议：需自员工得知权利受侵犯之日起 3 个月内提出。针对经济损失争议：雇主需自发现损失之日起 1 年内提出。若因正当理由错过时限，法院或委员会可恢复时限。对于法院判决执行的时限，第 383 条指出，恢复工作或支付被迫缺勤工资的判决需立即执行。拖延执行时，雇主需支付拖延期间的平均工资或工资差额。

二是集体劳动争议解决时间。《劳动法》第 396 条规定，如果遇到集体劳动争议需要解决，调解委员会需在成立后 7 个工作日内审议争议，经双方同意可延长。若未达成协议，当事人可在调解终止后 10 天内向法院提起上诉。相应地，雇主需在收到员工要求后 3 个工作日内书面答复，工会要求需在收到后 1 个月内答复。①

（2）其他关键时限

《劳动法》第 375 条规定了劳动争议委员会证明有效期，员工需在收到证明后 3 个月内向法院提交执行。针对被迫旷工工资上限，第 385 条明确法院最多支持 1 年的被迫旷工工资补偿（第 385 条）。

（3）劳动争议解决成本

根据土库曼斯坦《劳动法》，有关劳动争议解决成本包括以下内容：第 389 条规定，员工因劳动争议向法院提起诉讼时，无须支付诉讼费。第 396 条规定，调解委员会成员在参与解决集体劳动争议期间脱离主要工作岗位，其平均工资由雇主承担。若雇主拖延执行法院关于恢复员工工作的裁决，第 383 条明确需支付拖延期间的平均工资或工资差额。第 343 条指出参与集体谈判的员工代表或专家产生的费用（如交通、住宿等）由邀请方承担，除非集体协议另有约定。

（四）评述

1. 具体挑战

第一，用工灵活性受限。一是劳动合同期限和试用期规定可能延长招聘

---

① 参见《劳动法》第 394 条。

周期，影响企业对市场变化的快速响应。二是对兼职和临时工的限制可能抑制灵活就业模式的发展。第二，法律执行与监管压力。一是工会和公共监督机构的广泛权力可能增加企业的合规压力，尤其在跨境投资中面临复杂的法律适应问题。二是对国际劳工的严格管理可能限制外国技术人才的引入。第三，特殊群体保护的双刃剑。对妇女和未成年人的保护措施（如禁止夜班、限制加班）虽保障了其权益，但也可能导致企业更倾向于雇佣男性或规避相关群体，加剧隐性歧视。

2. 完善建议

第一，加强法律执行与监管。设立独立劳动监察机构，定期抽查企业合规情况，严惩拖欠工资、违反安全标准等行为。推广劳动者权益教育，建立便捷的投诉渠道（如在线平台），提升维权意识。第二，推动职业技能培训。与企业和国际组织合作，开发面向数字经济、可再生能源、现代服务业等领域的职业培训项目。对青年和失业人员提供免费技能培训补贴，鼓励终身学习。通过立法鼓励职业培训、再教育和进修，为企业提供高素质劳动力创造了条件，同时也提升了个体劳动者的竞争力。第三，促进就业多样化。支持中小企业发展，通过税收减免、低息贷款等政策鼓励创业，创造更多本地就业岗位。推动农业现代化和旅游业发展，挖掘非能源产业的潜力。同时利用人工智能、自动化改变传统就业结构，需提前布局数字技能培训，培育IT、数据分析等新兴职业。此外，依托土库曼斯坦丰富的天然气资源，发展低碳技术和可再生能源产业，创造绿色就业机会。第四，优化社会保障体系。扩大社保覆盖面，将非正规就业者纳入养老保险和医疗保险体系。针对残疾人、单亲家庭等群体，设立专项就业扶持基金。对特殊群体（妇女、未成年人、残疾人）的保护（如产假、育儿假、缩短工时）增强了社会包容性，可能提升劳动力多样性和社会稳定性。

五、金融服务

金融服务通过优化金融目标、拓宽融资渠道等方式在企业运营和扩张中起到关键作用，拥有一个能够支持企业建设的金融服务体系，有助于保护消费者和投资者的相关权益。剖析土库曼斯坦的金融服务框架，强调其对营商环境的重要影响，为企业发展扫除资本障碍，对稳定企业经济意义重大。

（一）监管框架

1. 商业贷款

土库曼斯坦的企业、组织和个人，外国投资者、外商投资企业均可按规定申请贷款。银行提供货币贷款，承诺支付一定金额的货币，以换取归还已发放和未偿还金额及其利息或其他费用的权利，或延期支付贷款、发行担保、购买债务或获得指定金额的权利。[①]

在土库曼斯坦《企业法》中，第36条规定了关于商业贷款的具体内容：企业有权在土库曼斯坦的银行开设往来账户、货币账户和其他账户，以保存现金和进行各种结算、信贷和现金业务。而且企业须按土库曼斯坦立法要求全面遵守信贷协议与结算纪律。同时在《破产法》规定从事经营性和其他经济活动的主体宣告破产的条件和程序，规范了商业贷款违约后的债权人申请破产程序。第30条明确，保障商业贷款债权人通过债权人会议行使监督权，并明确商业贷款作为普通债权的清偿顺位。

《工商会法》中第11条提到土库曼斯坦境内及境外与法人和自然人进行的各类交易，包括对外贸易、信贷、票据、股票及其他有价证券交易。其中的“信贷”，是与商业贷款相关的权利，即工商会可代表会员进行信贷活动。

根据《外国投资法》，外国投资者可以通过发放外国贷款和信贷的形式进行投资，外国投资者在土库曼斯坦有权自行决定其拟建企业的规模、结构和资本组成。该法第1条明确规定，外国投资者有权通过直接购买财产或以股票、债券及其他有价证券形式购买财产，独立获得或在土库曼斯坦法人或自然人参与下获得土地使用权、土库曼斯坦境内自然资源利用租让权、其他财产权等。可以在土库曼斯坦企业部分参股、设立外商独资企业或者购买现有企业、购买动产和不动产（包括房屋、住宅、场地、设备、交通工具及土库曼斯坦法律允许的其他财产）等形式进行投资。第19条指出，被抵押的财产可由质权人以土库曼斯坦货币和外汇出售，包括通过拍卖出售给其他法人和自然人。

其中，对商业贷款进行了限制，《关于商业银行和银行活动》第7条规定，在土库曼斯坦境内，禁止在未获得土库曼斯坦中央银行颁发的许可证的情况下，接受法人和个人的现金存款或其他应付资金，并以自己的账户发放贷款。

以上规定旨在推动金融改革，鼓励私人创办小额融资机构，加强竞争，促使银行更加主动为经济发展服务。

2. 担保交易

质押是指为担保债权对容许转移于他人的动产和非物质利益设定负担，

---

① 参见《关于商业银行和银行活动》第1条。

债权人（质权人）由此有权请求以此等物的价值获得清偿。[①]《民法典》第267条规定，债权在质押产生时可以确定的，也可为将来的或附条件的债权设定质押。关于质押成立的条件，第268条规定，出质人和质权人可通过公证程序鉴证质押。在此等情形下，质押自被登记于公共登记簿时成立，无须移转对质物的占有，也无须告知其他债权人质押事宜。文书中应列明质权人、可能存在的第三人债务人、质权人的身份，所担保的债权和债权利益的金额，以及清偿期限。关于担保财产的清偿顺序和转移，第273条规定，债权同时由债务人和第三人的财产担保的，第三人可请求先以债务人的财产清偿债权，然后才以自己的财产清偿此等债权。第275条指出，移转占有的质押以移转占有担保的，质权人负有妥善维护质物的义务，并有权收取质物的孳息抵销被担保的债权。质权人可请求出质人赔偿所发生的相关必要费用。第282—285条中，关于质权的消灭方式，质押随主债权消灭；质权人放弃质权或返还质物导致质押消灭；质权与所有权混同时，质押消灭。

抵押指的是不动产可以此方式设定负担以担保债权，即授权为其利益而设定负担的人以该物的价值满足自己的债权。《民法典》第300条，不动产可以此方式设定负担以担保债权，即授权为其利益而设定负担的人以该物的价值满足自己的债权（抵押）。第301条，为担保债权，在数个物上设定抵押（共同抵押）的，可就任何一物主张完全清偿。债权人可选择以各具体物之全部或部分获偿。第303条是对抵押登记程序及信用抵押的特殊规定，抵押债权人的权利仅由被担保债权的内容来确定，而此债权人不能援引登记来证明其债权存在。此等抵押以

信用抵押加以登记。为大额债权设定的抵押仅限于信用抵押。《民法典》第308条，抵押物维护义务及风险应对措施。明确约定所有人负有不得转让、使用或以其他方式为不动产设定负担之义务的协议无效。

3. 电子支付

土库曼斯坦已引入非接触式银行卡支付技术，人民银行开发出手机“数字卡”软件，将推出通过NFC和二维码技术进行非接触式支付的服务，未来这类支付方式会更加普及，应用场景不断拓展，如在零售、交通、餐饮等领域广泛应用，提高支付的便捷性和效率。

同时，土库曼斯坦计划成立数字银行，专门提供网上银行、手机银行等远程数字化服务。未来数字银行服务将更加多元化，除了基本的账户管理、转账汇款、支付缴费等功能外，还可能提供个性化的金融产品和服务，如智

---

① 参见《民法典》第267条。

能理财建议、定制化贷款方案等。目前土库曼斯坦已有多种移动支付应用程序，如 Senagat töleg 移动支付应用程序等。随着智能手机的普及和移动网络的发展，未来会有更多的银行和金融机构推出自己的移动支付应用，并且功能会不断完善，用户数量也将持续增加。

随着土库曼斯坦与其他国家经济贸易往来的增加，跨境电子支付合作将不断加强。积极发展 Visa 和 Mastercard 等国际支付系统，与周边国家和贸易伙伴建立跨境支付清算机制，简化跨境支付流程，降低手续费，提高跨境支付的效率和便利性，未来可能会接入更多的国际支付网络，方便跨境交易和国际业务往来，提升其在全球金融市场的参与度和影响力。

4. 绿色融资

2021 年 3 月颁布的《可再生能源法》规定，为鼓励和支持可再生能源生产和使用，国家会在银行贷款、土地使用、设备进口关税等方面给予优惠，并提供国家补贴。这为相关绿色项目的融资创造了有利条件，降低了融资成本，提高了项目的吸引力。

土库曼斯坦与阿斯塔纳国际金融中心绿色金融中心就绿色金融领域的双边合作进行了探讨，内容涉及专家交流、为阿尔卡达格市符合绿色城市和智慧城市标准制定特殊证书等，还讨论了吸引私人投资用于咸海地区海岸绿化和生态旅游发展等问题。这表明土库曼斯坦在绿色金融产品和服务方面有潜在的探索意向，未来可能会借鉴国际经验，开发出适合本国的绿色金融产品，如绿色债券、绿色贷款等，以满足绿色项目的融资需求。

亚洲开发银行根据与土库曼斯坦签订的《2024—2028 年新伙伴关系战略》，计划支持土库曼斯坦关键行业的绿色转型，特别关注能源、交通、农业等领域及城市基础设施减排和去碳化。具体包括加大对土国家电网的支持，提高其效率和气候适应能力，为改善电网和提高土电力出口能力提供资金支持；与土能源部合作对天然气发电厂进行现代化改造，增加可再生能源的比例；支持开发太阳能和风能以及运输网络电气化的项目等。

（二）公共服务

1. 征信机构的运作

土库曼斯坦中央银行作为银行主管机构，在维护金融稳定、监管金融机构过程中，掌握金融机构信用状况信息，其也可能了解企业和个人的基本金融信用情况。虽没有专门的征信服务，但它可通过制定货币政策、监管金融机构信贷行为等方式，间接影响金融市场的信用环境，进而影响企业和个人的融资可得性与成本。例如，中央银行可通过调整利率、准备金率等手段，控制信贷规模和流向，引导金融机构向信用良好的企业和个人提供贷款。

例如，《中央银行法》第 46 条规定，土库曼斯坦中央银行是银行监管机构，对在土库曼斯坦境内注册的信贷机构的活动进行银行监管。银行监管的目标是维护土库曼斯坦银行系统的稳定，保护存款人和债权人的利益，确保遵守土库曼斯坦的法律。土库曼斯坦中央银行无权干预信贷机构的经营活动，但土库曼斯坦法律规定的情况除外。第 47 条指出，土库曼斯坦中央银行应对信贷机构的活动进行检查，以实施银行监管。如果发现贷款机构的活动中存在违规行为，土库曼斯坦中央银行应向其发送具有约束力的指示，以消除所揭露的违规行为，并对其实施本法规定的制裁。检查可由土库曼斯坦中央银行银行监管局及其领土服务机构进行。

此外，世界银行与土库曼斯坦合作，实施了一些与征信体系建设相关的项目，如支持银行业务模式改革和公司治理、开发信用报告系统、进行国家洗钱和恐怖融资风险评估等。这些项目有助于提升土库曼斯坦的信用环境和金融体系的稳定性，为企业和个人提供更好的融资条件。例如，信用报告系统的开发可以帮助金融机构更准确地评估客户的信用风险，从而提高信贷审批的效率和准确性，使企业和个人更容易获得合理的贷款。

2. 担保机构运作

关于土库曼斯坦涉及不动产抵押担保的，可能需要到当地的不动产登记部门办理登记手续，以确保担保的有效性和对抗第三人的效力。对于动产担保，可能涉及工商行政管理部门或相关的动产登记机构，对动产的抵押、质押等担保情况进行登记。例如，不动产登记担保登记范围主要包括：负责土地、房产等不动产的担保登记。在土库曼斯坦，当不动产被用于抵押担保时，抵押人和抵押权人需要到不动产登记部门办理登记手续，以确立抵押权的合法性和优先受偿权。登记流程分为，当事人需提交不动产产权证书、抵押合同等相关文件，不动产登记部门对文件进行审核，核实不动产的产权状况和抵押合同的条款是否符合法律要求。审核通过后，将在不动产登记簿上记载抵押担保的相关信息，如抵押权人、抵押金额、担保范围等，并向抵押权人颁发他项权利证书，作为其享有抵押权的法律凭证。同时，登记部门会将登记信息进行存档和公示，以保障交易的透明度和安全性。

（三）效率

1. 金融服务获取的时间

中央银行主导下，贷款审批需经过多层行政审核，尤其是涉及政府关联项目或大额贷款时，流程可能长达 3—6 个月，若贷款涉及国家战略项目或需要政府担保（如能源、基建领域），需额外等待内阁或财政部批准，时间可能延长至6个月以上，由国际金融机构支持的贷款项目，需符合国际标准的风控流程，时间可能更长（6—12个月）；涉及抵押物评估时，实物抵押（如房产、设备）需经政府认证的评估机构核定价值，评估周期通常为1—2个月。关于中小企业与个人贷款，由于依赖人工审核和抵押物核查，小型贷款审批通常需1—3个月。

2. 金融服务获取的成本

土库曼斯坦央行设定基准利率，目前维持在约5%—8%（具体因贷款类型和期限而异），但实际执行中可能因行政干预或隐性费用抬高成本。第三方担保（如国有企业或政府机构）可能要求支付担保费（约为贷款金额的1%—3%），抵押物评估费、合同公证费等附加成本约占贷款金额的0.5%—2%。银行通常要求抵押物价值覆盖贷款金额的100%—150%，尤其是对私营企业或个人。抵押物流动性差（如不动产）可能导致资产折价处置，变相增加融资成本。

在《民法典》中，依当事人协议，贷款利率可采用固定利率或浮动利率。协议约定采用浮动利率且贷款人可以确定利率的，他有义务公平确定利率。贷款人须依市场利率升降对信贷利率做相应的增减。信贷利率的变动应与土库曼斯坦中央银行确定的贴现率保持一致。在订立信贷合同时，须确定利率的增减幅度及利率变动的最短间隔期间。贷款人有义务以可接受的方式向借款人告知信贷利率。未约定信贷年利率的，仅可使用法定年利率。在计算年利率时未将支出的费用计入的，则不应补偿这类费用。[①] 借款人迟延偿还银行信贷合同规定款项的，延期偿付款项应加付同期土库曼斯坦中央银行贴现费的3%。贷款人因借款人迟延偿还而终止合同的，有权请求法定利息税。本规则可用于贷款人或借款人在具体情形中证明存在更重或更轻损失的权利。[②]

（四）评述

1. 具体挑战

第一，债权回收风险。金融机构可能因优先顺位较多而面临较低的债权回收率，尤其是当企业资产不足以覆盖全部优先债务时，普通债权（包括金融机构的无担保贷款）可能无法全额回收。国有企业对划拨财产仅有有限处分权，国家有权力直接干预管理。这样会导致的结果是削弱市场化经营效率，

① 参见《民法典》第907条。

② 参见《民法典》第908条。

导致债务积累。此外，国家对国有企业债务的隐性担保可能扭曲金融市场风险定价。第二，企业合规与监管风险。若企业注册资本不足或未按时缴纳，可能导致财务基础薄弱，增加违约风险。此外，注册资本与净资产挂钩的要求可能迫使企业因资本不足而被迫清算。企业需承担较高的合规成本（如许可证申请、国家定价限制），可能压缩利润空间，影响偿债能力。第三，现行法律没有明确涵盖金融科技（如数字货币、区块链）的监管框架。所以新兴技术可能引发操作风险（如网络安全漏洞）和合规风险（如反洗钱监管不足），传统金融机构在数字化转型中可能面临适应性障碍。

2. 完善建议

第一，推动金融市场化改革。一是放宽外资准入。在银行业、保险业等领域引入外资机构，通过合资或独资形式提升竞争力和服务水平。二是发展资本市场。鼓励企业通过股份公司形式融资，完善证券交易市场，推动债券和股票发行。三是利率市场化。逐步放松利率管制，增强金融机构的自主定价能力。第二，加强金融监管与风险防控。一是完善征信体系。建立覆盖企业和个人的信用数据库，降低信贷风险。二是强化破产机制执行。优化破产清算流程，确保债权人权益，同时设立金融破产专门法庭以提高效率。三是引入国际监管标准。借鉴巴塞尔协议等国际规则，提升银行资本充足率和风险管理水平。第三，促进金融科技发展。一是数字化支付系统。推广电子支付和移动银行，减少现金依赖，提升金融包容性。二是区块链技术应用。在贸易融资、跨境支付等领域试点区块链，提高透明度和效率。三是监管沙盒机制。为金融科技创新提供试验空间，平衡创新与风险。第四，支持中小企业融资。一是设立政策性担保基金：为中小企业贷款提供信用担保，降低金融机构风险。二是参与中亚地区金融合作，获取技术支持和资金援助，推动跨境结算便利化和货币互换协议。

六、税收法律与政策

税收是国家财政收入的主要来源，也是维护经济社会秩序稳定的重要前提。税收环境的优化对于提升营商环境至关重要，直接影响着企业的运行成本和经济效益。税收实体和税收程序共同构成了税收的基本体系，围绕此结构，土库曼斯坦关于税收指标的营商环境评估也由此展开。

（一）监管框架

1. 税收法律体系

土库曼斯坦实行复税制，土库曼斯坦现行的税收体系由 7 种不同的税收与地方收费组成。7种不同税收包括：增值税：涵盖境内销售商品、土建工程及劳务服务的实体及个人；消费税：针对境内生产或进口应税消费品（如酒类、汽油、烟草等）；矿产使用税：适用于资源开采及地下水利用活动主体；财产税；法人利润（所得）税；个人所得税；关税。地方收费包括：广告费、城乡土地建设费、停车场经营费等5类。

2. 主要税种分析

（1）主要税种与税率

第一，增值税。增值税的纳税人包括在土库曼斯坦境内销售商品、开展土建安装工作、提供劳务等从事应税业务的企业、单位、个体经营者和其他个人。依据土库曼斯坦《油气资源法》从事石油工程业务的承包商、分包商、私营企业以及适用“简化税收制度”（即领取专营许可证、从事土内阁颁布的经营活动清单中列明的业务）的个体经营者不在纳税人之列。对商品销售、工程、劳务提供征收15%的增值税。对出口自产非战略资源性产品（包括农产品，但不包括石油、天然气、棉花及其加工产品）、从事国际客货运输的不征收增值税。

第二，消费税。消费税的纳税人包括在土库曼斯坦境内生产和进口应税消费品的各类企业、单位、个体经营者和其他个人。从事来料加工业务的消费税商品生产者亦为消费税纳税人。预算机构、依据土库曼斯坦《油气资源法》从事石油工程业务的承包商和分包商不在纳税人之列。其中，针对境内生产产品主要税率包括啤酒24%，葡萄酒、烈性酒等含酒精饮料及除麦芽汁以外的酿酒原料31%—61%，汽油、柴油40%。针对进口产品主要税率包括啤酒73%，葡萄酒及其他含酒精饮料133%，烟草制品74%且每盒不低于3美元，工业加工烟草及替代品15.6美元/公斤，非特殊用途的小轿车：按发动机排量0.3美元/毫升。

第三，矿产使用税。矿产使用税的纳税人包括在土库曼斯坦境内从事矿产开采以及以提取化学元素及化合物为目的开展地下（地上）水资源开采和利用活动的各类企业、单位、个体经营者和其他个人。依据土库曼斯坦《油气资源法》从事石油工程业务的承包商和分包商不在纳税人之列。征计税依据：油气资源（原油、天然气、伴生气）以销售价格（不含增值税）为基数；其他矿产以销售利润为基数。税率基本情况为，对于油气资源，其税率分别为：天然气和伴生气的税率为22%；原油的税率为10%，对于其他地下资源。根据利润率的不同税率为50%。

第四，财产税。财产税纳税人包括拥有财产所有权的企业、单位。在纳税人将财产租赁给其他人时，承租者将成为纳税人。征计税依据数的计算方法根据征税期限不同而各不相同。征税期限一般分为：一季度、半年、九个月、全年，相应的征计税依据数计算方法分别为：征税对象在该期限内剩余价值总和的1/4、1/7、1/10和1/13。财产税的税率为1%。

第五，法人利润税。法人利润税纳税人包括土库曼斯坦本国企业以及在土库曼斯坦通过设立长期经营场所（工厂、商店等）开展活动或有收入来源的外国企业。纳税人来源于土库曼斯坦境内、境外的生产、经营利润和其他利润，都应当依法缴纳法人利润税。法人利润税以应纳税利润额为计税依据。纳税人每个纳税年度的收入总额减去准予扣除项目之后的余额，为应纳税利润额。其中，土国居民企业（国有企业和按照土国《油气资源法》开展业务的企业除外）的税率为8%；其对企业的税率为20%；企业由于参股其他企业获得的股息和其他所得的税率为15%；对于按照土国《国家中小型企业扶持法》的规定属于中小型企业的私有制企业（按照《油气资源法》规定开展业务的单位除外）所取得的所得的税率为2%。

第六，个人所得税。个人所得税纳税人为在土定居、并有收入来源的土库曼斯坦公民和外国公民。应税项目是土库曼斯坦公民和在土常驻1年中超过183天在土库曼斯坦停留的外国公民的全部收入（与来源无关）。土国个人所得税的税率分为两种，即基本税率和特殊税率。其中，基本税率是指对纳税人所取得的、除赌博业收入之外的其他税收，统一采用10%的比例税率计算应纳税款。特殊税率是指对通过人从事赌博业所取得的收入，按照法人利润税对企业从事赌博业所取得收入的税率规定执行。①

第七，对于赌博活动的所得，法律规定每台游戏机，每日税率为30马纳特；每张牌桌，每日税率为370马纳特；每个座位每日的税率为7马纳特，或者每平方米赌场每日的税率为3马纳特，或者每个收款台每日的税率为38马纳特。如果某些赌博可适用不同的税率，在计算法人利润税时，应当采用可使税款金额最大的税率。②

第八，地方收费，主要包括5项。分别为：①广告费。缴费人为发布商业性广告的企业、单位和个人，不包括依据土库曼斯坦《油气资源法》开展业务的企业。费率为：阿什哈巴德市5%；各州中心城市4%；其他居民区为3%。③ ②城乡土地建设专项收费。缴费人为各类企业，个体经营者和其他个人。费率为：个体经营者费率为商品（工程、服务）不含增值税的销售总额的0.3%，但不得低于每月2马纳特；其他个人费率为每月2马纳特；农业企

---

① 参见《税法典》第192条。
② 参见《税法典》第172条。
③ 参见《税法典》第201条。

业费率为法人利润税金额的 0.5%，其他企业费率为法人利润税金额的 1%。[①] ③停车场经营收费。缴费人为将其名下地皮作为停车场使用的个体经营者和企业。费率为：阿什哈巴德市 1.5 纳特；各州中心城市、土库曼巴什市和阿巴丹市 1.2 马纳特；其他居民点 0.9 马纳特。[②] ④汽车销售收费。缴费人为在土境内出售汽车的企业和个人。依据土库曼斯坦《油气资源法》开展业务的承包商和分包商（法人）不在缴费人之列。费率：货车为土国法定最低工资额的 8 倍，公共汽车为土国法定最低工资额的 5 倍；小轿车为土国法定最低工资额的 6 倍。[③] ⑤养犬税。缴费人为居住在城市中的个人养犬者（公用犬养护者除外）。税率为土国法定最低工资额的 0.4 倍。[④]

第九，关税。海关对于进出口货物应当征收海关费。海关费包括进口关税、出口关税、税收和海关手续费四种。海关费依据土库曼斯坦的法律规定征收。[⑤] 关税的税额应当按照《对外经济活动商品名录》中的商品名称和类别和海关机构接受报关单之日的税率来计算。[⑥]

（二）公共服务

1. 税收管理数字化

土库曼斯坦税务机关包括土库曼斯坦财政经济部税务局及其在各州、市和区的分支机构。税务机关行使税法授予的职能，在职权范围内按照税法和土库曼斯坦其他法规开展工作。[⑦]

（1）在电子税务系统方面，据报道称，土库曼斯坦税务总局、经济与财政部下属部门的税收文件处理过程实现电子化，电子化税务系统根据《土库曼斯坦 2019—2025 年数字经济发展构想》研制，目的是优化税收活动。

（2）在电子申报系统方面，部分企业（尤其是外资或大型国企）可通过税务部门提供的平台进行电子申报，但普及率有限。同时政府计划在油气等重点行业试点电子发票系统，以减少逃税并提高效率。税务部门建立了基础的纳税人信息数据库，

（3）引入数字化会计制度。2020 年土库曼斯坦通过了关于信息资料、电

---

① 参见《税法典》第 207 条。
② 参见《税法典》第 210 条。
③ 参见《税法典》第 216 条。
④ 参见《税法典》第 220 条。
⑤ 参见《海关法》第 256 条。
⑥ 参见《海关法》第 270 条。
⑦ 参见国家税务总局国际税务司国别投资税收指南课题组编：《中国居民赴土库曼斯坦投资税收指南》。

子文件、数字化服务的法律，规范了电子资料使用方式，为数字化会计制度提供了法律基础，使得企业会计相关的政府备案等工作逐步实现线上化。如企业、投资项目的政府备案，以及公司名称注册、登记或改动等手续，从部分线上办理向全部在线上进行推进，并且采取全自动处理模式。计划引入数字化会计制度，这将有助于提高企业的财务管理效率，同时，也便于税务机关对企业财务数据的监控和管理。

2. 税务检查

（1）室内检查。税务机关依据纳税人提交的纳税申报表、财务报告及其他税务文件，结合自有资料，在办公场所内开展检查；检查须在纳税人提交文件后30日内由税务人员直接执行，无须上级专门批准。若发现资料错误或矛盾，税务机关应通知纳税人限期改正；对导致应缴税款减少的错误，检查人员需制作税务检查报告并签署，经机关负责人确认后生效，报告格式由土库曼斯坦国家税务总局统一规定。此类少缴情形不触发处罚，但若检查核定的税款金额与纳税人自行申报金额不符，税务机关将发出税务通知书明确补缴金额。

（2）现场检查。现场检查须凭税务局局长签发的、格式经国家税务总局核准的决定书启动，税务机关需向纳税人出示原件。一般需提前5个工作日通知，但存在逃税证据时可免除通知；检查时间限定在纳税申报期限确定后，通常于税款缴纳期结束后进行，其间禁止修改受查文件，期限最长2个月。检查中若发现税务违法，税务人员可要求提交认证文件副本或查封原件，查封需法人代表、自然人或代理人在场并制作笔录，文件最迟1年后返还。检查结束后须编制报告，载明违法事实、结论、建议及责任条款，纳税人可在3个工作日内查阅并签字确认。

3. 争议解决机制

（1）行政复议。纳税人对税务机关的决定不服时，可以向税务机关的上级部门申请行政复议。

（2）司法诉讼。纳税人也可以向法院提起诉讼，通过司法途径解决争议。

（3）国际仲裁。在涉及国际税收协定的争议中，纳税人可以依据相关协定申请国际仲裁。

（三）效率

1. 遵从税收规则的时间

根据规定申报缴纳税费的时间因税种不同而各有差异，关于增值税和消费税的申报，需在每月 20 日前申报和缴纳。关于矿产使用税和财产税的申报，需每季度第一个月 20 日前申报和缴纳。关于企业利润税的申报，每季度第一个月 25 日前申报和缴纳。年度报告期结束后（如第一季度、上半年、9 个月和纳税年度），在提交报税单后 5 日内缴纳。

2. 税收成本

（1）时间成本

在税务检查时间方面，原则上，在纳税人提交报税单和作为计税和缴税依据的文件后 30 日内完成，一般不超过 2 个月。在特殊情况下，上级税务机关可以延长必要的审查时间，但最长不得超过 1 年。

在争议解决时间方面，行政复议和司法诉讼的时间取决于具体案件的复杂程度和税务机关或法院的处理效率。一般来说，简单的争议可能在几个月内解决，而复杂的案件可能需要更长时间。

（2）经济成本

在滞纳金方面，对于未按时缴纳的税款，每逾期 1 天按未缴纳税款的 0.03%计算滞纳金。

在罚款方面，因减少计税依据或其他非法行为导致税款金额降低的，罚款为少缴税款金额的 40%。对于超过报税单提交期限 90 日仍未提交报税单的行为，也适用相同的处罚标准。在法律费用方面，纳税人可能需要聘请律师或税务顾问来处理争议，这会产生额外的法律费用。具体费用取决于案件的复杂程度和律师的收费标准。在律师费用方面，纳税人需要聘请律师或税务顾问来处理争议，这会产生一定的法律费用。具体费用因律师的经验和案件的复杂程度而异。在国际仲裁费用方面，在涉及国际税收协定的争议中，纳税人可能需要申请国际仲裁，这会带来额外的仲裁费用和法律费用。

（四）评述

1. 具体挑战

第一，经济形势影响。土库曼斯坦经济受国际油气价格波动等因素影响较大，经济增速放缓，导致税收收入减少，影响政府财政收入和公共服务提供能力。第二，政策变化较快：税收政策变化较快，企业需要不断适应新政策，增加了企业的税务管理难度和成本。第三，法律法规透明度和稳定性不足：土库曼斯坦法律法规变化较大且不可预见因素较多，规则不够明确，企业面临政策不确定性带来的风险。第四，税收争议解决难度较大：税法中部分条款弹性空间较大，税务机关具有较大的自由裁量权，容易产生税收争议。一旦出具税务检查报告，税收处理结果将无法更改，增加了企业的税务风险。

第五，国际税收协定的复杂性：在涉及国际税收协定的争议中，企业可能需要申请国际仲裁，这会带来额外的仲裁费用和法律费用，增加了企业的负担。

2. 完善建议

第一，优化税收结构。一是降低对油气资源的依赖。土库曼斯坦经济对油气资源的依赖较大，这使得税收收入容易受到国际油气价格波动的影响。建议通过税收政策引导资源向高附加值产业流动，如制造业、服务业和高科技产业，以促进经济多元化发展。二是提高其他产业的税收贡献率。通过税收优惠政策鼓励投资于其他产业，如农业、旅游业和信息技术产业，逐步提高这些产业的税收贡献率，降低对油气资源的过度依赖。第二，提高税收政策的稳定性。一是减少政策变动频率。频繁的政策变动会增加企业的税务管理难度和成本，建议保持税收政策的相对稳定，为投资者提供明确的政策预期。二是加强政策宣传和解读。通过多种渠道加强对税收政策的宣传和解读，确保企业和个人能够及时了解和适应新的税收政策，减少因政策不明确带来的税务风险。第三，完善税法的透明度和稳定性。一是减少税务机关的自由裁量权。通过明确税法条款，减少税务机关的自由裁量权，降低税收争议的风险。二是提高税法的透明度。定期发布税法解释和指导文件，确保企业和个人能够清晰理解税法的具体要求，减少因税法不透明带来的不确定性。第四，加强税收管理的数字化建设。一是提高税收征管效率。加快税收管理数字化进程，利用现代信息技术提高税收征管的效率和透明度，减少人工操作的错误和遗漏。二是降低企业的税务遵从成本。通过电子化税务系统，简化纳税申报和缴纳流程，降低企业的税务遵从成本，提高企业的纳税积极性。三是与其他国家在税收领域的合作与交流不断加强，借鉴国际先进经验，完善税收法律制度，提高税收管理水平。第五，完善税收争议解决机制。一是提高争议解决的效率和公正性。建立更加高效和公正的税收争议解决机制，确保企业和个人能够及时解决税务争议，维护其合法权益。二是加强国际税收协定的执行。在涉及国际税收协定的争议中，加强与相关国家的合作，确保国际税收协定的顺利执行，减少企业的国际税收风险。三是签订更多税收协定。随着经济的国际化，建议土库曼斯坦与更多国家签订避免双重征税协定，为跨国企业提供更加有利的税收环境。

七、商业纠纷解决

推动涉企矛盾纠纷多元化解决是优化营商环境的重要一环，其中，包括诉讼程序的跟进、纠纷解决方式的择取以及纠纷解决质量的考量。健全的争议解决机制为及时且合法地解决争议奠定了基础，有鉴于此，关注土库曼斯坦的争议解决成效是落实营商环境优化的关键所在。

（一）监管框架

1. 诉讼程序

根据《外国投资法》，外国投资者与土库曼斯坦自然人或法人之间的投资争议原则上由土库曼斯坦法院管辖，但争议各方可协商选择第三国法院。

依据土库曼斯坦《民法典》及《民事诉讼法》的相关规定，诉讼程序始于原告向法院提交起诉状。法院在受理案件后，会向被告发送传票。在商业诉讼中，被告需在收到传票后的两周内准备并提交答辩材料，涵盖证据、反诉请求及答辩意见等。值得注意的是，商业案件的诉讼费用通常不予退还。若初审败诉，当事人有权以书面形式提出上诉，并可以提交新的证据以支持其主张。上诉法院将基于这些新材料重新审理案件。

土库曼斯坦的司法体系由三级法院构成：地区初审法院、上诉法院（包括最高经济法院和省级法院）以及最高法院。商业诉讼的审理过程通常遵循公开原则，但在涉及商业秘密或保密信息的特定案件中，法院有权决定进行非公开审理。

2. 仲裁救济

受到公正性和效率的双重影响，外国投资者通常更喜欢仲裁而不是国内的司法系统。因此，将仲裁纳入土库曼斯坦的法律框架内对吸引外国投资者至关重要。土库曼斯坦政府已经认识到这些方法的重要性，倡导在经济和民事纠纷中选择仲裁的方式，以促进合作的商业环境。

（1）仲裁法的渊源

土库曼斯坦仲裁法的主体由许多来源构成。土库曼斯坦仲裁的法律框架主要由该国签署的几项关键立法法案、国际条约和公约建立。该框架的基石是2014年通过的《国际商事仲裁法》，该法与《联合国国际贸易法委员会国际商事仲裁示范法》中概述的原则密切相关。这种一致性表明土库曼斯坦致力于促进符合国际公认标准和实践的现代仲裁环境。土库曼斯坦国内仲裁的主要法律依据是《仲裁程序法》《国际商事仲裁法》。当事人可自由选择与仲裁协议有关的任何法律。没有明确法律的情况下，法院有权决定仲裁应使用的法律。此外，《工商会法》为工商会活动建立了国际商业仲裁机构，该法第16条明确，工商会下设仲裁机构，该机构基于当事人协议，依照土库曼斯坦法律、跨国协定及土库曼斯坦参与的国际条约，解决因履行外贸合同、其他国际经济与科技合作产生的合同争议及其他民事法律关系纠纷。

除国内立法外，土库曼斯坦还是多个国际条约的成员国，这些条约进一步加强了其仲裁框架。值得注意的是，该国是《承认及执行外国仲裁裁决纽约公约》的缔约国，该公约在确保外国仲裁裁决在其管辖范围内得到承认和执行方面发挥着至关重要的作用。土库曼斯坦的加入意义重大，因为它为国际投资者和企业提供了安全可靠的途径，增强了土库曼斯坦作为投资目的地的吸引力。

此外，土库曼斯坦已采取措施，通过各种修订实现其仲裁法的现代化，旨在提高仲裁程序的效率和透明度。最近的发展包括建立综合仲裁机构，为及时解决争议提供了一个结构化的机制。这些举措反映了政府的意图，即增强外国投资者的信心，同时培育有利于国际贸易的环境。

总体而言，土库曼斯坦健全的仲裁法律框架通过为国内和外国实体提供明确的指导方针和保护来支持仲裁实践。该框架不仅涉及仲裁的程序方面，还整合了国际规范，从而塑造了该国日益增长的争议解决格局。随着仲裁在各个领域继续发挥关键作用，这些法律结构对于维持土库曼斯坦的经济发展和国际关系仍然至关重要。[①]

（2）仲裁程序

土库曼斯坦的仲裁程序在结构化框架下进行，旨在为商业争议提供有效的解决方案。这个过程通常从启动仲裁开始，当相关各方已有预先存在的仲裁协议或他们共同同意将争议提交仲裁时，就会启动仲裁。

①提交仲裁请求。

第一步包括提交仲裁请求，并附上支持索赔和仲裁协议的基本文件。

②仲裁员的选择。

当事人有权选择他们的仲裁员，这可能涉及选择具有与争议相关的专业知识的个人。土库曼斯坦的仲裁法允许国内和国际仲裁员，从而为诉讼程序引入了多种观点和见解。如果当事人未能就仲裁员达成一致，土库曼斯坦相关仲裁机构（如工商会）提供的缺席机制将为仲裁员的指定提供便利。

③听证程序。

这是仲裁程序不可或缺的一部分。与传统的法庭程序不同，仲裁听证会通常更加灵活和保密，使当事人能够以符合其偏好和策略的方式提供证据、传唤证人和阐明他们的论点。仲裁员监督程序，确保在指导听证会流程的同时遵守既定规则。

---

① The Role of Arbitration and Mediation in Turkmenistan：A Comprehensive Overview - https：//generisonline. com/the-role-of-arbitration-and-mediation-in-turkmenistan-a-comprehensive-overview/ - Generis Global Legal Services - Accessed on：March 2，2025.

④仲裁裁决。

仲裁裁决的发布标志着仲裁程序的结束。该裁决是仲裁员为解决争议而做出的具有约束力的决定，根据土库曼斯坦法律和承认仲裁裁决有效性的司法管辖区，该裁决可执行。裁决应以所陈述的事实和适用法律为基础，为相关方提供明确的解决方案。因此，土库曼斯坦的仲裁程序包括一系列明确定义的步骤，这些步骤维护公平和效率的原则。

仲裁裁决在土库曼斯坦的可执行性是其法律框架的一个关键方面，确保各方可以依赖仲裁作为可行的争议解决机制。在国内范围内，该国的法律环境受《仲裁程序法》管辖，该法概述了仲裁程序，并专门解决了仲裁裁决的承认和执行问题。该法律有助于为土库曼斯坦司法系统内如何处理仲裁裁决提供结构化的方法。

（3）国际仲裁

与国内仲裁相比，国际仲裁裁决也受特定法律规定的约束。土库曼斯坦是《承认及执行外国仲裁裁决纽约公约》的签署国。该国际条约要求其缔约国承认和执行在其他司法管辖区作出的仲裁裁决，从而提高国际裁决在土库曼斯坦的可执行性可信度。遵守该公约为外国投资者和国际当事人建立了有利的环境，使他们对通过仲裁解决争议有更大的信心。在某些情况下，如果仲裁裁决与当地公共政策相冲突，国内法院可能倾向于不承认仲裁裁决。因此，法律文书的适用对于应对这些挑战和确保国内和国际仲裁裁决的可执行仍然至关重要。

同时，根据《解决国家与他国国民间投资争端公约》（ICSID）的争端解决机制，首先，当事人需向 ICSID 秘书长正式提交仲裁申请；随后进入仲裁庭组建阶段，双方可协商选择独任仲裁员或 3 名仲裁员组成的仲裁庭。若选择三人制，双方各指定一名仲裁员，并由其共同推举第三位仲裁员；若在秘书长发出仲裁登记通知后 90 日内未达成一致，则由 ICSID 主席直接指定未选定的仲裁员，且所有仲裁员不得为争议当事国的国民。最后，争议双方可自主约定仲裁适用的法律，若未明确选择，则依据国际私法中的冲突规范确定准据法。以上流程体现了 ICSID 机制对当事人意思自治的尊重与程序效率的平衡。

总体而言，虽然土库曼斯坦已表明致力于建立支持仲裁裁决可执行性的监管框架，但有必要持续努力提高其司法机构和整个法律界对这些法律规定的理解和统一适用。[1]

3. 调解机制

（1）调解框架

土库曼斯坦调解的法律框架主要是通过一系列旨在推广这种替代性争议解决方法的法律和政府举措建立的。关于调解最重要的法律文件是《民事诉讼法》，其中包括管理调解过程的具体规定。该准则概述了程序、调解员的角色以及调解协议的约束性质，从而提供了一种无须诉诸传统诉讼即可解决争议的结构化方法。对于土库曼斯坦，法律承认调解协议效力，但缺乏专门立法。实践中国际调解机构（如 ICC 国际调解院）更受外资信任。

（2）土库曼斯坦调解程序

土库曼斯坦的调解程序是一种结构化的合作方式，旨在友好地解决争议。首先，相关各方必须达成协议才能进行调解。这是关键的第一步，表明他们愿意合作解决分歧，而不是诉诸诉讼。该协议通常概述调解的范围、要解决的问题以及对保密性的期望，这是调解过程的一个基本方面。

一旦达成调解协议，就会任命一名调解员。调解人的角色至关重要；他们充当中立的促进者，确保所有各方在整个讨论过程中都有平等的声音。调解员应具备较强的沟通技巧、同理心和对调解过程的透彻理解。他们的目标是引导各方确定他们的利益并探索潜在的解决方案，而不将任何决定强加给他们。

调解中的谈判阶段的特点是公开对话。在这个阶段，各方表达他们的观点、需求和担忧，而调解员则努力促进理解和合作。有效的调解需要灵活性和创造力，因为调解员可能会采用各种技巧来帮助各方集思广益，以解决各自利益的可能妥协方案。一旦争议各方就具体问题达成共识，调解员就会协助他们最终确定协议。这个重要的高潮阶段包括起草一份书面文件，其中包含商定的条款和条件。此类文档是必不可少的，因为它提供了清晰度，并作为所有参与者前进的参考点。因此，调解过程体现了一种建设性的冲突解决方法，鼓励各方共同努力，共同满足他们的需要，最终促进社区内的和谐。

---

① 参见本书编委会编：《企业对外投资国别（地区）营商环境指南：土库曼斯坦（2021）》，载中国国际贸易促进委员会网，http://www.ccpic.org/，2025 年 2 月 13 日访问。

（二）公共服务

1. 法院系统

土库曼斯坦的法院系统呈现出多层次的结构，涵盖最高法院、最高经济法院、军事法院以及其他各级法院。最高法院处于整个法院体系的顶端，由法院院长及21名陪审法官组成。其主要职责在于对具有全国性重要意义的案件进行审理，从宏观层面维护国家法律的统一适用和司法权威。在涉及重大经济纠纷、复杂的刑事犯罪或具有广泛社会影响的民事案件时，最高法院的裁决能够为全国各级法院提供审判指引，确保法律实施的一致性和公正性。虽然《宪法》规定法官任期为5年，但在实际操作中，法官的任职期限可能会有所延长。

在最高法院之下，设有省级、地区和市级法院，以及高级商事法院。省级法院负责辖区内较为重大的案件审理，对下一级法院的审判工作起到监督和指导作用，保证省内司法裁判的尺度统一。地区和市级法院则承担着处理大量日常民事、刑事和行政案件的任务，直接面向民众，解决各类纠纷，维护地方的社会秩序和法律秩序。高级商事法院专门处理商业领域的纠纷，包括合同纠纷、企业间的经济争议等，为国家的市场经济发展保驾护航，促进商业活动的有序进行。此外，军事法院负责审理涉及军事纪律和军人犯罪的案件，维护军队的纪律和战斗力，保障国防安全。

整个法院系统的案件审理遵循一定的程序，下级法院的判决若当事人不服，可向上一级法院提起上诉。这一上诉机制为当事人提供了救济途径，确保司法审判的公正性和准确性，通过上级法院的审查，纠正可能存在的错误判决，保障公民和法人的合法权益。在审判过程中，各级法院均应公开审理案件，保障公众的知情权和监督权，增强司法透明度，使司法审判在阳光下进行。此外，根据《司法制度和法官地位法》第32条第2款，该国仲裁法院作为解决商业纠纷的第一审法院，最高法院作为上诉法院。土库曼斯坦最高法院可以审查针对法院的上诉和仲裁裁决。其中，经济法院，隶属最高法院体系，负责商事纠纷一审。

2. 仲裁体系

（1）国内仲裁

土库曼斯坦国内仲裁的主要法律依据是《仲裁程序法》《国际商务仲裁法》。当事人可自由选择与仲裁协议有关的任何法律。在没有法律明确规定的情况下，法院有权决定仲裁应使用的法律。

土库曼斯坦于2000年成立了仲裁庭，对企业之间的经贸纠纷具有管辖权。最高法院是仲裁庭的上诉法院，可审查仲裁庭的仲裁裁决。此外，国际商事纠纷可由土库曼斯坦工商会协助进行解决。《仲裁程序法》第 14 条明确了仲裁庭的组成，在一审商事法庭，案件由一名法官审理。根据仲裁庭院长的决定，任何案件都可以由法官集体审议。最高上诉和监督案件应由法官根据本法典规定的程序集体审议。在法官合议审理案件期间，至少应有 3 名法官参与仲裁庭的组成。所有法官在审理案件时应享有平等的权利。

（2）国际仲裁

根据《解决国家与他国国民间投资争端公约》（也称 ICSID 公约或《华盛顿公约》）框架下的国际法机制，作为缔约国的中国与土库曼斯坦均承担公约义务。该公约确立的投资争端解决机制赋予缔约国国民（含中国投资者）直接国际救济渠道：当其与东道国（土库曼斯坦）因投资行为产生法律争议时，可依据公约第 25 条将争端提交国际投资争端解决中心（ICSID）进行仲裁。ICSID 仲裁庭作出的裁决对争端双方具有强制约束力，且该机制独立于东道国国内司法体系，能有效规避地方保护主义风险。

需特别关注的是，尽管 ICSID 公约本身已构建自足的执行体系，但土库曼斯坦尚未加入《承认与执行外国仲裁裁决公约》（也称《纽约公约》）。这意味着若未来出现 ICSID 裁决执行需求，可能无法通过《纽约公约》项下的全球执行网络直接实现，而需依赖外交途径或双边司法协助安排。此现状虽不影响 ICSID 仲裁程序的启动与裁决效力，但为争议解决的全流程管理提出了特殊考量要求。《国际商事仲裁法》第 10 条对仲裁员数量进行了规定，原则上当事人可自行决定仲裁员人数，仲裁员人数应为奇数。如果当事人未确定该人数，则应按照既定程序指定 3 名仲裁员。

（三）效率

1. 诉讼

（1）诉讼程序的时间

在民事诉讼程序中，一审阶段通常需要 3 个月至 1 年；若当事人对一审判决不服，可在判决生效后 10—15 日内提起上诉，二审程序一般需要 2—6 个月。判决生效后，执行程序可能需额外数月至 1 年，具体取决于债务人配合程度和执行难度。

（2）诉讼程序的费用

第一，费用支付。

根据《民事诉讼法》第 6 章对诉讼费用进行规定，首先明确其由国家费用和案件费用两部分构成。国家作为诉讼启动的法定收费，根据案件类型实行差异化标准。

该法第 84 条规定，普通诉讼按争议金额比例缴纳，特殊程序案件（如婚姻无效、宣告失踪等）适用固定费率；申请法院支付令、提交上诉状时可享受 50%费率优惠。第 88 条规定，案件费用涵盖诉讼活动中的必要支出，包括证人、专家、翻译费；现场勘验费；被告搜寻费、判决执行费以及其他必要费用等。值得注意的是，第 91 条规定了法院在履行职责时应支付证人、专家和翻译的款项，翻译费用由国家财政承担。

第二，诉讼费用豁免制度。

《民事诉讼法》确立了绝对豁免与裁量豁免的双层架构。

①绝对豁免情形。

该法第 80 条明确 12 类案件免缴国家费用，主要包括：劳动争议（工资追索、工伤赔偿等）；知识产权侵权纠纷；赡养费、扶养费追索；人身损害赔偿；追讨养老基金；因犯罪或行政违法行为造成的物质损失的赔偿要求；离婚案件上诉；公益诉讼（检察机关、行政机关代表他人起诉）；非法行为造成损害赔偿的争议以及法律规定的其他情况等。此类豁免覆盖民生核心领域，旨在降低弱势群体的诉讼门槛。

②裁量豁免机制。

裁量豁免机制赋予法院自由裁量权，可根据当事人的经济状况减免费用。《民事诉讼法》第 81 条对申请豁免律师费用进行规定，一是免除诉讼费的申请应以书面形式提交给对案件有管辖权的法院。二是对于免除诉讼费用的申请，公民有义务附上证明其经济和家庭状况的文件。第 82 条规定，法院或法官根据当事人的财产状况，可以推迟或向一方或双方支付向国家追回的诉讼费用，或减少费用金额。为了避免裁量滥用风险，实践中需严格审查证据真实性，第 83 条明确若法院或法官确信该裁决所依据的情况与现实不符，则有义务取消其关于免除法律费用的裁决。在这种情况下，相关方应按照本守则规定的方式支付案件的所有费用。

第三，费用调整与分配规则。

①动态调整机制。

对经济困难当事人，允许延期、分期缴纳或降低费用金额，在《民事诉讼法》第 82 条中，法院或法官根据当事人的财产状况，可以推迟或向一方或双方支付向国家追回的诉讼费用，或减少费用金额。

诉讼请求变更时实行多退少补原则：争议金额增加需补缴费用，超额缴纳或撤诉后可申请退还，《民事诉讼法》第 86 条详细规定了如果在提交索赔时难以确定索赔金额，则应由法官初步确定国家费用，对于超额部分，根据法院在解决案件时确定的索赔金额进行追回。对于少缴部分，则国家费用的缺失应由原告根据索赔金额进行补缴。为了鼓励争议的非对抗解决，第 96 条规定，以调解或认诺结案的，国家费用应减半征收。

②败诉方负担原则。

关于当事人之间的诉讼费用分配，《民事诉讼法》第 92 条规定法院将案件中产生的所有法律费用判给胜诉一方，根据法院判决的索赔金额比例，胜诉方可向败诉方追偿。第 94 条规定，对于胜诉方，法院应根据书面请求，判令赔偿另一方因支付律师协助费用而发生的费用，金额为该方实际发生的费用，这些费用不应超过索赔已清偿部分的 5%。此外，第 95 条规定，部分胜诉时按比例分摊费用，共同诉讼人原则上均摊费用，而因有争议的重大法律关系产生连带责任的，共同被告对案件费用具有连带责任。

第四，配套保障措施。

①法律援助制度。

《民事诉讼法》第 93 条规定，法官、法院在准备审理案件或者审理案件时，有权根据公民的财产状况，免除或者部分免除其法律援助费用和报销代理费用，并向国家收取；律师提供的法律援助费用和代理费用报销按照律师协会向公民提供法律援助费用的规定确定；公民申请免除法律援助费用和报销代理费用时，必须附上表明其经济和家庭状况的文件；根据请愿书的审议结果，法官或法院作出合理裁决，决定全部或部分免除公民支付法律援助费用和报销与代理相关的费用，或拒绝满足请愿书；法院或法官关于全部或部分免除公民法律援助费用和报销代理费用的裁决同时立即送交法院所在地的法律咨询和财务部门执行。

②诉讼担保机制。

为防止滥诉，法院可要求原告提供现金或证券质押，依照《民事诉讼法》第 101 条规定，当事人需要提供担保的，应当以质押资金或者法律规定适合提供担保的有价证券进行担保，但当事人另有约定的除外。

2. 仲裁的时间和费用

(1) 仲裁的时间

①国内仲裁。

根据《仲裁程序法》第 97 条规定，仲裁法院应通知参与案件的人和仲裁程序的其他参与者接受仲裁申请书或诉讼申请并启动案件诉讼程序；除非该法另有规定，否则仲裁法院应不迟于开庭或执行单独程序诉讼前 15 天，按照该法规定的方式发送法院裁决副本，通知开庭或单独程序诉讼的执行。同样，除非该法另有规定，否则仲裁法院应不迟于开庭或单独程序诉讼开始前 15

天，将有关接受仲裁申请书或诉讼申请、开庭时间和地点或单独程序诉讼的执行信息发布在仲裁法院官方网站的信息和电信网络互联网上。案件材料应附上仲裁法院在互联网上发布仲裁法院官方网站上的信息确认文件，包括发布日期。

在准备案件审讯的期限上，《仲裁程序法》第 113 条明确，一审商事法庭受理诉讼申请后，应就案件的审理准备作出裁定，并说明参与案件的人应采取的行动以及这些行动的履行条件。案件的审讯准备工作可在关于受理诉讼申请的裁定中说明。案件的审判准备工作应由独任法官在一审商事法庭接受仲裁请求书供考虑和立案之日起两周内进行。在特殊情况下，准备审讯的期限可以延长至 1 个月。

在案件审议的时限上，《仲裁程序法》第 126 条规定，案件应在仲裁法院收到仲裁申请书之日起不超过两个月的期限内予以考虑。当事方一方在土库曼斯坦境外的情况，应在不超过 3 个月的期限内予以考虑。在特殊情况下，商事法庭院长有权将案件的审理期限延长不超过 6 个月。

在案件的裁决时限上，《仲裁程序法》第 147 条指出，在解决关于是非曲直的争议时，一审商事法庭应作出裁决，该裁决应以书面形式提出并由法官签署。法官解决争议时，应以多数票集体作出决定，并由参加会议的所有法官签署。不同意该决定的法官有义务签署该决定，但有权以书面形式表达其反对意见。决定应在案件审理结束后作出。在特殊情况下，特别是在特别复杂的情况下，决定可以推迟不超过 5 天。

在仲裁裁决的生效上，《仲裁程序法》第 151 条明确，仲裁法院之决定如未被上诉或未被撤销原判所决定，则自其通过后 1 个月届满时起生效。在提出撤销原判申诉或提交撤销原判意见时，该决定应具有法律效力，除非经上级仲裁法院审议后取消，否则土库曼斯坦最高法院作为一审仲裁法院作出的决定和裁决应具有法律效力，除非土库曼斯坦最高法院主席团审议后撤销该决定和裁决。

②国际仲裁。

根据《国际商事仲裁法》，第 31 条规定了程序启动时间，即除非双方另有约定，否则与特定争议有关的仲裁程序应自被申请人收到将争议提交仲裁的请求之日起开始。

在异议与修正时限上，关于仲裁员的回避时限，《国际商事仲裁法》第 13 条指出，打算对仲裁员提出异议的一方应在得知仲裁法院的成立或该法第 12 条第 2 部分规定的任何情况后 15 天内，以书面形式将异议的理由通知仲裁法院。如果适用当事人约定的任何程序或第 13 条第 2 款规定的程序不满足回避申请，提出异议的一方可以在收到驳回异议决定的通知后 30 天内，请求本法第 6 条第 1 款规定的机构对异议作出决定，该机构不得上诉。关于对仲裁庭管辖权异议的裁定，第 16 条规定，如果仲裁庭认为其对初步问题具有管辖权，任何一方当事人均可在收到命令通知后 30 天内向本法所述的机构提出申请。关于裁决修正上，第 44 条明确，仲裁庭认为申请有正当理由的，应当自收到申请之日起 30 日内作出适当的更正或解释。仲裁院也可自仲裁裁决之日起 30 日内，主动更正错误。任何一方当事人在收到裁决后 30 天内，在通知另一方当事人后，均可请求仲裁庭对在仲裁程序过程中主张但未反映在裁决中的请求作出进一步决定。仲裁庭认为请求有正当理由的，应在 60 天内补充作出决定。

（2）仲裁的费用

①国内仲裁。

土库曼斯坦《仲裁程序法》第七章对仲裁费用进行全面规定。第 75 条明确诉讼费用包括国家费用和与案件有关的费用两部分。其中，第 76 条中指出国家费用有诉讼申请、破产申请；第三方申请；法律事实调查；法律效力申请；上诉申请；判决重新发布；其他材料费等。如费用增加，国家费用的差额将根据索赔额的增加支付。如果费用降低，则支付的费用差额不予退还。

在费用免除上，《仲裁程序法》第 78 条规定，仲裁庭或法官根据当事人的财产状况，有权免除其向国家支付的法律费用。免除法律费用支付的申请，应以书面形式向对案件有管辖权的商事法院提出。有关人士有责任在免除支付法庭费用的申请中附上证明其财务及其他状况的文件。

在法律服务上，《仲裁程序法》第 82 条规定，与案件审理相关的费用包括支付给证人、专家、专家和口译员的金额，与现场审查证据相关的费用，与执行仲裁法院决定相关的费用，支付律师和其他提供法律援助的人（代表）的服务费用，以及仲裁法院认可的其他必要的费用。

在费用分配上，《仲裁程序法》第 88 条规定，诉讼费用应由双方当事人按已清偿索赔金额的比例承担。如果索赔部分得到满足，则本条规定的款项应按仲裁法院满足的索赔金额的比例判给原告，并按原告索赔中未满足的部分的比例判给被告。如果双方就法律费用的分配达成一致，仲裁庭应根据本协议作出决定。当事人因申请复审法院判决而发生的诉讼费，应按照本条的规定分配。如果被告没有免除缴纳国家费用，则应按被告未获支付的国家税额向被告追讨已清偿部分的金额。上级法院未将案件重新审判，而更改决定或作出新的决定时，应相应地改变法律费用的分配。

②国际仲裁。

《国际商事仲裁法》第 24 条就成本和损失进行了明晰，即如果仲裁庭后继认定在当时情况下不应批准临时保护措施或不应批准临时保护令，则请求临时保护措施或请求临时保护令的一方当事人应对因该措施或临时保护令而给任何一方当事人造成的任何费用和损害承担责任。仲裁庭可在仲裁程序进行期间的任何时间裁定该等费用及损害赔偿。

3. 执行效果

关于执行的规定，《仲裁程序法》第 23 章予以全面规定，在提交执行指令的时限上，第 200 条明确，可以在仲裁法院通过裁决之日或为推迟或分期执行而设定的期限届满之日起 3 个月内，或从裁定恢复错过的执行命令执行期限之日起 3 个月内提交执行命令。如果法院判决被暂停执行，则暂停执行的时间不计入提交执行令的 3 个月期间。在中断提交执行命令的时限上，第 201 条指出，诉讼时效因执行令的提出而中断，部分执行法院判决。如果由于无法执行订单而将订单退回给索赔人，则提交订单的新期限应从退回之日起计算。在恢复错过的提交执行令的截止日期上，第 202 条提出，如果由于仲裁法院认为有效的原因而错过提交执行令的截止日期，则可以恢复错过的截止日期。恢复错过的截止日期的申请应由仲裁法院考虑。在接受可执行命令的时限上，第 203 条规定，执行官收到符合法律要求的命令后，应在 3 天内提起执行程序并作出裁决。在这种情况下，执行官应根据债务人提出的理由充分的书面申请，指定自启动执行程序之日起 5 天内自愿执行命令。

关于外国法院的判决执行，《民事诉讼法》第 420 条规定，外国法院的判决可以在外国法院判决生效之日起 3 年内强制执行。土库曼斯坦法院可以按照《民事诉讼法》第 108 条规定的程序恢复因正当理由错过的期限。

关于国际商事的承认和执行，《国际商事仲裁》第 47 条规定，仲裁协议的一方当事人在任何程度上无行为能力，或者根据双方提交本协议的法律，本协议无效，如果没有此类说明，则根据裁决所在国家/地区的法律无效；如果向法院提出撤销或暂停执行仲裁裁决的申请，则寻求承认或执行的法院如果认为适当，可以推迟作出裁决，并可以应请求承认或执行仲裁裁决的一方当事人的请求，要求另一方提供适当的担保。

（四）评述

1. 具体挑战

第一，司法体系效率与公正性不足。土库曼斯坦现行司法体系呈现双重困境：一方面，冗长的诉讼程序导致商业案件历时数年方能获得终审裁决，司法效率显著滞后于现代商业需求；另一方面，司法腐败现象与行政权力干预严重削弱司法独立性，透明国际发布的腐败感知指数（19/100）揭示出司法透明度的结构性缺陷。即便仲裁裁决在法理上受国内法及《纽约公约》双重支持，但在执行环节仍可能因公共政策冲突或司法认知局限遭遇实质性障碍。第二，仲裁与调解机制不完善。尽管通过《国际仲裁法》立法及加入ICSID公约构建起现代仲裁框架，但尚未加入《纽约公约》，这严重制约了国际仲裁裁决的跨境执行通道。本土调解体系发展更显滞后，现行调解实践主要依附于《民事诉讼法》原则性规定及零散政策倡导，缺乏专门立法支撑，导致调解协议法律效力模糊、调解员资质标准不一。国际调解机构与本土调解体系的信任落差，凸显制度性供给不足。

2. 完善建议

第一，优化争议解决机制以增强外资信心。一是推动司法独立性与透明度改革。建立独立的司法监督机构，减少行政干预对商业诉讼的影响（如设立商业法庭专项审理外资纠纷）。公开司法判决文书数据库，增强判决透明度，提升国际投资者对司法公正的信任。二是完善国际仲裁执行体系。加速加入《纽约公约》进程，确保国际仲裁裁决通过公约框架直接执行，避免依赖双边协商的滞后性。对ICSID裁决执行制定国内配套法规，明确执行程序与时限，减少司法阻力和地方保护主义干扰。三是完善调解制度。出台《商事调解法》，赋予调解协议与法院判决同等的强制执行效力。同时应与国际调解机构（如ICC国际调解院）合作，建立跨境调解员名册，提升调解服务的国际认可度。第二，提升争议解决效率以降低贸易成本。一是缩短诉讼周期。引入电子诉讼平台，实现案件在线提交、审理与文书送达，压缩商业纠纷一审周期压缩。同时可设立快速通道程序，针对小额争议案件采用简易审理流程，缩短裁决时间至3个月。二是降低仲裁成本。制定仲裁费用分级标准，按争议金额比例收费（如1%—5%），避免高额预付费用阻碍中小企业参与。此外，对能源、基建等战略领域争议，提供政府补贴或税收优惠以分担仲裁成本。第三，优化执行程序。一是建立"争议解决—执行"联动平台，对拒不履行裁决的企业纳入信用黑名单，限制其参与政府采购或融资活动。二是引入第三方执行机构（如国际仲裁执行基金），协助跨境裁决的资产查扣与变现。第四，构建多元化争议预防与化解体系。一是强化合同风险管理。建议企业在投资协议中明确选择国际仲裁（如ICSID或斯德哥尔摩商会仲裁院）作为争议解决方式，规避国内司法不确定性。二是通过"争议解决条款模板库"提供标准化条款（如适用法律、仲裁地选择），降低合同争议发生概率。

八、市场竞争

市场竞争是世界银行《营商环境成熟度报告》中新增加的一级评估指标，表明建立公平竞争制度已经成为优化营商环境的关键因素。市场竞争指标既考虑市场运行情况，也考虑企业参与公平竞争的实际需要，通过衡量土库曼斯坦商业环境的竞争力，有助于为企业发展营造良好的市场环境扫除障碍。

（一）监管框架

土库曼斯坦的竞争法律体系框架旨在维护市场秩序，促进公平竞争，保护消费者和企业的合法权益。以下是对土库曼斯坦相关法律中竞争规则的具体阐述：

1. 竞争规则

（1）反垄断法律规制

土库曼斯坦没有专门的反垄断法。但在一些相关法律中对反垄断相关内容有所涉及。

土库曼斯坦《刑法典》第245条规定，对于实施垄断行为或限制竞争的行为，如制定和维持垄断性的高价或低价，通过串通或联合行动限制竞争，以达到分割市场、限制市场准入等目的，将予以严厉处罚。特别是当这些行为在受到行政处罚后1年内再次实施，或使用、威胁使用暴力，或利用职务之便，或由一群人事先共谋或由一个有组织的团体实施时，将被处以25到75个月的月平均工资的罚款，或最长3年的剥夺自由。

土库曼斯坦《民法典》对滥用支配地位的规定，第80条指出，如果交易一方滥用市场支配地位，在没有正当理由的情况下，以非公平的价格达成交易；或利用对方缺乏经验，信息不对称而达成交易，则该交易可被视为无效，相关责任人应承担相应的民事责任。若法院认定交易是由于滥用被告的支配地位而达成的，则受害人有权要求赔偿。

土库曼斯坦《企业活动法》第14条规定，土库曼斯坦确保企业家之间的自由竞争，保护消费者在创业的任何领域免受不公平竞争和垄断的表现。

土库曼斯坦《旅游法》第11条确立了旅游领域的政府监管原则，明确要发展旅游市场竞争并禁止政府垄断。

土库曼斯坦《通信法》第45条针对电信运营商应在公平竞争条件下的运作，禁止其利用垄断（支配）地位进行歧视性行为，保障电信市场的公平竞争。

（2）反不正当竞争法律规制

土库曼斯坦《民法典》第 780 条规定了竞争约定相关内容。未经被代理的经营者同意，代理商不得直接或间接地参与相竞争经营者的活动。若代理商违反此义务，经营者可请求损害赔偿，并要求代理商将其为相竞争的经营者缔结的交易移交给自己，或归还从这些交易中获得的收益。若协议规定竞争约定在合同关系终了后继续有效，需经营者为此支付助益性补偿，且此类协议期限不应超过 1 年。

土库曼斯坦《外国投资法》第 16 条对外国投资者和外商投资企业的行为进行了规范，要求他们避免不正当竞争行为，如通过在土库曼斯坦境内建厂生产热销商品后中止生产并推出国外同类商品，或签订限制其他经营实体权利的商品价格协议或划分销售市场协议。

上述法律条款共同构成了土库曼斯坦在反垄断和反不正当竞争方面的法律规制体系，为市场经济的健康发展提供了坚实的法律保障。

2. 知识产权

土库曼斯坦已构建较为完善的知识产权保护法律体系，主要包括：《科学知识产权法》：规范科研领域智力成果的权属与运用；《发明法律保护法》：明确发明专利的申请、审查及保护标准；《工业设计法律保护法》：保护产品外观设计的创新性权益；《商标法》与《原产地名称法》：维护商业标识及地理标志的专用权；《著作权与邻接权法》：覆盖文学、艺术及音像作品的版权保护。

除了以上国内有关知识产权的立法，土库曼斯坦积极融入全球知识产权治理体系，已加入以下关键国际公约：《保护工业产权巴黎公约》（Paris Convention）、《专利法条约》（PLT）、《马德里商标国际注册体系》（Madrid System）、《欧亚专利公约》（EAPC）——通过欧亚专利组织实现多国专利一体化保护。①

（二）公共服务

1. 竞争主管部门

在独立初期，土库曼斯坦努力建立立法框架，以支持引入自由和公平的竞争并强制去垄断。特别是根据土库曼斯坦总统 1993 年 10 月 21 日第 1532 号决议，成立了限制垄断活动委员会，该委员会具有广泛的权力和职能，旨在

---

① 参见本书编委会编：《企业对外投资国别（地区）营商环境指南：土库曼斯坦（2021）》，载中国国际贸易促进委员会网，http://www.ccpic.org/，2025 年 2 月 13 日访问。

保护企业和其他实体免受垄断行为和做法的影响，并在竞争和创业的基础上促进自由市场的形成。事实上，在土库曼斯坦与竞争管理相关的职能可能分散在多个部门。例如，贸易和对外经济联络部负责制定并执行调节国内商业、对外贸易和对外经济合作的政策，保护国内市场，通过采取关税和非关税措施调节进出口贸易等，在一定程度上对市场竞争环境有监管作用。财政和经济部承担分析和预测经济，制定和执行经济政策等职责，其中也可能涉及一些与市场竞争相关的政策制定。

2. 知识产权服务

土库曼斯坦制定了《土库曼斯坦 2019—2025 数字经济发展构想》，旨在依靠信息技术普遍化提高经济社会各领域效率，打造电子化政府、实现教育、卫生、电子商务等各领域数字化发展。这一构想为知识产权服务数字化提供了政策导向和战略支持，表明土库曼斯坦有意推动包括知识产权服务在内的各领域数字化转型。同时土库曼斯坦积极参与国际知识产权合作，如与世界知识产权组织合作编制《2021 年至 2025 年土知识产权制度发展规划》，通过学习和借鉴其他国家先进的知识产权服务数字化经验和技术，推动本国知识产权服务数字化的发展。

土库曼斯坦知识产权事务由财政部与经济部下设的国家知识产权局（State Service for Intellectual Property of the Ministry of Finance and Economy of Turkmenistan）统筹管理。该机构的核心职能包括：依据国内法律及国际协议，协调跨部门合作；对发明、创新成果等知识产权提供全流程保护；规范专利、商标、工业设计等知识产权的登记与维权工作。另外高级商事法院也可审理知识产权案件，海关当局负责边境知识产权执法。

（三）效率

1. 竞争规则的效率

土库曼斯坦法律未明确规定审查的具体时限，在实际操作中取决于案件复杂程度、行业重要性及行政效率。根据企业反馈，普通并购或市场行为审查可能需要 3 个月至 1 年，远高于国际标准（如欧盟的初步审查通常在 1 个月内完成），而涉及能源、基建等战略行业的交易，审查可能超过 1 年甚至更久。

2. 知识产权管理的效率

专利申请时间：发明专利从申请到授权需要 1—6 年，外观设计专利授权周期为 6—12 个月，商标授权周期为 15—18 个月。较长的申请和审查周期可能会影响权利人获得保护的及时性，降低知识产权管理的效率。

审查流程效率：商标申请需经形式审查和实质审查，专利申请也有形式审查和实质审查等环节，且需要提交较多的文件和材料，如优先权文件、授权书等，部分文件还可在申请日后一定期限内补交，这虽然保证了审查的严谨性，但也增加了流程的复杂性和时间成本。不过，商标法中规定了申请人可支付费用请求加速形式审查，一定程度上能提高审查效率。

3. 政府采购规则的效率

土库曼斯坦的政府采购体系以政府主导和中央集中管理为特点，主要依据《土库曼斯坦关于货物供应、为国家需要提供服务的招标的法律》及相关法规。流程一般包括以下阶段：招标公告、投标提交、评标与审查、合同授予、合同履行与支付。

针对政府采购涉及的时间，第22条规定，如属无限参与的招标程序，应自招标公告发布之日起至少30个工作日提交投标申请；如果招标程序参与有限，则自发出投标邀请之日起至少20个工作日。第28条规定，标组织方与中标方之间的供应（合同）协议应在招标文件中招标条款规定的期限内根据土库曼斯坦法律以书面形式签订，该期限自签署招标结果协议之日起计算。在规定的期限届满时，双方签订上述合同的义务即告终止。应在合同签订之日起3个工作日内将一份供应（合同）合同订立通知发送给参加投标的要约人，以备了解情况，并注明合同中标者的姓名、地址和合同价格。第32条规定，与准备和提交招标申请（报价）相关的费用应由要约人承担。无论投标结果如何，投标组织者均无义务，也不应报销投标者因参与投标而产生的费用。招标组织者组织和进行招标的费用应由特别（招标）费用报销。招标组织者无权就提供招标文件及其说明收取额外费用。无论投标结果如何，特别（投标）费的金额均不得收回，除非其被取消。

（四）评述

1. 具体挑战

土库曼斯坦在构建公平竞争的市场环境方面已奠定了一定的法律基础，但仍面临诸多挑战。从法律框架来看，尽管有《民法典》等多部法律对市场竞争行为进行规制，但执行力度和效果仍需进一步提升。特别是《刑法典》中对垄断行为的处罚措施，虽然严厉，但如何确保这些法律得到有效执行，避免法律流于形式，是土库曼斯坦需要解决的重要问题。第一，在知识产权领域，土库曼斯坦已构建了相对完善的法律保护体系，并加入了多个国际公约，但在知识产权保护的现代化和国际接轨方面仍面临挑战。特别是在与

“一带一路”共建国家的合作中，由于各国知识产权立法差异较大，跨境维权难度增加，这在一定程度上影响了土库曼斯坦企业的国际竞争力。然而，这也为土库曼斯坦提供了与国际组织如世界知识产权组织（WIPO）合作的机遇，通过提升知识产权保护水平，为企业提供更广阔的国际市场机会。第二，在公共服务方面，土库曼斯坦缺乏专门的竞争主管部门来持续推动市场竞争政策的实施，这在一定程度上影响了市场竞争政策的连贯性和有效性。同时，在知识产权服务方面，虽然设立了国家知识产权局，但在提升服务效率和质量、加强国际合作等方面仍有提升空间。第三，在效率方面，土库曼斯坦在竞争规则、知识产权管理和政府采购规则的效率上仍存在不足。例如，在合同审查和市场准入方面，虽然制定了一系列法律法规，但如何确保这些法规得到有效执行，提高合同审查的效率和市场准入的透明度，仍是土库曼斯坦需要解决的问题。

2. 完善建议

第一，提升市场竞争法治化水平。一是完善反垄断执法机制：建议土库曼斯坦设立独立的竞争监管机构，恢复或重组类似“限制垄断活动委员会”的职能，赋予其调查权、处罚权及政策制定权，避免行政权力过度干预市场。同时，需加强《刑法典》与《民法典》中反垄断条款的衔接，细化垄断行为的认定标准，提升执法透明度和可操作性。二是强化反不正当竞争实践：针对《民法典》和《外国投资法》中关于不正当竞争的条款，应制定配套实施细则，建立举报奖励机制和快速响应机制，鼓励企业和社会公众参与监督，形成多方共治的监管格局。第二，推动知识产权保护现代化。一是加快立法与国际接轨：土库曼斯坦需进一步修订《著作权法》《商标法》等，扩大对数字版权、商业秘密等新兴领域的保护范围，并考虑加入《与贸易有关的知识产权协定》（TRIPS）等国际公约，缩小与全球标准的差距。二是构建跨境维权协作机制：在“一带一路”框架下，建议与共建国家建立知识产权保护合作平台，推动区域执法协作，简化跨境侵权案件的司法程序，降低企业维权成本。第三，优化公共服务效率。一是设立一站式政务窗口：整合国家知识产权局、市场监管部门及外资审批机构的职能，建立外资准入和知识产权登记的“单一窗口”，缩短合同审查、许可发放等流程时限，减少企业行政负担。二是推进数字化治理：引入电子政务系统，实现法律文本公开、市场准入申请在线提交、知识产权登记全程电子化，提升透明度和服务效率。

九、企业退出

企业破产是针对无法到期清偿债务，并且资金不足以清偿全部债务或明显缺乏清偿能力的债务人企业；无论是使缺乏生存能力的企业快速退出，还是确保有生存能力的企业通过可持续的方式得到有效重组，均是从保护债权人和债务人合法权益的角度出发，旨在维护市场秩序的稳定性。

（一）监管框架

1. 破产启动

（1）破产主体

破产是指债务人依据本法规定的期限，持续无力清偿债权人债权及履行对预算的债务。[①] 破产主体是指法院按照既定程序承认或自愿承认的资不抵债的债务人，债权人是向债务人提出财产索赔的个人或法人实体。

（2）破产程序类型

对于能适用破产程序的类型来说，《破产法》第 7 条明确有以下四种类型：非司法程序、再编制、清算、和解协议，其中，重组程序包括对无偿债能力债务人财产的行政接管或整顿。清算程序包括债权人监督下的无偿债能力债务人企业自愿清算，以及依经济法院裁定的强制清算。

（3）破产程序

关于破产案件的启动，在债务人无能力或拒绝全面及时履行债务条款、债务人未能在催告后两个月内支付债务以及债务总额超过债务人财产价值的，由债务人或者相对应的债权人向法院提出申请。[②] 债务人破产申请由企业负责人或其他授权人或从事创业活动或其他经济活动的公民以书面形式提交给经济法院。[③]

关于破产案件的受理，法院应破产债务人的要求提起破产案件时，应要求债权人提供确认对债务人债权的文件。经济法院应债权人申请启动破产程序时，应要求债务人企业的资产负债表以及债权人和债务人的完整名单。经济法院应核实所提交文件的有效性，并根据审议结果对案件提起诉讼，拒绝接受申请或根据经济诉讼法退回申请。[④]

2. 重整程序

债务人财产的行政接管系指经济法院依债务人、企业所有者或债权人的申请，通过指定管理人接管资不抵债企业的管理职能而启动的重组程序。在

---

① 参见《破产法》第 1 条。
② 参见《破产法》第 11 条。
③ 参见《破产法》第 12 条。
④ 参见《破产法》第 15 条。

申请启动债务人财产行政接管程序时，应附程序合理性的论证、管理人人选的推荐及其书面履职承诺。债务人提交申请时，需附最近一期的财务报表。[①]

3. 清算程序

（1）清算程序参与人

《破产法》第 27 条指出，清算程序的参与主体包括：经济法院、管理人、债权人会议、丧失清偿能力的债务人及其他利害关系人。

（2）清算程序启动

《破产法》第 24 条规定，在实施重组程序不具有可行性或不可能性的情况下，经济法院应认定丧失清偿能力的债务人为破产人，并作出在清算程序框架内对企业实行强制清算的决定。

（3）清算程序流程

经济法院作出的认定债务人破产并启动清算程序的裁定，应由经济法院通过报刊公告，相关费用从破产人财产中予以补偿。

启动清算程序主要有以下几个步骤：经济法院应通知下列主体：企业所有人（设立人）；国家参与债务人财产的，通知国有资产管理机构；地方行政机关或地方自治机关；为债务人提供服务的银行机构。如果一家银行被宣布破产，应通知登记其公司章程的银行业主管机构。[②] 在此过程中，经济法院主要负责启动和终止清算程序，负责召开债权人会议，并对管理人和债权人会议的活动进行控制。[③]

经济法院批准经理人提交的清算资产负债表及其活动最终报告和债权清偿后剩余资金使用情况报告，就清算程序的完成作出决定，并将其决定通知进行企业国家登记的机构。企业在被排除在国家注册登记之外的那一刻起就被视为清算。

（二）公共服务

1. 破产管理

土库曼斯坦的司法权由最高法院和根据法律设立的其他法院行使，包括最高经济法院等。各级法院均应公开审理案件，理论上为法庭清算和重组程序提供了司法保障。土库曼斯坦仲裁法院负责审理包括破产问题在内的 13 类合同前和合同后争议。法院应任何一方的要求审查争议，为破产案件的当事

① 参见《破产法》第 19 条。
② 参见《破产法》第 25 条。
③ 参见《破产法》第 28 条。

人提供了一个法律途径来解决纠纷。对仲裁法院的决定不服的，可以向土库曼斯坦最高法院仲裁委员会提出上诉，这为当事人提供了一定的司法救济渠道。

土库曼斯坦财政和经济部等政府部门可能在破产管理方面承担一定职责，如参与对国有资产破产处置的政策制定和监管等工作。虽然没有明确信息表明存在专门针对破产的公共服务机构，但政府在经济管理中可能会通过相关部门对破产企业的资产进行评估、监管重组程序等，以维护经济秩序和社会稳定。

2. 法院拍卖

法院在破产司法拍卖中可能起到关键作用。法院可能会指定相关人员或机构来组织拍卖，如委托专业的拍卖公司或由法院工作人员直接负责。债权人、债务人以及其他利益相关者可能有权利参与拍卖过程，如债权人可能通过拍卖受偿债务，债务人可能对拍卖资产有一定的知情权和异议权。

一般来说，为了保证拍卖的公开透明和吸引更多潜在买家，拍卖信息会通过一定渠道发布。在土库曼斯坦，可能会在官方报纸、政府网站或特定的商业信息平台上公布破产司法拍卖的相关信息，包括拍卖资产的详细情况、拍卖时间、地点、参与方式等。例如，2024 年土库曼斯坦拟私有化的国有财产拍卖信息就是在《中立土库曼斯坦报》上公布的，且说明了拍卖于 2024 年 3 月 15 日在国有财产数字交易平台通过该平台移动应用程序进行。从已知的土库曼斯坦国有资产拍卖信息来看，存在通过数字交易平台进行拍卖的情况，所以破产司法拍卖也有可能采用线上拍卖的方式，以提高效率和透明度。拍卖规则可能包括设定起拍价、保证金制度、竞价方式（如增价拍卖等）以及成交确认等环节。

（三）效率

1. 重整时间和费用

（1）重整时间

《破产法》第 20 条规定，管理人应在任命后两个月内召集债权人会议，批准重组计划，以实现管理法院关于行政接管程序的裁决中规定的目标。

第 22 条规定，参与债务人公司重整的候选人应向发布招标公告的经济法院提交申请。提交申请的截止日期为公告发布之日起 30 天内。在提交申请截止日后 10 日内（若未公告招募，则在法院作出整顿决定后 10 日内），经济法院审查候选人资格并允许其参与后续程序，或否决部分或全部候选人。除法院分配的时间外，参与救助的候选人应在 7 日内召开会议；在会议上，参与者会起草并签署一份协议。整顿期限不得超过 18 个月，经参与者申请可延长最多 6 个月，但总期限不得超过 24 个月。恢复程序的开始日期被视为经济法院作出进行该程序的决定的日期。

第 23 条规定，若被终止的整顿程序实施期限未超过 6 个月，整顿参与人的责任限度由经济法院裁定。

（2）重整费用

第 22 条规定，如果恢复名誉的申请得到满足，并且没有第三方担保人来满足债权人的财产债权和支付法院费用。

第 23 条规定，如果恢复名誉的程序被终止，且持续时间超过 6 个月，恢复名誉的参与者应以其财产对债权人承担全部责任，金额为其对债务人财产未清偿的债权。若被终止的整顿程序实施期限未超过 6 个月，整顿参与人的责任限度由经济法院裁定。整顿参与人的责任份额不得低于未获清偿债权总额的 50%。

2. 清算时间和费用

（1）清算时间

《破产法》第 29 条规定，在清算程序中，管理人有权就债务人在被宣告破产前 12 个月内进行的交易向经济法院提出异议。第 34 条，清算程序启动前一年内形成的对国家预算的债务进行清偿。

（2）经济成本

《破产法》第 25 条，经济法院作出的认定债务人破产并启动清算程序的裁定，应由经济法院通过报刊公告，相关费用从破产人财产中予以补偿。第 34 条规定，清算财产包括与清算程序相关的费用，管理人执行职能产生的费用；企业继续经营衍生的费用。

（四）评述

1. 具体挑战

第一，法律程序复杂性与执行效率不足。土库曼斯坦破产法虽构建了完整的监管框架，但程序冗长（清算平均周期 12—24 个月）、成本高企（资产折价率 20%—40%），反映出司法体系效率待提升。而且经济法院需核实大量文件并主导程序推进，若缺乏数字化工具支持，易导致流程积压，增加时间成本。第二，债权人协调与市场信任缺失。土库曼斯坦企业破产重组成功率不足 15%（低于中亚平均水平），凸显债权人间利益博弈激烈、司法协调机制薄弱。此外，清算程序中资产折价率高企，可能削弱债权人信心，形成“不良资产处置—市场信任下降”的恶性循环。第三，管理人角色与专业能力局限。管理人报酬占资产3%—8%，需平衡成本控制与专业效能。若管理人缺乏商业重组经验（如产业资源整合能力），可能错失企业重生机会。第四，制度设计与经济环境适配性。现行制度偏重“清算退出”而非“拯救重生”，但土库曼斯坦作为资源依赖型经济体，部分陷入困境的企业可能因行业周期波动暂遇困难。若过度依赖清算，可能加剧经济收缩压力。

2. 完善建议

第一，优化程序机制，一是提升司法效率数字化改革。建立全国破产案件数据库，实现债权申报、资产拍卖在线化；引入技术辅助审查文件，减少人工核验时间。二是分类处置机制：对小微企业简化清算流程（如“快速清算通道”），对大型企业强制要求重组可行性评估，避免“一刀切”。第二，强化债权人参与与市场监督债权人委员会职权扩展。一是赋予其参与制定清算方案、选择管理人等决策权，增强程序透明度。二是信用修复机制，对完成重组的企业提供税收优惠或融资支持，激励债务人主动申请重整。第三，完善管理人生态与专业支持管理人分级制度，根据案件复杂度匹配不同资质的管理人，复杂案件由跨国机构联合本土团队承接。第四，推动区域合作与国际对标跨境破产协作，加入联合国《跨境破产示范法》，建立与中亚邻国的破产承认与执行机制，便利跨国企业债务处理。

十、国际贸易

国际贸易指向国际和国内两个市场，通过加剧竞争提升企业的专业化水平、优化资源配置成效，以此建立更大的市场规模。在国际贸易中，企业需要不断适应市场化环境，从而实现整体转型与多元化发展，增加国际投资的机会，同时为了推进国际贸易，必须为企业营造有利的营商环境，打造公平合法的竞争环境。通过评估土库曼斯坦的贸易化便利程度，有助于加快企业的走出去效能。

（一）监管框架

1. 国际贸易的监管规范

（1）根据《海关法》第1、2条规定，土库曼斯坦实行统一的海关政策，作为其国内外政策的重要组成部分。海关事务涵盖货物和运输工具跨境移动的监管、关税征收、海关程序适用及海关控制措施。

（2）货物进出口监管

①平等权利与禁止限制。

《海关法》第6条规定，所有主体均有权依法平等跨境运输货物，但受限于法典及国际条约的禁止或限制措施。根据土库曼斯坦法律禁止进口到土库曼斯坦关税区内的货物，应立即从土库曼斯坦关税区中驱逐出，除非本法典和土库曼斯坦规范性法律另有规定。上述货物的出口（除运）应由承运人进行。①

②海关申报与文件要求。

《海关法》第74条规定，所有跨境货物均需进行海关申报，并以书面、口头或电子形式提供有关产品、海关法规的可靠信息以及海关目的所需的其他信息的货物申报。②

《海关法》第81条规定，提交报关单时，必须向海关当局出示确认报关单中所载信息的文件。申报货物时，应出示以下关键文件：外贸交易结算时签订的合同，或反映外贸交易内容的其他文件；商业文件；运输文件；许可证、执照、证书和（或）确认遵守土库曼斯坦法律规定的限制的其他文件；确认免缴关税和税款的文件；确认货物原产地的单证。

（3）海关程序与特殊制度

①海关控制措施。

对于货物及其文件的识别，《海关法》第48条规定，在车辆、车体上加贴海关印章、印章的；在单个包装物上进行数字、字母或者其他标记、识别标记、盖章、盖章的；采集样品和标本；使用草稿，制作比例图像、照片、视频、插图等方式。

对于高风险货物海关可以决定实施海关押运，具体如《海关法》第52条规定，未能根据规定确保支付关税和税款；根据《海关法》进行风险分析和管理确定的某些类型货物的运输；承运人在申请将货物内部海关转运至交货地点许可之日前至少一次未交货，经批准的海关区域行政违法行为行政处罚决定确认；如果出口货物的实际越境地点与这些货物的地点不符，则应交付到土库曼斯坦禁止进口的土库曼斯坦的货物再出口；受土库曼斯坦法律规定的禁止和限制的货物运输。

②优先通关程序。

《海关法》第34条规定，为消除自然灾害、事故和灾难以及其他紧急情况的影响而进口和出口到土库曼斯坦海关辖区和从土库曼斯坦境内出口的货物，作为人道主义援助部分供应的货物，外交使团发送和接收的货物，以及迅速变质（变质）的货物，活体动物和鸟类，放射性物品、国际邮件和快递

① 参见《海关法》第7条。

② 参见《海关法》第75条。

货物用于参加交易会和展览会的物品、媒体材料和其他类似物品，海关通关程序优先执行。

2. 国家贸易的监管限制

（1）贸易限制与监管

土库曼斯坦对外贸实行严格的计划配额管理，出口贸易主要由国家统一经营，进口则通过关税措施进行调节。同时，土库曼斯坦的外汇管制较为严格，跨境货币交易实行限额管理，对国有法人实行强制结汇。①

（2）外汇管制

土库曼斯坦对外汇交易实行严格的管制，居民和非居民购买外汇受到限制。土库曼斯坦中央银行通过调整外汇兑换政策和设定外汇兑换额度来控制外汇流动，确保国家货币马纳特的稳定。此外，外汇汇出该国无须交纳特别税金，但需通过银行转账，且对外国人携带入境的美元数量无限制，但需填写海关申报单。②

（3）进口限制

土库曼斯坦对进口食品和某些非必需品实施了严格的关税和配额限制，以保护国内生产商并减少外汇开支。这种措施旨在确保国内市场自给自足，减少对外部进口的依赖。根据土库曼斯坦的《食品安全和质量保障法》，进口食品必须符合特定的质量和安全标准，并需经过国家注册和认证。此外，进口食品的包装和标签必须使用规定的语言，并明确标示所有成分和生产信息，以确保其符合卫生和植物检疫标准。同时，土库曼斯坦政府还通过限制高档轿车的进口和增加对某些进口商品的关税来减少不必要的开支，例如，自2016年起禁止进口奥迪、宝马、奔驰等高档轿车，并对进口瓷砖等部分建材商品开始征收关税。

（二）公共服务

（1）海关申报服务。土库曼斯坦海关自2020年1月1日起全面实施“海关数据自动化系统”（ASYCUDA World），实现通关货物电子申报。该系统是联合国贸发会议与世界海关组织合作开发的用于自动处理海关数据的计算机系统，能自动处理海关数据，提高通关效率，目前已在全球90多个国家（地区）使用。

---

① 参见陈俊杰：《浅析土库曼斯坦对外贸易状况》，载《财讯》2016年第15期。

② 参见周丽华：《马纳特稳定性：土库曼斯坦经济发展的保障》，载《合作经济与科技》2020年第3期。

（2）贸易信息服务。在联合国贸易和发展会议协助下，由国际贸易中心与土库曼斯坦贸易和对外经济关系部合作创办了贸易门户网站。作为所有相关贸易信息、程序和要求的一站式来源，该网站可帮助企业了解所有进出口、过境手续和政策，促进了该国遵守世贸组织贸易便利化协定，有助于降低贸易壁垒。

（3）电子技术服务。根据《电子政务法》《电子文档及其流转和数字服务法》，旨在国家机构通过使用信息和通信技术向自然人和（或）法人提供电子政务服务的组织和法律措施及技术手段系统，以及实现各部门间电子信息交换系统，在一定程度上能够确保国家机构活动的效率、效益和透明度，加强其责任和执行纪律，并建立更多向民众和企业主体提供反馈的机制，[①] 也为国际贸易中的合作提供技术支持。例如，土库曼斯坦首都阿什哈巴德曾率先建立商贸网络电子数据集中处理系统，由联合技术公司为土贸易和对外经济联络部所辖商店装配销售终端（POS）系统。该系统支持电子触摸屏、票据打印、自动控制钱箱和商品条形码扫描等功能，可实现货物在线跟踪，便于组织有效管理和营销，确保商品不间断供应，采集销售和结算数据，及时掌握市场需求。

（4）商品原料交易服务。土库曼斯坦国家商品原料交易所制定了《2020—2025 年完善数字化经营发展规划》，致力于推广文件流转系统和网上交易电子系统，创建“单一窗口”，并提供电子交易互联网服务，为世界各地潜在客户参与交易所活动创造便利条件。

（三）效率

1. 出口合规

（1）总时间

在出口报关时间方面，《海关法》第 79 条规定，在土库曼斯坦海关辖区实际出口之前提交报关单，但通过管道和电力线路运输的货物除外。同时第 88 条对出口定期报关进行规定，土库曼斯坦货物离开土库曼斯坦海关辖区时，申报员应为在一定期限内出口的所有土库曼斯坦货物提交完整且填写完整的报关单。应申报人的要求，在海关当局规定的期限内提交完整且填写完整的报关单。在确定此类期限时，应考虑到申报人获得足够信息以提供完整和正确填写的报关单所必需的期限。提交完整且填妥的报关单的截止日期应为自申报货物出口期限届满之日起 3 个月。

---

① 参见《电子政务法》第 3 条。

对于需要缴纳出口关税或受法律规定的禁止和限制的土库曼斯坦货物，该期限不得超过1个月，海关当局接受的临时报关单不得早于该期限开始前15天。

如果自采用临时报关之日起4个月后，土库曼斯坦货物将不再从土库曼斯坦海关辖区出口，则申报出口货物的海关申报将被视为未提交。经有关人士提出合理要求，海关当局可以延长此期限，但不得超过4个月

在货物过境时间方面，《海关法》第41条对不可抗力事由进行了规定，即如果货物从土库曼斯坦海关边境的实际过境点运至目的地的运输中断，或者由于事故、不可抗力或其他阻碍货物运输的情况，船舶（内河船）、飞机在土库曼斯坦的海关境内紧急停靠或降落，承运人必须采取一切措施确保货物和运输工具的安全，并立即向最近的海关当局报告情况、货物所在位置，同时，应海关当局的要求将货物运至最近的海关当局所在地或其他由海关当局指定的地点，或提供运输（如果运输工具受损）。

（2）总成本

①关税。

关税是出口国海关对本国货物和物品输往国外时征收的税收以及其他税款。《海关法》第111条规定，货物出口应当已缴纳关税。

②其他费用。

根据《海关法》第297条规定，海关费用包括清关费用、海关押运费用以及存储费用（用于在海关临时存储仓库中存放货物）等。

此外，如违反相关规定可能产生行政罚款费用，《海关法》第45条明确，经海关授权的国家海关事务机关有权对承运人或者货运代理多次不履行行政处罚决定即缴纳行政罚款的，作出阻止其境内转关的决定。

由此可知，出口合规的总成本不仅包括清关费用，还涉及货物运输、保管以及可能的罚款和延误成本。

2. 进口合规

（1）总时间

在进口报关时间方面，《海关法》第79条规定，进口到土库曼斯坦海关辖区内的货物的报关单应在货物提交给其到达地海关当局之日起30天内提交，或者如果货物的报关单未在其到达地出示，则应在完成内部海关过境之日起30天内提交，特殊情况除外。如果第79条第1款规定的期限不足以让申报人收集必要的文件和信息，经申报人以书面形式向海关当局提出合理上诉，可以延长截止日期。

在货物放行时间方面，第91条规定，海关应在接受完整报关单和必要文

件后的3个工作日内完成货物放行。

在临时存储期限方面，第62条明确，货物暂存期限为1个月。经当事人合理请求，海关可以延长期限。除本条另有规定外，暂存货物的期限为6个月。易腐货物可以在指定的期限内临时存放，以保持其品质，但不得超过本条规定的期限。第7条规定，禁止进口的货物临时存储期仅为3天，逾期将由海关处置。

另外，土库曼斯坦的海关和国家标准局对进口设备和文件的检查非常严格，任何文件的错误或遗漏都可能导致清关延误，从而延长总时间。

（2）总成本

①关税。

《海关法》第51条规定，离境海关按照货物放行自由流通时应缴纳的进口关税和税款的数额，保证缴纳外国货物的关税和税款。境内转关提交的货物资料不足以计算进口关税税额的，依照本法第282条的规定确定关税税额。

②其他费用。

参照出口规定，同样存在清关费用、海关押运费用以及存储费用、行政罚款等。

（四）评述

1. 具体挑战

第一，监管复杂性。一是外资准入限制，土库曼斯坦对外国直接投资的严格管控（如能源领域外其他行业的高层审批要求）增加了企业进入市场的难度。二是外汇管制，强制结汇、跨境交易限额等政策限制了资金流动，影响企业运营灵活性。三是海关程序烦琐，严格的文件检查、商检流程（如进口设备需国家标准局认证）导致清关时间延长，成本增加。第二，基础设施短板。一是传统设施不足，铁路老化、偏远地区电力不稳定、固定互联网覆盖率低，制约贸易效率。二是数字基建滞后，互联网带宽不足、网络安全薄弱，阻碍电子商务和数字贸易发展。第三，边境管理风险。一是安全威胁，需加强边防投入。二是行政干预，政府单方面违约案例频发，增加了合作项目的不确定性。

2. 完善建议

第一，政策优化建议。一是简化外资准入程序，尤其在非能源领域（如农业、制造业）放宽外资限制，建立透明审批机制，推出税收优惠或补贴政策，吸引技术密集型产业投资。二是完善外汇管理。逐步放宽跨境交易限额，允许企业保留部分外汇收入以降低汇率风险。此外，试点人民币结算，推动与中国等主要贸易伙伴的本币合作。三是提升海关效率。推广电子报关系统，实现单证无纸化，缩短清关时间。同时加强海关人员培训，减少因文件纰漏导致的延误。第二，基础设施与数字化建设。一是升级传统设施，引入国际资本改造铁路网络，提升运输效率，扩大偏远地区电力覆盖，确保供应链稳定性。二是加速数字转型。扩大光纤网络覆盖，提高互联网带宽，支持跨境电商发展。与国际组织合作（如联合国开发计划署），提升网络安全技术和管理能力。

第四章　土库曼斯坦营商环境治理典型案例

一、Muhammet Çap & Sehil 诉土库曼斯坦案[①]

（一）基本案情

1. 投资事实

土耳其籍自然人 Muhammet Çap 于 1993 年 4 月 13 日受土库曼斯坦总统尼亚佐夫的邀请，与一个土耳其商业代表团一起前往土库曼斯坦。1995 年，Çap 依据土耳其法律依法设立的 Sehil Inşaat Endustri ve Ticaret Ltd. Sti.（以下简称 Sehil 公司），并于 1998 年，在土库曼斯坦的首都阿什哈巴德开设了 Sehil 公司的分支办公室。

2000 年 4 月 6 日，Sehil 公司与土库曼斯坦国家安全委员会签署了一项合同，负责为国家安全委员会大楼外立面进行装饰，并安装一座尼亚佐夫总统纪念碑，合同价值达 1，698，968 美元。

从 2000 年至 2009 年期间，Sehil 公司积极参与土库曼斯坦的建设项目，共签订 64 个合同，其内容包括政府大楼、工厂、基础设施建设以及住宅项目等。

2. 被诉行为

Çap 和 Sehil 公司主张土库曼斯坦政府实施的一系列举措，严重侵害了其的投资权益。在合同履行阶段，土库曼斯坦存在多项违约行为，主要表现为付款延迟、单方面变更合同条款。此外，土库曼斯坦实施的不合理罚款和频繁的工地检查缺乏明确依据和合理程序，干扰了 Sehil 公司的正常施工。在司法程序阶段，土库曼斯坦国内法院未公正审理 Sehil 公司起诉政府违约的案件，无理终止合同并没收 Sehil 公司已完成的工程成果。此外，土库曼斯坦央行冻结 Sehil 公司账户，禁止其汇出利润或提取外汇偿还土耳其债权人。2015

---

① Muhammet Çap & Sehil Inşaat Endustri ve Ticaret Ltd. Sti. v. Turkmenistan (ICSID Case No. ARB/12/6).

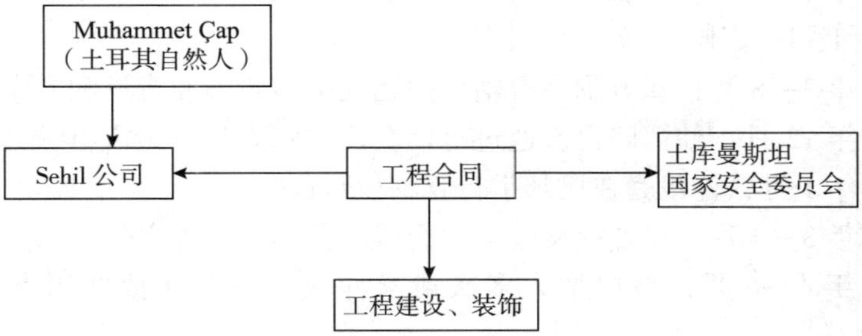

图 4—1　Muhammet Çap & Sehil 诉土库曼斯坦案关系图

年，土库曼斯坦政府发布《外国公司准入负面清单》，将 Sehil 公司列入“不可信赖企业”名单，永久禁止其参与土库曼斯坦招标。上述这些行为均严重违反了合同义务和国际法原则，损害了 Sehil 公司的合法权益。

3. 程序进展

本案申请人为 Muhammet Çap 和 Sehil 公司，被申请人为土库曼斯坦。1992 年，土耳其与土库曼斯坦签署《关于相互促进和保护投资的协定》（以下简称 BIT），该协定构建起两国间投资保护的法律框架，成为本案仲裁程序的核心依据。

双方在仲裁过程中的各项活动，涵盖仲裁申请受理、仲裁庭组建、管辖权争议、实体问题审理、临时措施请求、费用支付、后续提交文件以及案件最终处理等关键环节。程序时间轴概括如下。

（1）仲裁申请与受理阶段（2012 年 2—3 月）

2012 年 2 月，申请人向国际投资争端解决中心（ICSID）提交仲裁申请，并在就 ICSID 关于其是否符合 BIT 条款的询问，答复确认本案不适用。

2012 年 3 月，ICSID 秘书长根据《ICSID 公约》第 36 条第 3 款的规定登记了该案件。在发出登记通知后，秘书长邀请双方根据中心《调解与仲裁程序规则》第 7 条（d）款的规定，尽快组建仲裁庭。

（2）仲裁庭组建阶段（2012 年 5—10 月）

2012 年 6 月，申请人指定比利时人 Bernard Hanotiau 教授为仲裁员。

2012 年 7 月，被申请人指定法国人 Laurence Boisson de Chazournes 教授为仲裁员。

2012 年 10 月，英国人 Julian D. M. Lew 教授被任命为仲裁庭主席。

2012 年 10 月 22 日仲裁庭正式组成。

（3）管辖权及第三方资助争议阶段（2013 年 2 月—2015 年 8 月）

2013 年 2 月 4 日仲裁庭举行首次会议，2 月 15 日发布第 1 号程序令确定仲裁规则和程序安排。

2013 年 3—8 月，双方围绕管辖权问题提交多轮书面意见和专家报告。

2013 年 12 月，仲裁庭再次通过电话会议与双方举行预审组织会议。

2014 年 1 月，仲裁庭在巴黎举行管辖权听证会。

2014 年 3—4 月，双方提交听证后简报和费用声明等文件。

2014 年 4—6 月，被申请人多次请求仲裁庭决定仲裁费用支付信息的披露。

2015 年 6 月 12 日，仲裁庭发布第 3 号程序令，涉及仲裁费用支付信息的披露。

2015 年 2 月 13 日，仲裁庭作出管辖权决定，驳回被申请人的管辖权异议。随后被申请人多次申请重新考虑该决定，2015 年 8 月 3 日仲裁庭驳回其申请。

2015 年 4 月—2016 年 7 月，被申请人多次就披露申请人第三方资助协议提交申请；其中 2015 年 9 月，被申请人请求费用担保。

2015 年 10 月、2016 年 2 月、2016 年 7 月，仲裁庭分别发布第 5、6、7 号程序令，涉及文件披露及对费用担保请求的回应。申请人于 2015 年 11 月 13 日前提交了协议的部分内容，最终双方未就披露全部协议内容达成一致。

2017 年 11 月，被申请人提出仲裁员 Bernard Hanotiau 的回避申请。程序暂停。

2018 年 3 月，仲裁庭其他两名成员驳回对仲裁员 Bernard Hanotiau 的回避申请。程序恢复。

（4）实体问题审理阶段（2015 年 8 月—2017 年 2 月）

2015 年 8 月 3 日，仲裁庭发布第 4 号程序令确定后续日程安排。此后双方就文件制作、签证、费用支付等问题产生争议并多次沟通。

2015 年 12 月—2016 年 9 月，双方先后提交实体问题的相关文件和报告。

2016 年 12 月—2017 年 2 月，被申请人请求延期提交答辩状，双方就 Primetals 专家报告等问题产生争议，仲裁庭多次作出决定并安排听证会相关事宜。2017 年 2 月 13—21 日举行管辖权和实体问题听证会。

（5）临时措施请求阶段（2018 年 3—12 月）

2018 年 3 月 22 日，因在 Sehil 公司破产案中，土库曼斯坦为 Sehil 公司的债权人，为避免影响仲裁程序，Derains & Gharavi 代表申请人请求仲裁庭采取临时措施，之后双方围绕该请求多次提交意见和请求。

2018 年 7 月 20 日，仲裁庭制定关于临时措施请求的书面提交时间表。

2018 年 12 月 13 日，仲裁庭对双方的临时措施请求作出决定。

（6）费用支付与程序推进阶段（2017 年 8 月—2019 年 5 月）

2017 年 8 月—2019 年 3 月，ICSID 多次要求双方支付预付款，其间双方存在支付延迟和争议。

2019 年 3 月—2019 年 5 月，因费用支付问题仲裁程序暂停，后在申请人支付相关款项后恢复。

（7）后续提交文件与案件结束阶段（2019 年 1 月—2021 年 5 月）

2019 年 1 月—2020 年 12 月，双方提交回复听证后简报等文件，就仲裁庭助理任命、听证会安排、费用声明等问题多次沟通，仲裁庭最终决定不再举行听证会并要求双方提交费用声明。

2020 年 3 月，双方提交费用说明。

2020 年 12 月—2021 年 4 月，双方就仲裁裁决的发布时间等问题进行沟通。

2021 年 4 月 20 日仲裁庭宣布程序终止。

2021 年 5 月 4 日，仲裁庭作出裁决。

4. 仲裁请求

（1）驳回被申请人依据 BIT 第 7 条第 2 款对管辖权提出的异议。

（2）宣布仲裁庭对申请人的索赔管辖权。

（3）命令被申请人支付申请人的所有仲裁、法律以及相关费用，包括但不限于申请人在这些仲裁程序中产生的律师费。

（4）申请人要求对因被申请人的违约行为而遭受的损失进行赔偿，包括利润损失、商业机会损失、企业价值损失以及精神损害赔偿，赔偿金额不少于 3 亿美元。

（二）主要法律争议

1. 仲裁庭对本案是否具有属人管辖权

“属人管辖权是指仲裁庭只能对受相关仲裁协议或条款约束的当事人主张管辖权。在国际投资仲裁背景下，属人管辖权涉及国际投资仲裁当事方的主体资格问题，包括申请人是否为‘合格投资者’以及被申请人是否为‘合格东道国’。”[①] 在本案审理中，属人管辖权问题主要围绕申请人是否为合格投资者，以及申请人与第三方资助者签订的资助协议是否涉及转让索赔权利的

① 参见王晓波：《涉华投资者—东道国仲裁典型案件中的管辖权法律要件研究》，浙江财经大学 2022 年硕士学位论文。

问题。

(1) 针对合格投资者的问题

被申请人主张，根据《ICSID 公约》第 25 条第 1 款的规定，一项投资应满足四个条件：投资者参与运营的风险、实质性出资、最低期限、对东道国经济发展的显著贡献。但申请人不满足以上要求，尤其是“风险”要素。被申请人认为，第一，争议合同属于普通的交钥匙工程合同而非一项投资，类似于销售合同；第二，申请人借合同从对方处获得大量资金开展项目，但未作出实质性贡献，并且将履行合同过程中资源的分配与对东道国的实际贡献相混淆；第三，申请人与对方在所有合同中均未订立长期协议，争议合同的期限均不足两年，低于通常要求的 2 至 5 年的最低期限。

申请人主张，第一，其在土库曼斯坦的商业行为完全符合《ICSID 公约》第 25 条第 1 款和 BIT 第 1 条第 2 款规定的投资条件，并援引 ickale 诉土库曼斯坦案和 Garanti Koza 诉土库曼斯坦案支持其主张；第二，申请人已在土库曼斯坦开展了长期建筑项目，将大部分利润再投资以推进并确保其在土库曼斯坦业务的增长，从而承担了超出每份单独合同所固有的风险；第三，申请人使用专有技术、设备和人员或出具银行保函构成对东道国的实质性贡献；第四，被申请人错误地将 Sehil 公司签订的合同分别看待，而非作为一个整体看待。因此，申请人主张，其属于合格投资者。

仲裁庭认定，申请人对土库曼斯坦作出了贡献，其在 9 年的时间内与土库曼斯坦国有或国家控制的实体机构签订了 63 份合同、总价值超过 8 亿美元、雇用了上千名当地员工、租用了办公及其他设施，符合《ICSID 公约》第 25 条及 BIT 第 1 条第 2 款的规定。

(2) 针对第三方资助的问题

首先，被申请人主张，尽管仲裁庭多次下令，但申请人一直拒绝出示完整的资助协议以证明其为《ICSID 公约》第 25 条所指的主张的真正所有人，因此应推定申请人已将其主张的所有权转让或以其他方式让与第三方资助者，申请人在本仲裁庭提起的索赔资格即告丧失。其次，仲裁庭对非土库曼斯坦国民（如申请人的资助方）依据 BIT 对土库曼斯坦提出的索赔没有管辖权。

申请人主张，第三方资助的存在并不导致索赔权利的转让或转移，被申请人认为索赔权利转移应承担相应的举证责任，而其未能提供充分的证据证明这一点。关于申请人未全面披露与第三方资助协议的内容是基于商业保密性、缺乏实质性以及特权等正当理由，不过申请人于 2016 年 9 月 27 日提交的其律师及第三方资助方的宣誓书，确认了索赔权利未转让给第三方资助者。

仲裁庭认定，在国际投资仲裁中，第三方资助的情况较为常见，不能仅仅因为存在第三方资助就推定索赔权发生了转让，被申请人未提交任何证据表明或暗示申请人已不再是本案所涉赔偿的权利人，相反，申请人提供了宣誓书作为权利未转让的证据，而申请人未披露全部资助协议并不足以认定申请人将仲裁中的权利转让给第三方资助者，因此驳回被申请人的管辖权异议。

2. 被申请人的行为是否属于非法征收

征收是指国家出于社会公共利益的需要，对外国投资者的财产进行剥夺的行为，这一行为可以细分为两大类：一是“直接征收”，即东道国政府将外资实行征用，纳入国家所有；二是“间接征收”，这指的是东道国政府通过采取一系列措施干预外国投资者对其财产的权益行使，最终导致这些财产实质上失去了原有的效用。[①] 对于如何区分合法征收与非法征收，BIT 条款规定了构成合法征收的构成要件：出于公共目的，以非歧视的方式，依照正当法律程序，支付及时、充分且有效的补偿。对于本案中被申请人的行为是否属于非法征收，仲裁庭首先判断被申请人的行为是否属于征收，如果认定属于征收，则再考虑征收是否按照 BIT 的要求以合法的方式进行。

申请人主张，被申请人的一系列行为构成对申请人的非法征收。第一，被申请人的延迟付款行为严重影响了 Sehil 公司的资金流动，导致公司无法正常运营，这实质上剥夺了申请人对投资的合理收益权。第二，要求额外工作却不给予补偿的行为，增加了申请人的成本，使投资的预期收益大幅减少。第三，实施罚款和处罚、查封资产、中止合同等行为，直接导致申请人的财产遭受损失，且这些行为在程序上缺乏正当法律程序，未给予申请人充分的通知和申辩机会。第四，被申请人在对申请人的财产征收后，未支付任何补偿。这些行为干涉了申请人对投资的管理和使用，实际效果是剥夺了申请人“部分投资价值”或“财产的使用或合理预期的经济利益”，不符合 BIT 第三条第 1 款“征收应依照正当法律程序进行，并遵循 BIT 第二条所列的一般待遇原则，其中包括上述通过最惠国待遇条款所规定的公平公正待遇。”的规定，因此属于非法征收。

被申请人主张，征收行为应当由国家主权身份行使，但本案中申请人主张的征收行为只是在双方合同关系背景下，要么是土库曼斯坦国家机关的正常运作以及土库曼斯坦合法行使主权进行监管的措施，要么是由作为双方选定仲裁机构的土库曼斯坦仲裁法院所采取的行动。第一，申请人未能明确被征收的财产或财产权利，同时也未能证明其因被申请人采取的主权行为而遭

---

① 参见梁咏：《间接征收与中国海外投资利益保障——以厄瓜多尔征收99%石油特别收益金为视角》，载《甘肃政法学院学报》2009 年第 5 期。

受了实质性和永久性的财产或财产权利的剥夺。第二，被申请人提出，根据双方签订的合同，申请人有权将争议提交土库曼斯坦法院解决，或者对行政决定提出异议，但其选择不这样做。

仲裁庭认为，没有证据证明申请人关于被申请人的各类行为导致其在土库曼斯坦的投资被剥夺的主张。申请人提出的如有关迟延付款或拒付、项目延误的原因、工期延长、罚款等问题，均属于合同事项，可以通过合同约定的争议解决机制来解决。在某些情况下，合同的履行需要土库曼斯坦政府官员的参与和批准，但这符合土库曼斯坦国内惯例和法律要求，不会对申请人的投资产生重大影响。因此，仲裁庭认定，申请人所主张的被申请人的行为纯属合同问题，这些行为并不构成对申请人投资的间接征收。

3. 保护伞条款

保护伞条款主要设定在各缔约国签订的双边投资协定中，其核心内容是要求一方缔约国承诺遵守其对另一缔约国的投资者所作出的特定承诺。这意味着，如果东道国违反了与外国投资者之间的投资合同或承诺，外国投资者可以依据保护伞条款，将此类违约行为提升为对国际投资条约义务的违反，从而寻求国际层面的争端解决机制。“对保护伞条款的适用取决于东道国是否违反双边投资条约，只有条约义务被违反或者东道国对合同义务的违反构成对条约义务的违反时，才适用保护伞条款”。①

申请人主张，根据《土耳其—土库曼斯坦双边投资条约》第 2 条第 2 款以及《英国—土库曼斯坦双边投资条约》第 2 条第 2 款的保护伞条款，被申请人应当遵守其特定的承诺，并且根据国际法，Sehil 公司的合作方都被当作国家机关，所以无论是商业行为还是主权行为，都应归因于被申请人。此外，申请人不认同被申请人的观点，即保护伞条款不能将单纯的合同义务上升为条约义务，同时也不能将违反合同行为上升为违反国际法行为。申请人认为，保护伞条款是否能将违反投资合同行为上升为违反国际法行为与条约解释有关，根据《维也纳条约法公约》第 31 条第 1 款的规定，对保护伞条款的理解应参照条约目的和宗旨进行善意解释，遵循实效原则。

被申请人主张，《土耳其—土库曼斯坦双边投资条约》中并不包含保护伞条款，申请人无权从另一个条约中引入保护伞条款。即使可以引入，申请人也未能证明被申请人违反了《英国—土库曼斯坦双边投资条约》第 2 款第 2 条规定的义务。被申请人提出，申请人所主张的被申请人违反的两项义务，

---

① 霍雪云、周战峰：《浅析“保护伞条款”的适用范围》，载《法制与经济（下旬）》2013 年第 4 期。

即支付义务以及与 Sehil 公司工作范围变更相关的条款在事实上均不成立。

仲裁庭认定，由于 BIT 未明确规定保护伞条款，同时 BIT 第 2 条第 2 款中的最惠国待遇条款适用于事实上存在歧视的情况，即两个处于类似情况的实际投资者受到不同待遇。但本案并非如此。因此，保护伞条款不适用于本案。

（三）简要评析

Çap and Sehil 诉土库曼斯坦案是一起典型且复杂的国际投资仲裁案件，涉及多个关键法律问题和事实争议，对国际投资仲裁领域具有重要的参考价值。

1. 第三方资助

随着国际投资仲裁的发展，第三方资助逐渐成为一种常见的现象，但也带来了一系列问题，如管辖权争议、利益冲突等。目前在国际投资仲裁规则中，涉及第三方资助相关条款的较少，其中主要包括国际律师协会 2014 年《国际仲裁利益冲突指引》、ICSID2022 年《ICSID 仲裁规则》以及新加坡国际仲裁中心、香港国际仲裁中心、中国国际经济贸易仲裁委员会和北京仲裁委员会的相关仲裁规则。[①]

尽管已有规则出台用以规制第三方资助的正当性及合规性，但在国际投资仲裁案件还是存在影响仲裁案件的可能性。

第一，影响仲裁公正。在国际投资仲裁中，案件双方当事人分别为投资人和东道国，而完全保密的第三方资助情况有可能因与仲裁员有法律或事实上的关系导致利益冲突，与之紧密相关的第三方资助的信息披露至关重要。[②]而对相关信息披露的程度也是需要重点考虑的问题。对于第三方资助情况披露程度低，无法确实反映是否存在利益冲突，如果披露程度高，则涉及第三方资助者信息的保密性问题。[③] 因此，在对第三方资助进行披露的时候应对利益冲突及商业机密两个方面进行平衡，一方面保证仲裁的公正，另一方面保障第三方资助相关方的合法权益。

第二，阻挠争议快速解决。首先，第三方资助者在对当事人进行资助时，可能会成为仲裁程序的实际控制方，利用专业知识和充足资金怂恿当事人提

---

① 参见徐伟功、黄芃：《国际投资仲裁中的第三方资助：发展与规制》，载《河北法学》2025 年第 1 期。

② 参见谈晨逸：《第三方资助仲裁对仲裁员独立性的挑战与防范》，载《国际商务研究》2019 年第 1 期。

③ 参见章曦：《论国际仲裁中的第三方融资及投资人的自我监管》，载《北京仲裁》2015 年第 3 期。

出超过实际的赔偿金额，拖长仲裁程序。[①] 其次，投资人在提出仲裁申请时的主要目的是解决其与东道国的投资争端，为了避免影响长期的投资活动，因而在部分案件中，投资人和东道国就争端和解能够达成一致意见，但第三方资助者是以营利为目的，在这种情况下可能会阻碍当事双方通过和解方式解决纠纷。

第三，滥诉[②]风险。第三方资助降低了投资者启动仲裁程序的门槛，一方面有利于保护投资者的合法权益，国际仲裁成本高、耗时长，在权利受到东道国侵害时，投资者能够积极寻求国际仲裁维护自身合法权益；另一方面也可能诱发滥诉风险。在国际仲裁中，第三方资助者不属于仲裁当事人，仲裁庭对其无管辖权，其也无须承担不利的仲裁结果，只需在作出有利判决后按照资助协议获得相应份额收益。[③] 因此，第三方资助为了获取更高利益，有可能教唆投资人进行各种不必要的诉讼或仲裁，从而提起大量骚扰性主张，[④] 东道国因此需要承担更多不必要的仲裁支出，同时也浪费了大量司法资源。

因此，第三方资助既有助于推动国际投资仲裁的进一步发展，也可能引发一系列问题。在鼓励第三方资助发展的同时，也需要进一步完善相关规则，有效防范其潜在风险，确保国际投资仲裁的公正、效率和权威。

2. 保护伞条款

在国际投资领域，双边投资协定中的保护伞条款一直是备受关注的焦点。所谓保护伞条款，是指在双边贸易协定中，规定缔约一方应遵守其对缔约另一方投资者所做的任何承诺。[⑤] 而由于该规定较为宽泛，仲裁庭对该条款可能出现扩大解释的情况，即将投资者与东道国之间的合同纠纷上升为对国际条约的违反，使东道国面临较大的索赔风险。[⑥]

从实践来看，保护伞条款的适用范围在国际投资仲裁中没有形成统一的定论，反而存在限制解释和扩张解释的根本性分歧。①限制解释的情况以1998 年 SGS 诉巴基斯坦案为代表，仲裁庭认为保护伞条款仅适用于违反双边

---

① 参见汤霞：《国际投资仲裁中第三方资助披露规则缺失的困境与破解》，载《河南大学学报（社会科学版）》2022 年第 5 期。

② 参见刘敬东、李青原：《论第三方资助国际投资仲裁及其规制》，载《学术交流》2020 年第 12 期。

③ 参见郭华春：《第三方资助国际投资仲裁之滥诉风险与防治》，载《国际经济法学刊》2014 年第 2 期。

④ 参见罗乔乔、彭真明：《论海南自贸港国际投资仲裁中第三方资助披露制度的构建》，载《海南大学学报（人文社会科学版）》2024 年 10 月 15 日。

⑤ 参见王彦志：《投资条约保护伞条款的实践及其基本内涵》，载《当代法学》2008 年第 5 期。

⑥ 参见余劲松：《投资条约仲裁制度改革的中国选择》，载《法商研究》2022 年第 39 卷第 1 期。

投资条约本身的行为，不能涵盖纯粹的合同违约。该裁决强调国际法与国内法的分野，认为合同争议应通过国内司法或商事仲裁解决；②扩张解释的情况以2003年SGS诉菲律宾案为标志，仲裁庭主张保护伞条款中提到的任何义务应当包含合同义务，从而赋予仲裁庭管辖权。这种解释扩大了国际仲裁的适用范围。[①] 在国际投资仲裁中，对合同的违反和对条约的违反对东道国来说影响程度完全不同。如果将所有的合同违约基于保护伞条款全部上升为违反国际条约，东道国需面临更高额的索赔，同时在合同签订过程中的争议解决条款也将形同虚设。[②]

因此，基于保护伞条款在国际仲裁中的适用解释的不确定情况，国家在签订双边协议时对待保护伞条款态度须严谨审慎。一方面可以在投资条约中删除保护伞条款的相关内容，[③] 另一方面可以在条约中明确保护伞条款的适用范围，[④] 维护了条约的稳定性和严肃性。

总体而言，在本案中，最终的裁决结果不仅会直接影响双方当事人的权益，还将对未来国际投资仲裁实践产生一定的示范效应。它将促使投资者在进行投资活动时，更加谨慎地考虑投资风险和法律保障，选择合适的投资方式和争议解决机制。对于东道国来说，本案也提醒其在吸引外资时，要严格遵守国际投资规则和合同约定，保护投资者的合法权益，以维护良好的投资环境。本案也将推动国际投资仲裁相关法律规则的进一步发展和完善，促进国际投资活动的健康有序发展。

二、Mobile TeleSystems 诉土库曼斯坦案[⑤]

（一）基本案情

1. 投资事实

2005年，申请人为俄罗斯移动通信公司（Public Joint Stock Company Mobile TeleSystems，MTS），MTS收购美国公司（Barash Communications Technolo-

---

① 参见董静然：《投资规制权视野下东道国国家责任的构成与判定》，载《环球法律评论》2023年第2期。

② 参见孙颖：《论投资者股权转让对投资仲裁管辖的影响》，载《上海对外经贸大学学报》2020年第2期。

③ 参见孙颖：《论投资者股权转让对投资仲裁管辖的影响》，载《上海对外经贸大学学报》2020年第2期。

④ 参见孙颖：《论投资者股权转让对投资仲裁管辖的影响》，载《上海对外经贸大学学报》2020年第2期。

⑤ Public Joint Stock Company Mobile TeleSystems v. Turkmenistan（ICSID Case No. ARB（AF）/18/4）.

gies, BCTI)，该公司自 1994 年起在土库曼斯坦提供移动通信服务，依据 1994 年与土库曼斯坦政府签订的协议享有 10 年独家经营权。2005 年 MTS 收购 BC-TI 后，土库曼斯坦电信公司（Turkmentelecom）以未获通知为由暂停 BCTI 服务。双方经协商签订 2005 年协议，约定利润分成、运营条件等，期限为 5 年。2010 年协议到期后，土库曼斯坦未续约，BCTI 运营终止，双方陷入仲裁与诉讼。2012 年，双方通过《和解协议》及《2012 年协议》解决此前争议，MTS 成立子公司 MTS-TM 重启运营。《2012 年协议》由 MTS 与 Turkmentelecom 签订，约定利润分成（MTS-TM 向 Turkmentelecom 支付一定比例利润）且运营期限为 5 年（可延长 5 年）。2017 年协议到期后，土库曼斯坦未同意续展，MTS-TM 于当年 9 月停止运营，双方再次产生争端。

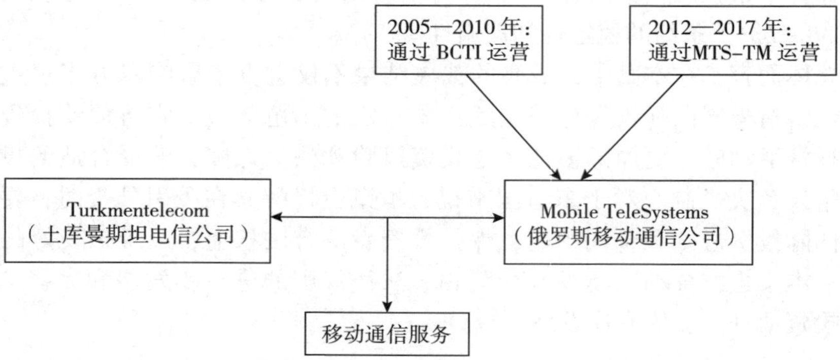

图 4—2　Mobile TeleSystems 诉土库曼斯坦案关系图

2. 被诉行为

MTS 称在 2012—2017 年遭遇多项不公待遇，包括：数据信道容量分配不足且质量差，与本土运营商 Altyn Asyr 存在歧视性差异；数据信道租赁价格过高且涨幅不合理；被拒绝接入 4G 频段、VPN 服务，进口许可证审批延迟；广告限制、设置受限等。2017 年在《2012 年协议》到期前，MTS 申请续约遭拒。土库曼斯坦以协议到期为由，终止互联协议、频谱协议及租赁协议，MTS-TM 被迫于 2017 年 9 月停止运营。2018 年 7 月，MTS 向 ICSID 提交仲裁请求，主张土库曼斯坦违反 BIT，包括公平公正待遇（FET）、国民待遇（NT）、征收等。

3. 程序进展

（1）仲裁申请与受理阶段（2018 年 7—8 月）

2018 年 7 月 27 日，MTS 向 ICSID 提交仲裁请求。

2018 年 8 月 10 日，ICSID 根据附加便利规则批准案件受理，并通知双方组建仲裁庭。

（2）仲裁庭组建阶段（2018 年 10—12 月）

2018 年 10—11 月，双方指定仲裁员。

2018 年 12 月 18 日，仲裁庭正式组成，程序启动。

（3）争议审理阶段（2019 年 3—12 月）

2019 年 3—4 月，MTS 提交事实证据、专家报告等，双方就保密义务、律所资格等产生争议，仲裁庭逐步裁决。

2019 年 11 月 22 日，土库曼斯坦提交管辖权异议。

2020 年 2—7 月，MTS 提交答辩状，反驳管辖权异议并补充证据。

2020 年 12 月 18 日，土库曼斯坦提交再答辩，坚持管辖权异议。

2022 年 8—10 月，双方提交听证后补充意见。

2022 年 12 月 9 日，双方提交费用主张。

（4）案件结束阶段（2023 年 1—6 月）

2023 年 1—4 月，程序终结前的争议解决。

2023 年 6 月 14 日，仲裁庭发布最终裁决。

4. 仲裁请求

（1）申请人请求：第一，法庭对该争端具有管辖权；第二，被申请人违反 BIT 第 3 条之（2）、3 条之（3）、4 条之（1）、4 条之（2）、5 条之（1）用以及第 7 条；第三，请求对造成的损害支付全额赔偿；第四，命令被申请人支付本仲裁程序的所有费用和开支，包括仲裁庭的费用和开支，以及申请人与本程序有关的所有法律费用，包括律师费和专家费用和开支，以及相关利息等。

（2）被申请人请求：第一，仲裁庭对本案没有管辖权；第二，驳回申请人的请求；第三，裁定不应向申请人作出赔偿；第四，命令申请人支付与本次仲裁有关的全部费用，包括仲裁庭成员、被申请人的律师和专家的费用和开支，以及被申请人在其辩护中发生的所有其他金额；第五，命令申请人向被申请人支付精神损害赔偿金等。

（二）主要法律争议

1. 管辖权争议

国际管辖权主要涉及“对人管辖”和“对事管辖”两个方面。对人管辖是指谁可以作为当事方提起申请或诉讼。一般来说，只有国家才能成为国际法院的诉讼当事方，个人或组织通常不具备直接在国际法院提起诉讼的资格。

这是因为国际法院主要处理的是国家间的争端，而非个人或组织间的纠纷。对事管辖指向争议对象，包括因条约解释差异、国际义务违反等引起的争端。需要注意的是，国际管辖权并非强制性，而是需要争端各方的同意。

在本案中，被申请人主张仲裁庭对本案无管辖权，其主张：一是申请人的诉求本质为合同违约，而非《双边投资条约》（BIT）的违反，其认为争议源于《2012 年协议》及附属合同的履行、到期等问题，而 BIT 未赋予仲裁庭管辖合同纠纷的权利，且合同中已约定专属争议解决机制（如 LCIA 仲裁或土库曼斯坦国内法院）。二是申请人的所谓“条约主张”实为合同主张的重新包装，其提及的公平公正待遇（FET）、国民待遇（NT）等违约指控，均基于合同条款的履行争议，而非独立的条约义务违反。三是依据“Vivendi 案”等先例，投资条约仲裁庭不应替代合同约定的争议解决渠道，合同中的约定选择条款应优先适用，故 ICSID 对本案无管辖权。

申请人主张仲裁庭对本案具有管辖权，主要论点为：一是其诉求基于 BIT 下的条约权利，而非单纯合同违约。申请人认为，被申请人的行为违反了 BIT 中的公平公正待遇、国民待遇、禁止非法征收等条款，这些主张具有独立于合同的条约依据。二是合同框架不影响条约主张的独立性，即使争议与合同相关，只要涉及国家对外国投资者的条约义务违反，仲裁庭即有管辖权。三是援引“Vivendi 案”撤销裁决等先例，主张合同中的争议解决条款不能排除 BIT 下的仲裁管辖权。四是申请人符合 BIT 定义的“合格投资者”，其在土库曼斯坦的投资属于 BIT 保护范围，双方已通过 BIT 第 9 条同意适用 ICSID 附加便利规则。

仲裁庭驳回被申请人的管辖权异议，认定对本案具有管辖权：一是申请人的主张属 BIT 下的条约主张，而非单纯合同纠纷。尽管争议与《2012 年协议》等合同相关，但申请人指控的是被申请人违反 BIT 义务，具有独立的条约依据，与合同违约分属不同法律范畴。二是合同中的争议解决条款不排除 ICSID 管辖权，BIT 作为国际条约，其规定的管辖权不受合同约定的选择条款限制。三是申请人为 BIT 定义的“合格投资者”，其在土库曼斯坦的投资符合 BIT 保护范围，双方已通过 BIT 第 9 条及申请人的仲裁请求达成管辖合意，且因俄罗斯非《ICSID 公约》缔约国，适用附加便利规则合法有效。

2. 行为归属争议

被申请人主张：第一，MTS 未证明所指控的措施是土库曼斯坦在行使主权权力时采取的，土库曼斯坦并非相关合同的当事方，Turkmentelecom 作为国有电信企业，具有独立法律人格，其行为是作为合同方的商业行为，而非行使主权权力；第二，MTS 也未证明土库曼斯坦超越监管角色干预其运营，故相关行为不应归因于国家。

申请人则认为：第一，其诉求基于土库曼斯坦的国际不法行为，Turkmentelecom 和 Altyn Asyr 的行为可归因于国家，Turkmentelecom 是事实上的国家机关，行使电信领域的政府职能（如分配数据信道、制定政策等），而 Altyn Asyr 作为 Turkmentelecom 的子公司，同样受国家控制，且两者的行为均遵循政府指示，符合关于国家行为归因的标准。

仲裁庭依据 ILC Articles 中关于国家行为归因的标准（国家机关行为、行使政府权力的实体行为、受国家指示或控制的行为）进行分析：第一，Turkmentelecom 是事实上的国家机关（Article 4 ILC），且行使政府职能（Article 5 ILC）。其历史上为政府部门，并直接向该部门汇报，负责人由其任命，且负责分配数据信道等公共资源，行为具有明显的政府属性，故其行为可归因于土库曼斯坦。第二，Altyn Asyr 主要是商业实体，虽为国有但证据不足以证明其是国家机关或行使政府权力（Article 4、5 ILC），而关于其是否受国家具体控制（Article 8 ILC），需要在具体主张中进一步判断。总之，Turkmentelecom 的行为可归因于土库曼斯坦；Altyn Asyr 的行为是否归因于国家，需在相关具体主张中进一步认定。

3. 条款争议

被申请人主张：第一，关于公平与公正待遇（FET），主张 FET 标准等同于习惯国际法中的最低标准，需达到“恶意、故意失职”等严重程度，其认为申请人所称的合同未续展、资源分配差异等情况，未达到此标准，且投资者应自行承担商业风险，其对合同续展的期待无法律依据，被申请人的行为符合国内法和合同约定。第二，关于国民待遇（NT），依据 BIT 第 4 条之(3)，主张国家有权对本国投资者给予优惠待遇，且该优惠不构成对外国投资者的歧视。强调 Altyn Asyr 作为国有企业与 MTS 并非“类似情况”，资源分配差异源于商业合理性而非国籍歧视，且不存在可对比的第三方投资者，故不违反 NT 义务。第三，关于征收及其他义务，其认为 2017 年运营终止是《2012 年协议》到期的自然结果，MTS 无合法存续权利，不存在“剥夺投资价值”的征收行为。否认在审批、资金转移等方面违约，主张相关措施基于国内法和合同，属正当监管行为，申请人未能证明损害与被申请人行为的因果关系。

申请人主张：第一，《2012 年协议》并非运营的法律前提，被申请人以协议到期为由强制终止运营，剥夺其合法权利，导致投资价值丧失，构成间接征收，且无公共利益和补偿，违反 BIT 第 5 条。第二，主张 FET 是独立标准，不限于习惯国际法最低标准。被申请人破坏合理期待（如承诺续展合同却反悔）、行为任意歧视（如资源分配偏向 Altyn Asyr），且未提供稳定的商业环境，违反 BIT 第 4 条之（1）。第三，指控违反国民待遇（NT）及其他义务：认为在数据信道容量、4G 频段接入等方面受到比 Altyn Asyr 更差的待遇，构成国籍歧视，违反 BIT 第 4 条之（2）。此外，2012—2017 年间存在进口许可延迟、广告限制等行为，违反“充分保护”“必要批准”等义务。

仲裁庭认为：第一，《2012 年协议》是合法有效的运营基础，到期终止符合合同约定，故不存在非法征收或 FET 违反，申请人关于征收的主张不成立。第二，数据信道分配差异源于技术限制而非歧视；价格调整、许可审批等属合理监管范畴，未违反 NT 或 FET；申请人未能证明被申请人存在“恶意或任意行为”，历史违约主张缺乏依据。第三，认定 FET 需达到一定严重程度，而申请人主张的行为未达标；第四，Altyn Asyr 与 MTS 不属于“类似情况”，不存在歧视。综上，被申请人未违反 BIT 任何条款，申请人的责任主张不成立。

4. 赔偿争议

被申请人认为：第一，其未违反《双边投资条约》（BIT）任何条款，申请人主张的损害赔偿缺乏法律前提。申请人所称的损失源于《2012 年协议》到期等正常合同履行结果及商业风险，与被申请人的合法行为无因果关系，故无需承担赔偿责任。第二，申请人的损害评估依赖专家报告，但该报告基于“被申请人违约”的假设，而该假设不成立。报告中对“历史损害”“估值损害”的计算存在高估，例如，将合同到期后的预期收益纳入损失，违背合同约定的期限，缺乏事实依据。第三，申请人要求的利息计算标准无依据，且仲裁费用应由申请人自行承担。因申请人的主张未获支持，相关法律费用、专家费用等不应由被申请人承担。

申请人主张：第一，被申请人应赔偿三类损失：（1）“历史损害”，即 2012—2017 年因资源分配不公、歧视性措施导致的利润损失；（2）“估值损害”，即 2017 年运营终止导致的投资价值损失；（3）“滞留现金”，即因货币兑换限制无法汇出的资金，合计金额不低于其主张的特定数额。第二，计算依据合理。申请人依据专家报告采用现金流折现法等评估投资价值，认为被申请人的违约行为直接导致投资价值丧失，因果关系明确，报告详细列举了各项损失的计算过程，包括收入损失、资产减值等。第三，要求预付利息和裁决后利息，同时主张被申请人承担全部仲裁费用，这些费用因被申请人违约而产生。

仲裁庭裁决：第一，被申请人未违反 BIT 任何条款，故申请人的损害赔偿请求缺乏法律基础，被申请人无需承担赔偿责任。第二，否定损害计算的合理性。仲裁庭指出，申请人的损害评估基于“被申请人违约”的假设，而该假设不成立，因此相关计算（如未来收益预测）均不具备合理性。专家报告中关于“历史损害”与被申请人行为的因果关系论证不足，无法采信。第三，裁定费用承担方式。仲裁庭判令申请人承担大部分仲裁费用，包括ICSID行政费、仲裁员报酬及双方合理法律费用的大部分。因申请人的主张未获支持，且部分诉求缺乏事实依据，其利息主张亦被一并驳回。

（三）简要评析

1. 建立政企互信

与当地政府和企业的合作是企业对外投资的关键。企业通过合作与政府之间建立互信机制，在市场准入、获取经营场所以及税收优惠等方面得到一定程度的便利，同时在与本地企业深入合作的过程中，可以更好地理解和适应市场，推动产品和服务的本土化，增强资源共享的广度和深度，降低市场风险，实现共赢发展。①信任机制在影响公司对外投资时存在挤出效应，加强与东道国的制度交流及合作，可以为企业对外投资创造更加安全、稳定的投资环境。营商环境涉及投资经营的活跃度、社会的创新度，以及企业涉外投资的可持续能力，是考察一国营商环境建设状况的一个基本出发点，而政府在营商环境建设方面起到了至关重要的作用。

2. 完善立法规定

实际上，在土库曼斯坦的涉外投资贸易中，投资争端偏向于通过与土库曼斯坦政府谈判或在土库曼斯坦法院加以解决，这实则导致贸易争端解决多有滞碍。一方面，土库曼斯坦的法律体系并不完善，许多领域均需要通过特别政策、政府文件或命令对外国投资者和外国投资进行调整和规范，这导致涉外投资者的弱势地位愈加凸显。另一方面，政策的多变性引发执法以及司法的随意性，从而增加了投资风险。在执法方面，政府机关多以国家利益的损失为依据，对合同内容、合同效力进行任意干预；在司法方面，当地司法系统必然会从本国利益为主的角度进行价值判断和择取，司法透明度难以保证，进而司法公平正义也发生偏离，这极大地影响了市场的公平竞争秩序。

3. 明确法律适用

公平公正待遇、国民待遇的发展与国际仲裁实践紧密相关，应当成为条

---

① 参见马天、吕明泽：《中国企业赴土库曼斯坦的投资环境风险及其应对路径研究》，载《上海商业》2024年第12期。

约原则，贯穿于双边投资条约订立、解释、适用以及投资争议裁决的全过程。而试图将这样一个抽象的体现法律伦理精神的条约原则，作为一个具体的条约规则来订立与适用，必然导致或出现无法避免的规则不能具体化的难题、条款适用泛化的困境，以及国际仲裁裁决前后矛盾的弊端。只有从法方法论视角对公平公正待遇、国民待遇条款进行现代化或建构性阐述，还原其条约原则的本来地位，建立双边投资条约以及保护、待遇条款之间的合理框架，才能有效化解公平公正待遇等条款适用过程中所发生的滥诉或裁决冲突的风险，进一步提升双边投资条约的法律化水平。① 为了保护投资者的相关权益，各国之间通常借助这一规定使投资者有可能根据东道国违反合同义务的情况提起国际仲裁。虽然各国签署的双边投资协定的核心内容上大体一致，但因具体案件事实的差异，仲裁庭对条款的解释也各有不同。由此可见，条款本身的文本不明确，案件事实以及价值择取是导致不同仲裁庭对该条款的适用范围存在分歧的重要缘由，进而对案件的裁决结果产生重大影响。因此，在缔结投资条约时，不要只关注双边协议中的宏观规定，而要对合同内容进行详细说明，这样有助于避免争议发生时因法律解释的差异而导致相关权益受损。

4. 善用法治手段

保护外商投资利益是营商环境建设的一个重要议题，无论是投资者还是引进外商投资的政府，二者在利益保护上都应穷尽一切救济手段。一是合理运用“用尽救济原则”，鼓励拓展 ISDS 条款的适用，避免一味坚持东道国国内救济的立场，推动争端解决向国际投资仲裁方向发展。二是进一步完善境外企业权益保护机制和境外投资项目响应协调机制，聚焦境外投资项目的痛点和难点，整合行业协会、服务机构、企业等各方优势资源，在重点领域和关键环节形成合力，② 有利于提高投资者的维权效率和维权效果。

---

① 参见梁开银：《公平公正待遇条款的法方法困境及出路》，载《中国法学》2015 年第 6 期。

② 参见郑玲丽：《“一带一路”绿色对外投资的环境保护困境及法律对策》，载《海关与经贸研究》2024 年第 6 期。

第五章　土库曼斯坦主要产业营商环境相关规定

一、土库曼斯坦油气资源产业

（一）油气资源概况

1. 油气资源出口

土库曼斯坦是中亚地区重要的石油和天然气生产国，其石油资源主要分布在里海盆地和南部的阿姆河盆地。根据国际能源署（IEA）的数据，土库曼斯坦的已探明石油储量约为 6 亿桶，虽然与全球主要产油国相比规模较小，但其石油资源在地区经济中占据重要地位。土库曼斯坦的石油产量近年来保持稳定，日均产量约为 20 万桶，主要供应国内市场，并部分出口至周边国家。土库曼斯坦的石油出口主要通过管道和铁路运输，主要出口市场包括中国、俄罗斯和伊朗等周边国家。近年来，土库曼斯坦与中国在能源领域的合作日益密切，中国—中亚天然气管道不仅输送天然气，也为石油出口提供了重要通道。此外，土库曼斯坦还通过里海港口向欧洲市场出口石油，但由于运输成本较高，出口规模相对有限。

2. 油气资源管理

土库曼斯坦的石油资源管理主要依据《油气资源法》，其规定了石油资源的所有权、开发许可、合同签订、税收制度等方面的内容，确保国家对石油资源的绝对控制。土库曼斯坦政府通过内阁（政府）和主管机构对石油资源进行管理，制定开发战略、组织招标活动、颁发许可证并监督石油作业的合规性。随着全球对环境保护的重视，土库曼斯坦在石油开发中也开始关注环境保护问题。《油气资源法》明确规定，环境保护是石油作业的强制性条件，承包商需提交环境保护计划并建立监测系统，评估石油作业对环境的影响。然而，由于技术和资金的限制，土库曼斯坦在环境保护方面仍面临挑战，需要进一步加强环保措施和技术创新。

（二）油气资源法律法规

土库曼斯坦的《油气资源法》作为石油资源管理领域的核心法律，为石油作业活动的许可、合同谈判与签订、税收征收等关键环节提供了详尽的法律指导。其中，《油气资源法》主要规定了石油勘探、开采、加工、运输及销售等方面的基本规则，明确了石油作业许可的申请程序、条件及期限，为国内外投资者在土库曼斯坦开展石油作业提供了法律保障。同时，明确了油气资源的所有权、使用权、管理权及保护等方面的规定，确保国家对油气资源的有效控制与合理利用。

1. 开采权限

（1）国家所有权与政府的权限

土库曼斯坦油气资源法律法规明确规定，境内的所有油气资源均归国家所有，这一原则奠定了国家对石油资源行使最高权力的法律基础。国家所有权不仅意味着资源的最终归属权在于国家，还隐含着国家有权决定资源的开发方式、利用方向及利益分配。在此基础上，内阁被授予对这些资源的所有权、开发和处置权的全面行使权，这确保了国家对石油资源的绝对控制，有效防止了资源的私有化趋势及无序开发带来的潜在风险。

内阁在石油资源管理中的权限广泛而具体，主要包括：第一，制定油气资源开发战略。内阁需根据国内外市场需求、技术进步、环境保护要求等因素，制定长期和短期的油气资源开发战略，为行业发展指明方向。第二，确定开发优先顺序和保护规则。基于资源分布、地质条件、环境影响评估等因素，内阁有权决定哪些区块优先开发，同时设定严格的保护措施，如设立缓冲区、限制开采强度等，以保护生态环境。第三，保护自然环境、公共健康和安全。内阁负责制定并执行严格的环保标准，确保油气开发活动不对周边环境和居民健康造成负面影响。例如，要求企业采用先进的污染控制技术，进行环境影响评估，并设立应急响应机制。第四，组织油气储量统计。内阁下属的地质调查机构负责定期更新国家油气储量数据，为政策制定、战略规划提供科学依据。第五，限制在重要文化或历史区域的石油作业。对于具有重大历史、文化价值的区域，内阁有权禁止或严格限制石油作业，以保护国家文化遗产。

（2）主管机构的角色与权限

在土库曼斯坦的石油资源管理体系中，主管机构（如能源部或石油天然气管理局）扮演着至关重要的角色，其权限设置旨在确保石油资源管理的专业性、透明度和高效性。主管机构的权限包括以下几类。

第一，制定油气田开发规则。根据国际标准和国内实际情况，制定油气田勘探、开发、生产的具体规则和技术标准。第二，组织招标活动。负责公开、公平、公正地组织油气区块的招标活动，吸引国内外投资者参与，促进市场竞争。第三，制定示范合同。为油气开发合同提供标准模板，明确双方权利义务，保护国家利益和投资者权益。第四，与许可证申请人和承包商谈判。就合同条款、开发计划等关键内容进行深入谈判，确保合同条款的合法性和合理性。第五，颁发许可证并签订合同。对符合条件的申请者颁发勘探、开发许可证，并与其签订正式合同，明确资源开发的各项条件。第六，监督石油作业的合规性。通过定期检查、审计等方式，确保石油作业符合法律法规、合同条款及环保要求。第七，暂停或撤销许可证。对于违反法律法规、合同条款或环保标准的企业，主管机构有权暂停或撤销其许可证，作为惩罚措施。第八，提交年度报告。向内阁及公众报告年度石油资源管理情况，包括资源开发进展、环境保护成效、经济效益等。第九，要求银行担保。为确保合同的履行，要求投资者提供银行担保，以应对可能发生的违约风险。

(3) 康采恩的角色与权限

康采恩（Konzern），在土库曼斯坦石油行业中通常指大型石油联合体或跨国石油公司，它们在石油作业中发挥着重要作用。康采恩的权限主要包括：第一，协助主管机构。在遵守法律法规的前提下，协助主管机构进行资源评估、环境影响评价等工作，提供专业意见和技术支持。第二，签订合同并监督石油作业。与主管机构签订勘探、开发合同，并按照合同规定组织、实施和监督石油作业，确保作业安全、高效进行。第三，作为合资企业成员或授权实体进行石油作业。与国际石油公司组建合资企业，或作为政府授权的实体，参与复杂、高风险或大型油气项目的开发。第四，技术创新与研发。投入资源进行技术创新和研发，提高油气勘探成功率、开发效率和环保水平，推动行业技术进步。

2. 石油作业的许可制度

在石油作业的许可制度方面，土库曼斯坦的《油气资源法》展现了一个既严谨又灵活的框架，旨在确保资源的有效开发、环境保护与国家利益的最大化。该法明确规定了三种主要类型的许可证：勘探许可证、生产许可证以及勘探和生产联合许可证，每种许可证均承载着不同的功能与目的，共同构成了土库曼斯坦石油资源管理的基石。

(1) 许可证类型及其功能

第一，勘探许可证。主要授予那些致力于在指定区块内寻找并确认石油资源的实体。此类许可证是石油资源开发周期的起点，为后续的开发与生产活动奠定基础。第二，生产许可证。在勘探成功后，持有者将获得生产许可证，以正式开展石油资源的开采与生产活动。此许可证标志着资源开发从探索阶段进入了实际开采阶段。第三，勘探和生产联合许可证。这是一种结合了勘探与生产权限的许可证，适用于那些具有强大技术实力、财务能力以及良好环保记录的实体，允许其在同一区块内同时进行勘探与生产活动，以提高资源开发的效率与灵活性。

（2）许可证的颁发机制

土库曼斯坦《油气资源法》规定，许可证的颁发可通过招标或直接谈判两种方式进行，具体采用哪种方式由内阁根据国家利益、市场情况及特定区块的特点来决定。第一，预审申请阶段。招标公告需详细列明区块的基本信息、地质特征、预审条件及申请截止日期等关键信息。潜在申请人需提交包括技术实力、财务健康状况、过往项目经验及组织能力在内的全面证明文件，以证明其具备执行项目所需的能力。第二，投标提案阶段：通过预审的申请人需提交详细的投标提案，包括但不限于作业进度计划、环境保护措施、预期投资规模、土库曼斯坦收入预测及经济贡献分析等。这些提案将由一个由行业专家、环境科学家、财务顾问及政府官员组成的专家委员会进行评估。专家委员会的评估不仅关注技术方案的可行性与创新性，还着重考察投标人对环境保护的承诺、对当地社区的积极影响以及为土库曼斯坦带来的长期经济收益。

（3）许可证申请与撤销

许可证申请文件需详尽无遗，包括申请人基本信息、技术团队构成、环境保护方案、安全管理制度等关键内容。对于生产许可证，还需附加勘探结果报告、详细开发计划、经济可行性分析报告等，以证明项目的可行性与盈利性。

许可证的颁发总是伴随着合同的签订，确保了双方权利义务的明确与可执行性。勘探许可证的有效期最长为 6 年，期间可申请两次延期，每次延长 2 年。生产许可证的有效期则为 20 年，并可申请一次 5 年的延期。在有效期内，许可证持有人享有在指定区块内勘探、开发和生产石油的专有权，这是对其投资与努力的直接回报。然而，许可证并非不可撤销，一旦持有人违反法律法规、提供虚假信息或未能履行合同义务，主管机构有权暂停或撤销其许可证。

3. 石油作业的合同规定

在合同法的广阔领域中，土库曼斯坦作为拥有丰富石油资源的国家，其《油气资源法》在规范石油资源开发活动方面扮演着至关重要的角色。该法不仅详细规定了石油勘探、开发、生产及销售的各项原则，还特别就合同类型及其执行机制进行了详尽阐述，其中产量分成合同（Production Sharing Contract，PSC）与合资合同（Joint Venture Contract，JVC）是两种最为核心的合同形式，它们各自承载着不同的法律框架和经济合作模式，旨在促进国内外投资者有效参与土库曼斯坦的石油资源开发。

（1）合同类型

①产量分成合同（PSC）。

产量分成合同是一种典型的国际合作模式，尤其适用于资源国与外国投资者之间的合作。在此类合同中，外国投资者负责提供资金、技术和管理经验，资源国则提供石油勘探开发的许可权及必要的基础设施。合同的有效期和具体条款，依据《石油资源法》颁发的许可证以及示范合同条款，由合同双方通过谈判协商确定。这些条款通常涵盖投资规模、成本回收机制、利润分成比例、税收安排、环境保护措施等关键内容。

②合资合同（JVC）。

相比之下，合资合同则更多地体现了资源国与外国投资者之间更为紧密的经济合作关系。在此框架下，双方共同出资设立一个合资企业，该企业对石油资源的勘探、开发、生产和销售活动拥有直接的控制权。合资合同的期限、资本构成、管理结构、利润分配等核心要素，同样需遵循《油气资源法》的相关规定，并参考示范合同条款，经双方协商一致后确定。

（2）合同的生效与终止

无论是产量分成合同还是合资合同，其签订过程均需遵循严格的法律程序。首先，合同双方需与健康、生态、资源保护等相关政府机构达成一致，确保项目符合国家的环境保护政策和资源可持续利用原则。这包括但不限于提交环境影响评估报告、制定详细的生态恢复计划等。其次，合同还需在土库曼斯坦的相关政府部门进行登记，以获得法律上的认可与保护，至此合同方正式生效。

合同的无效与终止情形，在《油气资源法》中亦有明确规定。若石油勘探开发许可证因违反法律法规、环境保护要求或未履行承诺等原因被撤销，则基于该许可证签订的合同自然失效。此外，合同双方若需修改合同条款，必须达成书面协议，并确保修改内容符合许可证条件和《油气资源法》的规定，否则修改无效。合同终止后，承包商有权按照合同约定处置其在合同区域内的资产，包括但不限于设备、设施及剩余石油储量。然而，资源国主管机构在此情况下享有优先购买权，以确保国家利益的最大化。同时，承包商负有将合同区域恢复到适合未来利用状态的义务，这包括但不限于生态修复、环境清理及土地复垦等工作，以确保石油开发活动不会给当地生态环境留下长期负面影响。

在石油作业的复杂且敏感的领域，土库曼斯坦的《油气资源法》通过一系列详尽且具体的法律规定，旨在确保石油资源的高效、安全及可持续开发，同时维护国家利益与环境保护之间的平衡。以下是对该法律框架下石油作业相关规定的深入分析与扩写。

（3）工作计划与预算

根据土库曼斯坦《油气资源法》，石油作业的工作计划与预算必须在合同中明确规定。这一规定确保了作业活动有章可循，提高了开发效率。工作计划通常包括勘探、开发、生产等阶段的具体任务、时间安排及资源分配，而预算则详细列出了各项活动的成本估算。例如，在某国际石油公司与土库曼斯坦政府签订的合同中，详细列出了未来5年的勘探计划，包括地震勘探、钻井作业及试油测试等，同时附带了相应的成本预算。这一做法不仅增强了合同的透明度，也便于双方对作业进展进行监控与评估。

（4）商业发现与通知义务

当石油作业中发生商业发现时，承包商需立即通知主管机构，并配合进行油田评估。这一规定旨在确保国家能够及时掌握资源状况，合理规划后续开发策略。提交给主管机构的报告需包含详细的地质数据、储量估算及开发方案。若评估结果显示未发现商业性石油资源，承包商不仅无权收回已投入的投资，且合同将自动终止。这一条款体现了石油资源开发的高风险性，同时也鼓励承包商在前期工作中进行充分的地质调查与风险评估。

（5）相邻合同区域联合开发

对于相邻合同区域的石油资源，法律鼓励承包商之间签订联合开发协议，以提高资源利用效率，降低开发成本。联合开发协议需获得主管机构的批准，以确保开发活动符合国家的整体战略规划与环境保护要求。若承包商之间无法达成联合开发协议，主管机构有权强制实施联合开发计划，这一规定体现了国家在石油资源开发中的宏观调控作用。

4. 石油作业的生态保护

（1）环境保护与航行安全

在石油作业中，人工岛、堤坝和结构的建设需获得主管机构的许可，以确保其对环境的影响控制在可接受范围内，同时不影响航行安全。废弃结构需安全拆除，不得遗留任何妨碍航行和渔业活动的障碍物。这一规定旨在保护海洋生态环境，维护海洋运输的畅通无阻。例如，在某石油开发项目中，承包商在建设海上平台时，严格按照主管机构的要求进行了环境影响评估，并采取了多项措施减少施工对海洋生态的破坏。

（2）废物处理与废水排放

石油作业产生的废物与废水处理是环境保护的重点。法律禁止将石油作业废物排放或掩埋在海洋中，工业废水需经过预处理，达到允许排放的标准后方可排放。这一规定体现了对海洋环境的严格保护，避免了因石油开发活动导致的生态灾难。例如，某石油公司因未按规定处理工业废水，导致海水污染，最终被主管机构处以高额罚款，并责令其采取补救措施。

5. 政府、承包商的权利与义务

（1）政府的权利

第一，政府优先购买权与征用权。为了保障国家能源安全与满足国内需求，法律赋予政府优先购买权。购买条件需在合同中明确规定，确保了政府能够在关键时刻获得所需的石油资源。在紧急情况下，政府有权征用承包商的石油，并按照国际市场价格进行补偿。[①] 这一规定体现了国家在能源安全方面的主权，同时也保障了承包商的合法权益。第二，监督与信息保密。地质和石油储量信息被视为国家战略性资源，依法归土库曼斯坦政府所有。主管机构与其他国家机构负责监督石油作业，确保所有活动符合法律法规的要求。[②] 同时，法律强调信息保密，防止敏感信息的泄露。承包商需按合同规定计量石油，使用的计量设备需获得主管机构的同意。若发现计量设备不准确，合同条款需相应调整，以确保数据的真实性与准确性。

（2）承包商的权利

第一，使用合同区域进行石油作业。土库曼斯坦石油资源法赋予承包商在合同指定区域内进行石油勘探、开发、生产及销售等一系列作业的权利。这一权利是承包商参与石油资源开发活动的基础，确保了其在合法框架内有效利用资源，实现经济效益。例如，某国际石油公司与土库曼斯坦政府签订产量分成合同，获得某区块的勘探开发权，通过先进技术与科学管理，成功发现大型油田，为国家带来显著的经济效益。第二，建造基础设施。为支持石油作业，承包商有权在合同区域内建造必要的基础设施，包括但不限于钻井平台、输油管道、储油设施及生活营地等。这一权利的实施需遵循严格的环保与安全标准，确保基础设施建设既满足作业需求，又不损害自然环境。在实践中，承包商需提交详细的建设方案，经主管机构审批后方可实施。法

---

① 参见薛清泉、马新江、李玉顺：《土库曼斯坦石油法与税收制度浅析》载《东欧中亚市场研究》2000 年第 8 期。

② 参见袁华江：《中土油气类资源的立法比较——对我国石油法制定的启示》，载《西安石油大学学报（社会科学版）》2010 年第 3 期。

律也允许承包商保留其商业秘密，如特定的勘探技术、开采方法等，以保护其商业利益不受侵犯。第三，利用分包商服务。为提高作业效率，承包商有权聘请专业分包商提供特定服务，如地质勘探、钻井作业、设备维护等。选择分包商时，承包商需确保其资质与信誉，同时遵守合同及法律规定，避免潜在的法律风险。第四，自由处置石油份额。根据合同约定，承包商有权自由处置其石油份额，包括销售、出口或与其他承包商进行交换。这一权利促进了石油市场的流通性，提高了资源配置效率。然而，处置行为需符合国家的能源战略与出口政策，确保国家利益不受损害。第五，享有合同延期的优先谈判权。在合同期满前，若因客观原因无法完成预定作业目标，承包商享有优先谈判权，可申请合同延期。这一权利体现了法律的灵活性，有助于解决因不可抗力导致的作业延误问题。第六，有权放弃部分或全部权利并终止活动。在特定情况下，如市场环境恶化、技术难题无法解决或经济效益显著下降，承包商有权放弃部分或全部权利，并提前终止石油作业活动。这一规定保护了承包商的合法权益，避免了不必要的经济损失。

（3）承包商的义务

第一，采用高效技术。承包商需采用国际先进、高效的技术进行石油作业，以提高资源利用率，降低生产成本。这不仅是提高经济效益的要求，也是实现可持续发展目标的关键。第二，遵守法律和合同条款。承包商的所有活动均需严格遵守土库曼斯坦的法律法规及合同条款，确保作业的合法性与合规性。违反法律或合同条款将面临严厉的法律制裁。第三，保护自然环境和地下资源。石油作业对自然环境及地下资源具有潜在影响，承包商需采取有效措施，防止环境污染与资源破坏。这包括但不限于实施严格的环保措施、进行环境影响评估及生态恢复计划。第四，防止石油浪费和污染。承包商需采取一切必要措施，防止石油在勘探、开发、生产及销售过程中的浪费与污染。这包括优化作业流程、提高设备效率及加强员工培训。第五，优先使用土库曼斯坦设备和雇佣本地员工。为促进本土产业发展与就业，承包商在采购设备及雇佣员工时，需优先考虑土库曼斯坦的产品与服务。这一规定有助于提升国家工业水平，增强经济自主性。第六，提供文件和信息。承包商需定期向主管机构提交作业报告、财务报告及环境监测报告等文件，确保信息的透明度与准确性。这一义务有助于政府及社会各界了解石油作业进展，监督其作业活动。第七，缴纳税款。承包商需按照国家规定缴纳各项税款，履行纳税义务。这不仅是法律要求，也是企业社会责任的体现。第八，恢复受损土地。石油作业结束后，承包商需负责恢复受损土地，确保其恢复至适合利用的状态。这一规定旨在保护土地资源，维护生态平衡。第九，承担石油作业风险。石油作业具有高风险性，承包商需承担作业过程中可能发生的各种风险，包括市场风险、技术风险、环境风险等。这一规定强调了承包商的自我管理与风险防控能力。第十，石油信息保密。承包商在作业过程中获取的相关信息，虽可用于石油勘探与开发，但必须遵守严格的保密义务，不得泄露给第三方，除非得到政府的明确授权。在合同执行期间及终止后，承包商需向主管机构提供石油作业的相关信息，包括但不限于作业进展、储量评估、环境影响评估等。同时，双方需就信息保密达成一致，确保敏感信息的安全。这一规定旨在保障政府对石油作业的监督权，同时尊重承包商的商业秘密。

土库曼斯坦石油资源法明确规定，承包商有权转让其依据合同享有的权利和承担的义务，但这一转让需获得主管机构的明确同意，或在未经同意的情况下，转让人与受让人需共同承担连带责任。这一规定旨在保障合同关系的稳定性与连续性，防止未经授权的转让可能导致的法律纠纷与作业中断。在实践中，若承包商因财务困境、战略调整等原因需转让合同权益，需严格按照法定程序操作，确保政府、其他承包商及第三方利益不受损害。

6. *石油管道的规定与实践*

（1）管道的建设、运营与维护

土库曼斯坦石油资源法律法规明确规定，主要管道的建设、运营与维护工作应由专门成立的公司负责。这一规定确保了管道系统的专业性与高效性，有助于提升石油运输的安全性与可靠性。管道的所有者可以是政府、承包商或独立投资者，这一灵活性促进了多元投资，加速了管道基础设施的建设与发展。

（2）运输费率的设定

管道公司被赋予设定运输费率的权力，这一规定基于市场经济原则，确保了管道服务的商业化运作。费率的设定需考虑成本、市场需求及国际惯例，旨在实现公平交易，保障管道公司与用户双方的利益。在实践中，管道公司需定期公开费率结构，接受政府监管与社会监督，确保费率的合理性与透明度。

（3）管道规划与建设

管道规划与建设需满足中长期石油生产需求，这要求管道公司具备前瞻性的规划能力，确保管道系统能够适应未来石油产量的增长。同时，法律允许独立生产商使用管道的剩余运输能力，这一规定促进了市场竞争，提高了资源分配效率。在实践中，管道公司需与政府、承包商及独立生产商紧密合作，共同制定科学合理的管道规划方案。

(4) 管道维护与安全规范

管道的维护需符合国际安全规范，这一规定强调了安全在石油运输中的核心地位。管道公司需定期进行检查与维修，确保管道系统的完好性与稳定性。同时，政府监督执行，对违反安全规范的行为进行严厉处罚，保障了公共安全与环境保护。例如，在某次管道泄漏事故中，管道公司因未遵守安全规范而受到重罚，这一案例警示了行业内外，强调了安全规范的重要性。

(5) 海底管道与电缆的规定

海底管道与电缆的建设、铺设与运营需遵循国际安全与环境保护规则，这一规定体现了土库曼斯坦对海洋环境保护的高度重视。在实践中，管道公司需与国际组织合作，获取必要的审批与许可，确保海底管道与电缆的建设活动符合国际标准。同时，公司需建立严格的环境监测与应急响应机制，应对可能发生的海洋污染事件。

7. 自然环境保护的规定与实践

(1) 政府

①引入更严格的环境保护标准。借鉴国际先进经验，如欧盟的工业排放标准、美国的清洁空气与清洁水法等，制定更为严格的环境保护标准，要求承包商采用更先进的环保技术，减少石油作业对环境的影响。例如，推行低排放钻井技术、使用清洁能源替代传统化石燃料等，以有效降低作业过程中的温室气体排放与污染物排放。

②加强对承包商的环境保护监督。政府应加大对承包商环境保护工作的监督力度，通过定期检查、随机抽查等方式，确保其严格遵守环境保护规定。同时，建立举报机制，鼓励公众、媒体及非政府组织参与环境保护监督，形成多元共治的格局。对于违反环境保护规定的承包商，应依法进行严厉处罚，包括罚款、吊销许可证、禁止参与未来石油作业项目等，以儆效尤。

③推广环境友好型作业模式。土库曼斯坦鼓励承包商采用环境友好型作业模式，如生态钻井、绿色采油等，减少对生态系统的破坏与干扰。同时，推动石油作业的循环经济发展，实现资源的最大化利用与废弃物的最小化排放。例如，通过回收利用钻井泥浆、废水处理再利用等措施，降低作业过程中的资源消耗与环境压力。

④加强国际合作与交流。在环境保护领域，土库曼斯坦应加强与国际社会的合作与交流，借鉴他国成功经验，共同应对全球环境问题。通过参与国际环保组织、签署环境保护协议等方式，提升本国石油资源开发的环保水平与国际影响力。

（2）承包商

①环境保护作为强制性条件。土库曼斯坦石油资源法将环境保护作为石油作业的强制性条件，这一规定彰显了国家对环境保护的坚定立场。承包商在进行石油作业前，需提交详细的环境保护计划，明确环境保护措施与目标。特别主管机构需在30天内对环境保护计划进行审查，给出结论，确保计划的科学性与可行性。

②环境保护计划的实施与监督。承包商需建立监测系统，对石油作业活动进行持续的环境影响评估。这一规定要求承包商具备专业的环境监测能力，及时发现并应对潜在的环境风险。同时，政府通过特别主管机构对环境保护计划的实施情况进行监督，确保各项措施得到有效执行。在实践中，政府会定期发布环境监测报告，向公众通报石油作业对环境的影响，增强透明度与公信力。

③减少负面影响的措施。为了减少石油作业对环境的负面影响，承包商需采取一系列措施，包括但不限于采用环保技术、减少废弃物排放、实施生态恢复计划等。这些措施旨在降低石油作业对自然生态系统的干扰，保护生物多样性，实现可持续发展。在实践中，承包商需与政府、环保组织及当地社区紧密合作，共同推动环境保护工作的深入实施。土库曼斯坦石油资源法关于主要管道及自然环境保护的规定，体现了国家对石油行业发展的全面规划与严格监管。这些规定不仅保障了石油运输的安全与效率，也促进了环境保护与可持续发展，为土库曼斯坦石油行业的健康发展奠定了坚实基础。

8. 财务和税收制度的规定与实践

（1）材料与设备免税政策

用于石油作业的材料和设备在进口时免除关税和商品交易所登记，这一优惠政策显著降低了承包商的作业成本，提高了其国际竞争力。在实践中，这一政策吸引了大量国际石油公司进入土库曼斯坦市场，促进了石油资源的有效开发与利用。然而，免税政策也需严格监管，防止出现滥用与逃税行为。政府通过设立专门的监管机构，对免税材料与设备的进口、使用及处置进行全程跟踪与审计，确保了政策的公平性与有效性。

（2）利润税与石油生产特许权使用费

承包商需缴纳利润税和石油生产特许权使用费，这是土库曼斯坦政府从石油资源开发中获取财政收入的主要方式。利润税基于承包商的盈利情况征收（具体可参照表5—1），体现了税收的公平性与效率性。石油生产特许权使用费则是基于石油产量征收的固定费用，旨在补偿政府对石油资源的所有权。在实践中，政府通过制定合理的税率与费率结构，平衡了国家财政收入与承包商的经济利益，促进了石油行业的健康发展。

表 5—1 石油利润税率划分

盈利率（%）	税率（%）
≤15	0
>15，≤17	30
>17，≤19	32
>19，≤21	35
>21，≤23	40
>23，≤25	45
>25	50

（3）合同中可规定一次性奖金

在石油资源开发合同中，政府与承包商可协商规定一次性奖金，以激励承包商提高生产效率与技术创新。这一规定体现了合同法的灵活性与激励性，有助于激发承包商的积极性与创造力，推动石油资源的高效开发与利用。然而，一次性奖金的设定需谨慎，避免过度激励导致的资源浪费与环境破坏。

（4）新税收或费用不得增加承包商负担

土库曼斯坦石油资源法明确规定，政府不得随意增加新的税收或费用，以免给承包商造成额外负担。这一规定体现了法律的稳定性与可预测性，有助于承包商进行长期规划与投资决策。在实践中，政府通过定期评估税收政策与费用结构，确保其合理性与公平性，维护了石油行业的稳定发展。

（5）会计与报表的国际标准

承包商需按国际标准进行会计与报表，使用可自由兑换货币。这一规定体现了会计法的国际化与标准化，有助于提升承包商的财务管理水平与国际竞争力。在实践中，承包商需聘请专业的会计师事务所进行审计与报表编制，确保其财务信息的真实性与准确性。同时，政府有权对承包商进行审计，以监督其遵守法律法规与合同条款的情况。

（6）政府审计权的行使

政府有权对承包商进行审计，这一规定体现了政府对石油资源开发活动的监督与管理职能。在实践中，政府通过设立专门的审计机构，对承包商的财务状况、作业活动及环境保护等方面进行定期审计与检查，确保其合法合规运营。同时，政府审计也促进了承包商的内部管理优化与合规意识提升，有助于构建健康、透明的石油行业生态。

土库曼斯坦石油资源法中关于财务和税收制度的规定，体现了法律的灵活性、国际化与公平性，为承包商提供了清晰、稳定的法律环境。这些规定不仅促进了石油资源的有效开发与利用，也保障了国家财政收入与承包商的经济利益，为土库曼斯坦石油行业的健康发展奠定了坚实基础。

（三）油气资源与中国的合作分析

1. 双边贸易协定

中土双方已签订多个经贸协定。2000 年，土库曼斯坦与中国石油天然气集团公司（以下简称中石油）签订了《中国石油天然气集团公司与土库曼斯坦石油部在石油天然气领域的合作备忘录》。2002 年，中国石油勘探开发公司与土库曼斯坦石油康采恩签署了《古姆达格油田增产改造技术服务合同》，标志着中方首次在土库曼斯坦开展油田技术服务。2007 年 7 月 17 日，中石油分别与土库曼斯坦油气资源署和土库曼斯坦天然气康采恩在北京正式签署《关于土库曼斯坦阿姆河右岸巴格德雷合同区块产品分成合同》《天然气购销协议》。

2. 合作项目

中国是土库曼斯坦石油的重要合作伙伴之一，通过进口土库曼斯坦的石油产品满足国内需求。2023 年，土库曼巴什炼油厂成品油出口量达 130 万吨，主要通过海运和铁路方式销往格鲁吉亚、马耳他、阿塞拜疆、阿富汗、乌兹别克斯坦、塔吉克斯坦等国家，其中中国是土库曼斯坦石油产品的重要进口国之一。中国石油天然气集团等中资企业积极参与土库曼斯坦的石油项目，通过技术合作、资金注入等方式，提升了土库曼斯坦的石油开采能力和出口量。

3. 合作影响

（1）对土库曼斯坦的影响

中土能源战略对接为土库曼斯坦构筑起经济增长新引擎。通过技术赋能与资本注入的双重驱动，土库曼斯坦油气勘探开发形成体系化跃升，能源出口规模实现跨越式扩张，既为国家财政注入强劲现金流，又沿产业链形成级数效应。石油经济激活交通运输、现代金融、综合服务等上下游产业，创造出大量高质量就业岗位。这种能源合作范式更超越单纯经贸往来，深化了中土文明互鉴与政治互信，在丝路精神浸润下催生出新型区域合作共同体。

（2）对中国的影响

土库曼斯坦优质油气资源作为中国多元化能源保障体系的重要战略支点，有效填补了中国本土能源缺口。面对经济腾飞带来的能源需求激增，这种洲际能源合作构建起稳定的供给通道，为产业转型升级提供战略纵深。土库曼斯坦稳定的政治格局与持续增产能力，使中国在全球能源博弈中掌握重要战略筹码。这种战略合作，在欧亚大陆腹地开辟出战略支点，助推“一带一路”能源走廊建设。

（3）对全球能源市场的影响

中土油气战略协作正在重塑全球能源版图。一方面，土库曼斯坦丰富的能源储备通过中国市场的战略对接，有效缓解了亚太地区的供需结构性矛盾；另一方面，这种“资源—传输—消费”的模式打破了地区能源不平衡的格局，创造出优势互补的新型合作样本。其战略意义不仅在于物质流的高效配置，更在于构建能源安全共同体的实践探索，为全球能源治理体系转型提供“南南合作”的智慧方案。

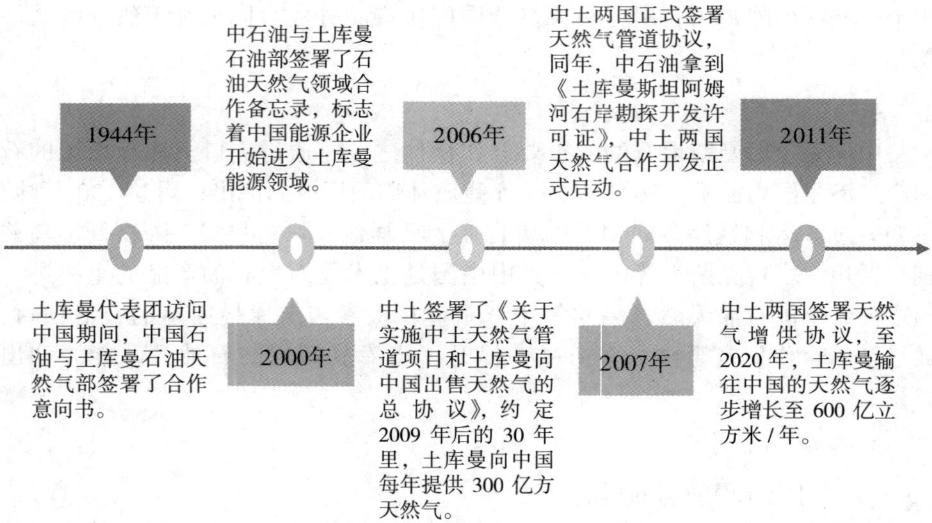

图5—1　中土油气战略合作一览

二、土库曼斯坦天然气产业

（一）天然气产业概况

天然气，作为当今世界能源结构中不可或缺的组成部分，其战略地位日益凸显，对全球经济活动、环境保护及国际能源安全具有深远影响。鉴于天然气的开采、运输和利用活动涉及复杂的利益关系和潜在的环境风险，各国政府均通过制定详尽的法律框架来严格规范这一系列流程，以确保资源的可持续开发与利用，同时维护生态平衡与公共安全。在土库曼斯坦这一中亚能源大国，天然气产业不仅是国家经济的支柱，也是国际合作的重要领域，其法律体系的建设尤为关键。

土库曼斯坦的天然气储量的最新数据显示其已探明储量达 400 万亿立方英尺（约合 11.3 万亿立方米），占全球总储量的 10.1%，稳居世界第五。加尔基尼什气田作为世界第二大气田，其储量达 953.5 万亿立方英尺，相当于全球已探明储量的 2.3%。采用水平井分段压裂技术，使单井日产量达 32 亿立方英尺。复兴气田群涵盖南约廖坚、奥斯曼等气田，总储量超 26.2 万亿立方米。二期开发引入斯伦贝谢旋转导向系统，钻井深度突破 7000 米，使采收率从 55%提升至 72%。而土库曼斯坦远景储量预估逾 50 万亿立方米，相当于已探明储量的 4.4 倍。新气田发现频率加快，如巴格雷气田和加拉克尔气田的相继探明，使复兴气田含气边界扩展 30%。土库曼斯坦的天然气产业正经历从封闭到开放的蜕变，形成“东强西进、技术升级”的立体格局。2024 年天然气产量达 776 亿立方米，较十年前增长 180%。石油产量 830 万吨，伴生气回收率从 65%提至 82%。土库曼斯坦采用中国乙烷裂解技术，使天然气处理成本降低 35%；部署数字化气田系统，实现井口数据实时传输，故障响应速度缩短至 15 分钟。土库曼斯坦正以法律为盾、资源为矛，在中亚腹地重构能源版图。其天然气战略不仅关乎经济命脉，更成为地缘政治的重要筹码。

（二）天然气产业法律规定

1.《碳氢化合物资源法》

土库曼斯坦天然气产业的法律基础主要由《碳氢化合物资源法》构成，该法律文件不仅是国家能源政策的具体体现，也是指导天然气行业实践的根本遵循。该法首先明确了天然气及其他烃类资源（包括石油、凝析油等）的法律地位，将它们界定为国家所有，任何形式的勘探、开发、生产、加工、运输和销售活动均需获得国家授权，并严格遵守相关法律法规。这一规定从根本上保障了国家对烃类资源的控制权，防止了资源的无序开采和非法交易。该法整体上围绕以下内容展开。

在资源开发方面，该法详细规定了勘探许可证和开采许可证的申请条件、审批流程、有效期限及权利义务，确保所有开发活动均基于科学规划和技术可行性，同时强调了对环境影响的评估和减缓措施的实施。此外，该法还引入了竞争机制，鼓励国内外投资者通过公开招标等方式参与烃类资源的勘探与开发，促进了资源的有效利用和产业的国际化发展。

在资源管理方面，该法强调了国家对烃类资源勘探开发活动的监管职责，包括设立专门机构负责许可证的发放与管理、资源储量评估、安全生产监督以及环境保护监督等。通过定期审计、现场检查和报告制度，确保所有作业活动符合国家和国际标准，及时发现并纠正违法违规行为，保障作业安全与环境和谐。

在资源运输方面，考虑到土库曼斯坦作为天然气出口国的战略地位，该法特别强调了天然气管道建设、运营和维护的法律规范，确保天然气输送的安全、高效与成本效益。法律要求管道运营商采取先进技术和严格管理，预防泄漏事故，同时保障管道沿线居民和环境的权益不受侵害。

在国际合作方面，该法积极倡导开放合作原则，鼓励土库曼斯坦与国际组织、外国政府及私营部门在烃类资源勘探、开发、运输及销售等领域开展广泛合作。为此，法律明确了外国投资者的权益保护、争端解决机制以及税收优惠政策，为吸引外资、促进技术交流和市场多元化提供了坚实的法律基础。

近年来土库曼斯坦通过一系列法律修订和实践案例，不断优化其天然气法律体系。例如，在处理跨国天然气管道建设项目中的环境争议时，土库曼斯坦法院依据该法及相关环保法规，成功平衡了经济发展与环境保护的关系，展现了法律在解决复杂能源问题中的关键作用。

(1) 法律适用范围及效力原则

第一，在法律适用范围上，首先，《碳氢化合物资源法》作为土库曼斯坦法律体系中的核心立法之一，其适用范围广泛而明确，涵盖了土库曼斯坦法律管辖的全部区域，包括但不限于里海土库曼斯坦部分及其内陆水域。这一法律界定不仅明确了其地域效力，还强调了其作为指导石油作业（含天然气开采）基本法律框架的重要性。该法不仅是一部规范行业行为的法规，更是国家能源战略实施的法律保障，确保了土库曼斯坦作为重要能源出口国的法律基础坚实而全面。其次，该法详细规定了石油作业授权书的颁发程序，这是确保资源开发活动合法性的关键环节。授权书的申请、审批、颁发及续展均需遵循严格的法定程序，确保所有作业活动均在国家监管之下进行。这一过程不仅要求申请者提交详尽的技术方案、环境影响评估报告及财务计划，还需经过多部门联合审查，确保项目的可行性、安全性及环保性。一旦授权书颁发，即意味着国家与作业执行方之间建立起了明确的法律关系，双方需严格遵守授权书所规定的权利与义务。最后，该法对国家机构与石油作业执行方的职责进行了详细划分。国家机构作为监管主体，负责授权书的审批与管理、资源储量的评估与监控、安全生产的监督以及环境保护的监管。同时，法律还要求国家机构提供必要的政策指导和技术支持，确保作业活动的顺利进行。石油作业执行方则负责具体作业的实施，包括但不限于勘探、开发、生产、加工、运输及销售等环节，需严格遵守授权书的规定，确保资源的有效利用和环境的保护。双方的权利与义务在授权书中明确约定，任何违反规定的行为都将受到法律的制裁。

第二，在法律效力方面，《碳氢化合物资源法》具有优先适用的法律效力，这是其法律地位的重要体现。在土库曼斯坦国内法律体系中，若其他法律存在与本法相冲突的规定，应以该法为准。这一规定确保了石油作业活动的法律统一性，避免了法律适用的混乱。同时，在国际法律秩序方面，若土库曼斯坦参与的国际条约与本法规定不一致，则优先适用国际条约的规定。这一原则体现了土库曼斯坦尊重国际法律秩序的立场，也为其在国际能源合作中提供了明确的法律指引。在实践中，这一法律框架的有效实施得到了多个案例的验证。例如，在里海土库曼斯坦部分某大型天然气田的开发项目中，国家机构与作业执行方严格按照该法的规定，从授权书的申请到项目的实施，每一步都经过了严格的审查与监督。在项目实施过程中，双方严格遵守合同约定，确保了资源的有效利用和环境的保护。同时，在遇到国际法律冲突时，土库曼斯坦政府积极与国际合作伙伴沟通，依据国际条约的规定，妥善处理了争议，维护了双方的合法权益。

由此可见，该法为土库曼斯坦石油作业提供了基本法律框架，其适用范围广泛，权责关系清晰，法律地位明确，为土库曼斯坦石油作业的健康发展提供了坚实的法律保障。同时，该法在实践中得到了有效实施，为国际能源合作提供了明确的法律指引，进一步巩固了土库曼斯坦在全球能源市场中的地位。

（2）碳氢化合物资源所有权归属

在土库曼斯坦的法律框架内，地下碳氢化合物资源，特别是天然气这一关键自然资源，被严格界定为国家不可动摇的财产。这一法律原则深深植根于土库曼斯坦的宪法及一系列相关法律法规之中，其核心在于确保国家对这些宝贵资源的绝对所有权，以及通过法律手段维护国家在这些资源上的根本利益。具体而言，《宪法》及《碳氢化合物资源法》等基础性法律文件明确规定，土库曼斯坦境内的所有地下碳氢化合物资源，无论其种类、储量或地理位置，均被视为国家财产，其所有权统一归属于国家，并由内阁（即土库曼斯坦政府）作为国家的法定代表来集中行使。这一所有权涵盖了对资源的占有、使用以及处分等全方位的权利，体现了国家对战略资源的主权掌控。

为了高效、有序地管理和开发这些对国民经济至关重要的资源，土库曼斯坦政府采取了一种创新的管理模式——通过成立国家能源集团（康采恩），实现所有权与经营权的适度分离。这一模式的设计初衷在于，在确保国家对资源拥有最终控制权的同时，通过引入专业化的管理和运营机制，提升资源开发的技术水平和经济效益。根据《碳氢化合物资源法》的授权，国家能源集团被赋予了一系列具体职责，包括但不限于资源勘探、开采规划、生产运营、环境保护以及国际合作等方面。在实际操作中，国家能源集团作为资源的直接管理者和开发主体，需严格遵守国家法律法规，确保资源开发活动的合法性、安全性和可持续性。例如，在资源勘探阶段，集团需依据详尽的地质调查和环境评估报告，制定科学的勘探计划，并报请内阁批准。在开采过程中，则需采用先进的开采技术和严格的环保措施，最大限度减少对生态环境的影响，同时确保资源的有效利用和长期可持续性。

综上所述，土库曼斯坦通过法律手段明确界定国家对其境内地下碳氢化合物资源的所有权，并通过设立国家能源集团实现所有权与经营权的适度分离，这一模式不仅确保了国家对战略资源的有效控制，还通过引入专业管理和国际合作，极大地提升了资源开发的效率和专业性，为土库曼斯坦能源产业的持续健康发展奠定了坚实的基础。同时，通过严格的法律监管和国际合作框架，土库曼斯坦正稳步朝着成为国际能源领域重要参与者的目标迈进。

（3）内阁与康采恩的权责划分

随着全球能源市场的不断演变和国际合作的日益深化，土库曼斯坦作为重要的能源供应国，面临着前所未有的发展机遇与挑战。为了更有效地管理其丰富的烃资源，特别是天然气资源，确保资源开发的可持续性、高效性和环境友好性，土库曼斯坦于2016年对《碳氢化合物资源法》进行了关键性修订，特别是在内阁（政府）与康采恩（国家能源集团）之间的权责划分上进行了细致而全面的调整，旨在更好地适应新的国际能源市场趋势和国家发展战略。①

在此次修订中，内阁（政府）被赋予了更为宏观和战略性的职责。首先，内阁负责制定资源开发的总体战略方向，这包括但不限于资源勘探、开采、加工及出口的长期规划，以确保资源的可持续利用和国家的经济安全。同时，内阁还需制定一系列保护措施，旨在平衡资源开发与环境保护的关系，确保

① 参见袁华江：《中土油气类资源的立法比较——对我国石油法制定的启示》，载《西安石油大学学报（社会科学版）》2010年第3期。

经济发展不以牺牲环境为代价。具体而言，内阁有权限制或禁止在具有重大文化遗产价值或生态敏感性的特定区域内进行石油作业，这一措施旨在维护国家的文化和生态安全，防止因资源开发活动导致的不可逆损害。此外，内阁还承担着监督总统令及相关法律在能源领域执行情况的职责，确保所有资源开发活动均在严格的法律框架内进行，维护法律秩序和国家利益。

与此同时，康采恩作为资源开发的直接执行者，其职责被进一步细化和强化，以适应国际化的资源开发需求。康采恩的首要任务是制定国际化的资源开发规则，这不仅包括与国际标准接轨的开采技术、环保标准，还包括吸引外资和技术合作的政策框架，以提升土库曼斯坦资源开发活动的国际竞争力。为实现这一目标，康采恩负责组织公开透明的招标流程，颁发授权书并与中标者签订合同，确保资源开发活动的公正性和透明度，同时防止腐败和不正当竞争。

在资源开发的执行阶段，康采恩负责监督作业合规性及环境保护措施的执行，确保所有活动均符合相关法律法规和环保标准。这包括但不限于对作业现场的定期检查、环境监测以及应急响应机制的建立，以有效应对可能的环境风险。此外，康采恩还承担着资源统计、审计及国际合作事务的管理工作，为政府决策提供准确、全面的数据支持，促进国际合作项目的顺利进行。在维护资源开发活动秩序和公共利益方面，康采恩被赋予行使设备检查、文件调取等行政权力的职责，确保资源开发活动的合法性和安全性，防止任何违反法律法规的行为。

土库曼斯坦在修订《碳氢化合物资源法》时，还特别强调了法律执行的透明度和公众参与度。例如，在招标、合同签订及环境评估等关键环节，康采恩需公开相关信息，接受社会监督，确保资源开发活动的公正性和公信力。同时，政府还建立了有效的反馈机制，鼓励公众参与资源开发活动的监督，及时回应公众关切，增强法律的公信力和执行力。

（4）授权书制度：类型、申请、有效期及终止条件

《碳氢化合物资源法》建立了完善的授权书制度，以规范石油作业（含天然气开采）的准入和管理。

①授权书制度的类型与申请要求。

该法明确界定了三种核心类型的授权书：勘探授权书、开采授权书及再加工授权书，每种授权书均针对烃类资源开发的不同阶段设定了特定的法律框架与监管要求。第一，勘探授权书。此类授权书针对的是烃类资源的初步勘探阶段，要求申请者提交详尽的区域地质研究报告、技术能力证明（包括但不限于勘探设备清单、专业技术人员资质）、财务计划（展示勘探活动的资

金安排）以及环保承诺（详细说明勘探期间的环境保护措施及复垦计划）。尤为重要的是，勘探授权书中必须清晰界定勘探作业的区域边界，并明确复垦义务，确保所有勘探活动遵循“谁勘探、谁恢复”的原则，最大限度减少对自然环境的不可逆影响。第二，开采授权书。在成功完成勘探并确认资源储量后，作业方需申请开采授权书以进入资源开采阶段。申请材料需包含储量评估报告、开发方案（包括开采技术、开采时间表、预期产量等）、详细的财务预测及环境管理计划。开采授权书的核心在于确保资源的合理开发与高效利用，通过严格的监管机制防止过度开采和资源浪费。第三，再加工授权书。针对天然气等烃类资源的深加工与增值利用，再加工授权书要求申请者提交加工技术说明、市场需求分析报告、环境影响评估报告及增值产品销售计划等。此类授权书旨在促进资源的深加工转化，提升产品附加值，推动能源产业的转型升级。

②授权书的有效期管理。

该法对各类授权书的有效期进行了明确规定，旨在平衡资源开发的长期规划与短期实施需求。勘探授权书的有效期初始设定为 6 年，其间作业方需按时完成勘探任务并提交成果报告。授权书可申请延期两次，每次延期不得超过 2 年，以确保勘探工作的连续性与深入性。开采授权书的有效期较长，为 20 年，旨在给予作业方足够的时间进行资源开发与回收成本。授权书到期后可申请延期，但每次延期期限不得超过 5 年，以此激励作业方提高开采效率，同时保持监管的灵活性。再加工授权书的有效期同样为 20 年，但考虑到深加工项目的长期投资特性，其延期机制更为宽松，每次延期可达 10 年，有助于作业方实施长期发展规划，促进产业升级。

③授权书的终止与暂停机制。

该法对于授权书的终止与暂停情形亦有详尽规定，旨在维护资源开发的合法性与环境保护的严肃性。终止情形包括但不限于虚假申报资料、严重违反授权条件（如超量开采、未履行环保义务）、持续的环境损害等。如作业方被证实存在上述行为，土库曼斯坦能源管理部门有权撤销其授权书，并视情节轻重采取进一步的法律措施。暂停机制指在发现潜在违规行为或环境风险时，管理部门可采取暂停授权书的措施，要求作业方在规定期限内完成整改。整改期间，作业方需提交整改报告及证明文件，若整改无效或未能按期完成，授权书将被正式终止。此机制旨在及时纠正偏差，防止问题恶化，确保资源开发活动始终在法律与环保框架内进行。

构建完善的授权书制度，不仅为烃类资源的勘探、开采及再加工活动提供了明确的法律指引，还通过严格的申请要求、合理的有效期管理以及严谨的终止与暂停机制，有效保障了资源开发的合法性、高效性与环保性。结合土库曼斯坦近年来在能源领域取得的显著成就，如“复兴气田”等大型项目的成功开发可以看出，该法律框架在促进国家能源战略实施、保障生态环境安全方面发挥了至关重要的作用。

（5）合同类型与执行程序

在《碳氢化合物资源法》这一国家根本性法律框架内，石油作业合同的订立与执行扮演着至关重要的角色。此类合同作为调节政府与私营部门之间合作关系的法律基础，主要包括产品分成合同、特许权合同、联合经营合同以及风险服务合同等多种类型，每种合同类型均设计有其独特的特点与适用场景，旨在灵活应对土库曼斯坦丰富而多样的烃类资源开发需求。

首先，产品分成合同是一种典型的合作模式，在此模式下，外国投资者承担勘探与开发成本，并根据合同约定的比例分享烃类产品。此类合同特别适用于勘探风险较高、前期投资需求大的项目，因为它能够有效分担风险，激励国际资本流入。特许权合同则赋予承包商在特定区域内独家勘探、开发和生产烃类资源的权利，期限较长，适用于资源储量明确、开发技术成熟的区块。联合经营合同则是多个实体共同出资、共享收益、共担风险的合作模式，常见于大型复杂项目，通过集合多方资源和技术优势，提高开发效率。风险服务合同则侧重于服务提供商承担特定作业风险，并根据服务成果获得报酬，这种模式对于短期特定服务任务尤为适用，如增强采油服务。在合同签订的程序上，遵循《碳氢化合物资源法》及相关环境保护、自然资源管理法规的要求，所有合同均需经过一系列严格的审批流程。这包括但不限于与环境保护部门就项目可能产生的环境影响进行评估与协商，确保开发活动符合土库曼斯坦的环境保护标准；同时，资源保护部门将对合同中的资源开发利用方案进行细致审查，防止过度开采和资源浪费。这一协商与审批机制不仅确保了合同内容的合法性与环保性，更是对国家长远资源安全与生态环境利益的有力保护。

至于合同的履行，鉴于烃类资源开发项目的复杂性和长期性，争议的发生难以完全避免。为此，《碳氢化合物资源法》及其实施细则规定了详尽的争议解决机制。双方应首先秉持友好协商的原则，通过谈判寻求共识，以期在不破坏合作关系的基础上解决问题。若协商未果，合同通常会预设将争议提交至国际仲裁机构的条款，如国际商会仲裁院（ICC）或伦敦国际仲裁院（LCIA）等，这些机构以其专业性、中立性和高效性著称，能够依据国际公认的仲裁规则，公正裁决争议，维护合同双方的合法权益。这一机制设计不仅体现了土库曼斯坦对国际法律秩序的尊重与融入，也为外国投资者提供了可预期的法治环境，增强了其投资信心。

土库曼斯坦《碳氢化合物资源法》框架下石油作业合同的多样化设计及其严谨的执行与争议解决机制，为国内外投资者提供了清晰、稳定的法律框架，不仅保障了烃类资源的有效开发与利用，也促进了国家经济的持续增长与环境保护的双赢局面。

（6）环境保护与安全要求

《碳氢化合物资源法》对环境保护与安全生产要求进行了全面而细致的规定。这些规定不仅体现了土库曼斯坦政府对环境保护的高度重视，也展示了其致力于实现可持续发展目标的决心。

①生态要求。

《碳氢化合物资源法》明确规定了烃类资源开发活动必须遵循的生态要求，旨在确保资源开发不对自然环境造成不可逆的破坏。具体而言，法律禁止了超标排放、未经批准的爆破作业以及在生态保护区内进行烃类资源开发等行为。超标排放，即排放的污染物超过国家或地方规定的排放标准，被视为严重违法行为，将受到法律的严厉制裁。未经批准的爆破作业，由于可能引发地质灾害、破坏生态系统，同样被严格禁止。此外，法律还特别强调了在生态保护区内禁止进行任何形式的烃类资源开发活动，以保护珍稀物种、维护生物多样性。

②环境监测。

为了确保烃类资源开发活动的环保性得到持续监控，《碳氢化合物资源法》要求所有烃类资源开发用户必须建立全周期环境监测体系。这一体系应涵盖从勘探、开发到生产、退役的全过程，确保每一环节的环境影响都能被准确记录和分析。用户需定期向相关部门提交环境监测报告，内容应包括空气质量、水质、土壤污染状况等关键指标，以及针对潜在环境风险的评估和应对措施。例如，某跨国石油公司在土库曼斯坦的某天然气田项目中，按照法律规定，建立了全面的环境监测体系，包括在线监测站、定期采样分析等，确保项目对环境的影响处于可控范围内。通过持续的环境监测和数据分析，公司及时发现并解决了若干潜在的环境问题，有效避免了环境事故的发生。

③设施管理。

在设施管理方面，《碳氢化合物资源法》对人工岛、管道等关键设施的安全防护提出了具体要求。法律划定了以设施为中心、半径 500 米的安全区，禁止在此区域内进行可能影响设施安全的作业或活动。这一规定旨在预防因外部因素导致的设施损坏或泄漏事故，保护周边环境和公众安全。同时，法律还要求烃类资源开发设施在退役后必须进行彻底清理，以防止对环境造成遗留污染。这包括拆除所有非永久性设施、恢复土地原貌、处理废弃物等。

该法在环境保护与安全方面的详细规定，为土库曼斯坦烃类资源的可持续开发提供了坚实的法律保障。通过严格的生态要求、全面的环境监测以及细致的设施管理，法律不仅保护了自然环境，也维护了公众的安全与健康，促进了烃类资源开发与环境保护的和谐共生。

（7）财税条款：税收豁免、外汇管理及强制保险

《碳氢化合物资源法》激励国内外投资者积极参与油气资源勘探、开发与利用的财税优惠政策，体现了土库曼斯坦政府对能源产业的高度重视，也彰显了其致力于构建开放、透明且具有吸引力的投资环境的决心。

在税收豁免方面，该法明确规定，对于直接服务于石油作业所需进口的高端技术与专业设备，可享受免除关税的特殊待遇。这一政策极大地降低了作业方的初期投资成本，提升了项目的经济可行性。同时，法律还精心设计了税收结构，仅对作业利润征收利润税及依据资源开采量计征的矿区使用费，相较于复杂的税制体系，此举显著减轻了作业方的税收负担，鼓励了资本的有效投入与技术革新。值得注意的是，近年来，土库曼斯坦某大型天然气田开发项目，通过实施上述税收优惠政策，成功吸引了多家国际石油公司参与合作，不仅加速了项目开发进程，还有效提升了国家的能源出口能力。

在外汇管理方面，该法采取了既灵活又审慎的管理策略。法律规定，石油作业产生的外汇收入，无论是存入国内银行还是转移至国外账户，均需事先向中央银行进行报备。这一制度设计在确保国家外汇资源安全的同时，也赋予了作业方较大的资金运作自由度，有利于其根据国际市场动态灵活调整资金配置。通过实施报备制度，土库曼斯坦政府能够实时监控外汇流动情况，有效防止非法资金转移，维护了国家金融秩序的稳定。此外，透明化的外汇管理流程也增强了国际投资者对土库曼斯坦投资环境的信心，促进了长期资本流入。

在强制保险制度上，该法展现了对环境保护与公共安全的高度责任感。法律明确要求所有从事石油作业的企业必须投保设施风险、环境责任及第三方损害保险，涵盖了从生产设施的物理损坏到作业过程中可能引发的环境污染事故，再到对第三方造成的人身伤害或财产损失。这一系列强制性保险要求，不仅为作业方提供了必要的风险缓冲机制，减轻了因意外事件导致的财务压力，更重要的是，它构建了一道坚固的安全网，有效保护了作业区域周边的自然生态与民众福祉。例如，在某次天然气开采过程中发生的轻微泄漏事故中，得益于事先投保的环境责任险，作业方能够迅速启动应急响应机制，有效控制了事态发展，最大限度地减少了环境损害与公众影响，展现了强制

保险制度在风险防控中的关键作用。

由此可见，该法通过精心设计的财税优惠、外汇管理规范及强制保险制度，为土库曼斯坦石油作业的发展提供了坚实的法律支撑与制度保障。这些措施不仅促进了国内外资本的有效整合，推动了油气资源的高效开发，还强化了环境保护与社会责任，为土库曼斯坦能源产业的可持续发展奠定了坚实的基础。

2.《管道运输法》

天然气管道运输是天然气产业的重要环节，其安全性和高效性直接关系到天然气供应的稳定性和可靠性。土库曼斯坦通过制定管道运输法，对干线管道的规划、建设、运营及退役等相关活动进行了全面规范。

（1）法律适用范围

《管道运输法》首先对其适用范围进行了明确界定，涵盖了干线管道从规划到退役的全生命周期管理。在规划阶段法律要求干线管道的规划必须符合国家能源战略、土地利用规划、环境保护规划等，确保管道走向的科学性与合理性，同时避免或减少对环境的负面影响。在建设阶段法律详细规定了干线管道建设的技术标准、施工规范、质量监管、安全防护及环境保护等要求，确保管道建设的高标准、高质量与高效率。在运营阶段法律着重于管道的日常维护、安全管理、事故预防与应急响应等方面，要求管道运营单位建立健全安全管理体系，定期进行安全评估，加强员工安全培训，确保管道运行的安全稳定。在退役阶段法律规定了干线管道退役的安全评估、环境风险评估、退役方案的制定与实施等要求，确保管道退役过程的环保与可持续性。

《管道运输法》明确规定，干线管道作为国家重要的战略基础设施，其所有权归属国家。这一规定确保了国家对干线管道这一关键能源通道的控制与监管，是维护国家能源安全、保障公共利益的重要法律基础。然而，为了提高管道运输的专业化水平和运营效率，法律允许国家将干线管道的管理权委托给具备相应资质和能力的法人实体。这种所有权与管理权的适度分离，既保留了国家对关键基础设施的控制力，又引入了市场竞争机制，促进了管道运输服务的专业化、高效化。在土库曼斯坦，这一法律原则得到了有效实践。例如，土库曼斯坦政府通过与国际知名能源公司合作，将部分干线管道的管理权委托给这些公司，不仅提高了管道运营效率，还通过技术引进和人才培养，提升了本土管道运输行业的整体水平。土库曼斯坦在管道运输法律规制方面的实践，为全球提供了宝贵的经验。该国政府不仅严格遵守管道运输法的规定，还结合本国实际情况，制定了一系列配套法规和政策，为管道运输的规范发展提供了全面的法律保障。

土库曼斯坦政府严格按照法律规定，对管道建设项目进行审批与监管，确保建设活动符合环境保护、土地利用等要求。在运营阶段，政府通过委托专业公司管理干线管道，不仅提高了管道运营效率，还通过市场竞争机制降低了运营成本。同时，政府还加强了对管道运营单位的监管，确保其严格遵守法律法规，保障管道运输的安全稳定。

（2）法律的授权制度

在《管道运输法》的指导下，内阁作为国家行政权力的核心，其职责包括但不限于：内阁负责制定国家层面的管道运输政策，明确管道运输的发展目标、基本原则和战略方向，为管道运输的长期稳定发展提供政策指引；负责审批管道运输的发展计划，包括管道建设的总体规划、年度投资计划、技术改造计划等，确保管道运输的发展与国家能源战略、经济发展规划相协调；负责协调与其他国家在管道运输领域的合作，包括签订双边或多边协议、参与国际组织和论坛、推动技术交流与标准统一等，以促进管道运输的国际化发展。

为确保管道运输的安全性和高效性，管道运输法框架下设立了专门的授权机构，负责实施以下专业管理工作：授权机构负责对管道运输的安全状况进行定期或不定期的监督检查，包括管道设施的安全性、操作规程的执行情况、员工的安全培训等，及时发现并纠正安全隐患，防止事故的发生；授权机构负责管道运输相关技术、设备、材料的认证工作，确保其符合国家安全标准和行业标准，提高管道运输的技术水平和可靠性；事故应急管理：授权机构负责制定和实施管道运输事故应急预案，包括事故的预防、报告、调查、处理和善后工作，确保在事故发生时能够迅速、有效地应对，最大限度地减少损失和影响。

土库曼斯坦作为中亚地区重要的天然气生产和出口国，其管道运输法律规制体系的建设为全球提供了有益的借鉴。在管道运输法的框架下，土库曼斯坦内阁不仅制定了详细的管道运输发展规划，还积极参与国际管道运输合作，推动了跨国天然气管道的建设和运营。同时，土库曼斯坦设立了专门的管道运输监管机构，负责实施安全监督、技术认证和事故应急管理等工作，确保了管道运输的安全性和高效性。例如，在土库曼斯坦—中国天然气管道项目中，内阁积极参与项目的规划、审批和协调，确保了项目的顺利实施。同时，土库曼斯坦的管道运输监管机构对管道的安全状况进行了严格的监督，对技术、设备进行了认证，制定了详细的事故应急预案，为管道的安全运营提供了有力保障。

（3）设施保护与用地规范

《管道运输法》明确规定，为了保护管道设施免受外部因素的干扰和潜在威胁，必须在管道周边设置一定宽度的保护带。这一措施旨在预防因建设活动、地质变动、人为破坏等因素导致的管道泄漏、断裂等安全事故。具体而言，保护带的宽度需根据管道的类型（如原油、天然气、成品油等）、压力等级、周围环境（如人口密度、地质条件、气候条件等）以及潜在风险等级进行科学评估后确定。

在保护带内，法律严格禁止任何可能危害管道安全的建筑物或设施的建设。这包括但不限于重型工业设施、易燃易爆物品仓库、深基坑开挖作业等。即便是进行日常维护、检修或紧急抢修等作业，也必须事先获得管道运营商的书面批准，并确保作业过程符合安全操作规程，避免对管道造成直接或间接损害。

值得注意的是，土库曼斯坦曾发生过一起因违法建设导致的管道安全事故。在该案例中，一家私营企业在未获得批准的情况下，在距离天然气管道不足 50 米的区域内建设了一座化工厂。由于化工厂的生产活动导致地基下沉，最终引发管道破裂，造成大规模天然气泄漏，不仅严重破坏了当地生态环境，还导致了人员伤亡和财产损失。这一事件促使土库曼斯坦政府进一步加强了对保护带设置的监管力度，并修订相关法律条款，提高了违法成本。

在管道建设用地的规划与管理上，土库曼斯坦管道运输法同样做出了详尽规定。首先，永久性用地应优先满足管道建设的需求，确保管道线路能够按照规划顺利铺设，避免因用地问题导致的工程延误或成本增加。这要求政府相关部门在土地利用规划中预留足够的空间给管道建设，并制定相应的土地征收、补偿机制，保障土地所有者的合法权益。

对于临时用地，如施工营地、材料堆放场、临时道路等，法律则要求按需审批，严格限制使用范围和时间。临时用地申请需提交给当地土地管理部门，经过严格审查后，方可获得临时使用权。在使用期间，必须遵守环境保护和土地复垦的相关规定，确保在使用结束后能够恢复土地原状，减少对生态环境的影响。此外，为了促进土地资源的合理利用，土库曼斯坦政府还鼓励采用先进的施工技术和材料，减少土地占用面积，提高土地利用效率。例如，在管道穿越河流、公路、铁路等障碍物时，优先考虑采用定向钻穿越、顶管等非开挖技术，以减少对地表植被和土壤结构的破坏。

土库曼斯坦《管道运输法》通过明确保护带的设置要求和严格的用地规范，为管道设施的安全和正常运行提供了坚实的法律保障。这些规定不仅体现了国家对能源安全的高度重视，也是国家实现可持续发展、维护生态环境平衡的重要举措。

(4) 事故责任与保险制度

土库曼斯坦作为中亚地区重要的天然气出口国，其法律体系中对管道运输的安全监管尤为严格，其中最为显著的一项制度便是强制保险制度的实施。该制度旨在通过法律手段，确保管道运营商能够有效应对可能发生的管道事故，从而减轻事故带来的经济损失和社会影响。

法律明确规定，所有从事天然气、石油等危险液体或气体管道运输的运营商，必须依据国家相关法律法规投保设施财产险及第三方责任险。设施财产险主要覆盖因自然灾害、意外事故（如火灾、爆炸、地震等）导致的管道及其附属设施的直接物质损失，确保运营商在遭受重大损失后能够迅速恢复生产，维持能源供应的稳定。而第三方责任险则旨在保障因管道事故造成第三方人身伤害或财产损失时，受害者能够得到及时、充分的赔偿，这包括但不限于沿线居民、企业以及环境损害。

强制保险制度的实施，要求管道运营商在与保险公司签订保险合同时，必须明确保险范围、赔偿限额及理赔流程等关键条款，且保险额度需经过国家能源监管机构的审核，确保其足以覆盖可能发生的最大潜在风险。此外，管道法还规定了定期审查保险覆盖情况的机制，要求运营商根据管道老化程度、运行环境变化等因素适时调整保险方案，确保风险保障的有效性和适应性。

在应对管道事故方面，土库曼斯坦法律体系的另一项重要举措是对违规建设或故意破坏管道设施行为的严厉惩处。根据土库曼斯坦《刑法典》及相关行政法规，任何未经许可擅自建设管道设施、擅自改动管道线路、故意破坏或盗窃管道设施及其安全保护装置的行为，均被视为刑事犯罪，将依法追究行为人的刑事责任，并责令其承担全额赔偿的损害赔偿责任。这一规定不仅体现了国家对管道运输安全的高度重视，也通过提高违法成本，有效遏制了潜在的破坏行为，保护了国家能源基础设施的完整性和安全性。

（三）天然气产业与中国的合作分析

1. 双边贸易协定

中土双方已签订多个经贸协定，涵盖了能源、经贸、投资等多个领域。这些协定为双方天然气合作提供了法律保障和政策支持。2006 年，中土签署《关于实施中土天然气管道项目和土库曼向中国出售天然气的总协议》。2007 年 8 月，中石油拿到《土库曼斯坦阿姆河右岸勘探开发许可证》，中土两国天然气合作开发正式启动中土两国签署天然气增供协议。2008 年 8 月 29 日，中土双方签署《扩大100亿立方米天然气合作框架协议》，标志着土库曼斯坦天然气合作项目作为中亚天然气管道的起点和主气源，将在未来的30年内，每年向中国输送天然气由原来的300亿立方米增加到400亿立方米。直至2020年，土库曼输往中国的天然气逐步增长至600亿立方米/年。①

2. 合作项目

（1）阿姆河天然气项目

阿姆河天然气项目是中国石油在土库曼斯坦拥有的100%权益的海外最大天然气合作项目。该项目已平稳运行17年，成为中国—中亚天然气管道的主力气源。通过技术攻关与方案实施相结合的方式，阿姆河天然气项目显著提升了土库曼斯坦的天然气开采效率，促进了当地经济发展。在项目建设初期，中国石油阿姆河天然气公司面对自然环境恶劣、工期紧迫等挑战，通过万余名中土员工的共同努力，成功建成28座井场、长达90公里的集输干线以及多个集气站和处理厂。项目采用先进的钻井技术，将探井成功率提升至100%，发现了一大批气藏，形成了6个千亿立方米级大气区。中国石油不仅为项目提供了先进的技术支持，还通过资金投入帮助土库曼斯坦改善基础设施、提高开采效率。此外，中国还为土库曼斯坦的油气田开发、管道建设等项目提供了大量贷款和融资支持，促进了当地油气产业的快速发展。如今，阿姆河天然气项目不仅为土库曼斯坦带来了巨额经济收入，还帮助当地培养和发现了一批油气行业的高素质专家。

（2）中亚天然气管道项目

中亚天然气管道项目是中国与土库曼斯坦油气合作的重要成果之一。该管道横贯东西，将土库曼斯坦的天然气输送至中国等亚洲市场，不仅保障了中国的能源安全，也为土库曼斯坦提供了稳定的出口市场。自2010年投入使用以来，中亚天然气管道已输送了超过4000亿立方米的天然气，对土库曼斯坦的经济发展产生了深远的积极影响。

3. 合作影响

（1）对土库曼斯坦的影响

中土天然气战略对接正深刻重塑土库曼斯坦的发展模式。技术赋能与资本投入的协同作用，使该国天然气开采体系化升级，能源出口规模实现跨越式扩张。这种战略协作不仅创造了持续增长的财富，更在产业链延伸中催生出发展动能。累计输气量突破4000亿立方米大关，转化而成的经济动能持续

---

① 参见本刊编辑部：《中国—土库曼斯坦天然气勘探开发合作大事记》，载《天然气工业》2010年第5期。

反哺基础设施建设与民生改善。这种战略互信的文明对话，构筑起横跨欧亚的新型合作共同体。

（2）对中国的影响

面对经济高质量发展的能源需求，中土天然气战略构建起多元化的能源供给体系。这种战略协作不仅破解了本土资源约束的困局，更在欧亚腹地锻造出重要的战略支点。天然气进口版图持续扩张，土库曼斯坦天然气持续增产能力为中国的高质量发展保驾护航。这种战略对接，深化着两国的合作关系。

（3）对全球能源市场的影响

中土天然气战略协作为全球创造了优势互补的新型合作样本。土库曼斯坦的天然气通过管道流向中国，为中国的发展提供动能。在能源市场不确定性加剧的当下，这种战略协作既是对传统能源秩序的突破，更是对国际合作的创新。其示范效应不仅体现在地区资源的优化配置，更为完善全球能源治理体系贡献着中国智慧，承载着人类命运共同体理念。

三、土库曼斯坦电力产业

（一）电力产业概况

土库曼斯坦的电力资源格局，是其能源禀赋与地缘政治交织的独特产物。这个沙漠中的国家，正通过天然气与可再生能源的协同，编织着电力产业的未来图景。首先，天然气是电力生产的绝对主力，土库曼斯坦全国总装机容量达 3057 兆瓦，其中燃气发电占比高达 93.4%（2857 兆瓦）。主要依赖俄罗斯 GE 公司的 9F 级燃气轮机，热效率达 61%，单台机组功率达 350 兆瓦。采用西门子 SGT-8000H 燃气轮机，配合余热锅炉实现热电联产，能源利用率从 45%提至 68%。其次，在土库曼斯坦太阳能发电量仅次于天然气发电。由于土库曼斯坦南部地区年太阳辐射总量达 2500—3000 兆焦/平方米，7 月日照时间长达 16 小时，理论发电潜力达 800 瓦/平方米。进而在巴尔坎州吉日拉巴特建设 10 兆瓦光伏电站，采用隆基 Hi-MO 5 组件，转换效率达 21.5%。配套 5 兆瓦风电场，形成风光互补系统。引入华为智能逆变器，实现最大功率点追踪（MPPT）精度 99.8%；采用平单轴跟踪系统，发电量提升 18%。水电仅 1.2 兆瓦装机，主要用于偏远地区小型水电站，而燃煤和燃油占总发电量的 5.6%，作为调峰电源使用。

土库曼斯坦的电力产业正经历从封闭到开放的蜕变，形成“国内免费供应+区域出口”的独特模式。2024 年发电量达 315 亿千瓦时，同比增长

14.5%。其中燃气发电占92%，可再生能源占0.8%。其居民用电完全免费，商业用电占比35%，工业用电占比60%。国家财政承担全部供电成本，年度补贴超20亿美元。政府投资15亿美元改造500千伏骨干网，采用ABB的GIS组合电器，使线损率从12%降至6.5%。土库曼斯坦正在中亚腹地重构电力版图。其电力战略不仅关乎经济命脉，更成为地缘政治的重要筹码。

（二）电力产业法律规定

电力工业作为国民经济的基础性产业，其法律与政策框架的构建对于保障电力供应安全、促进能源结构优化及推动行业绿色发展具有至关重要的作用。其中，《电力法》是该领域内的核心法律文件，为电力工业的规范化、法制化管理提供了坚实的法律基础。

1. 核心原则

（1）国家垄断原则：根据《电力法》的明确规定，电力系统属于国家所有，由国家授权的企业享有经营权。这一原则确保了电力资源的统一调配和高效利用，有助于维护国家能源安全和社会稳定。在实践中，国家通过设立国有电力企业或控股公司，实现对电力产业的宏观控制和战略指导。

（2）生态安全原则：该法强调在电力开发和利用过程中，应优先采用可再生能源技术，如风能、太阳能等，并严格限制高污染、高能耗项目的建设和运营。此原则旨在促进能源结构的绿色转型，减少温室气体排放，保护生态环境。例如，在法律框架下，政府可通过对可再生能源项目给予财政补贴、税收优惠等激励措施，鼓励企业投资绿色能源领域。

2. 监管规定

在土库曼斯坦的电力工业监管体系中，内阁与能源部各自扮演着至关重要的角色，共同确保电力市场的公平竞争、电力服务的稳定供应以及电力设施的安全高效运行。

内阁在土库曼斯坦电力工业监管中发挥着核心作用，其职权广泛涉及电价调整、电力应急预案制定及国际电力合作等多个方面。电价作为电力市场的核心要素，其调整直接关系到电力企业的运营效益、消费者的经济负担以及电力市场的整体竞争力。内阁在批准电价调整方案时，需综合考虑电力生产成本、市场供求关系、消费者承受能力以及宏观经济形势等多重因素。电力应急预案是应对突发电力事件、保障电力供应安全的重要措施。内阁负责制定国家层面的电力应急预案，明确各级政府、电力企业及社会各界的应急职责和协作机制。在2024年土库曼斯坦南部地区遭受极端天气袭击导致大规模停电的事件中，内阁迅速启动应急预案，协调各方资源，成功恢复了电力供应，有效减少了灾害损失，展现了应急预案的实战价值和内阁在电力应急管理中的重要作用。作为能源出口大国，土库曼斯坦内阁积极推动国际电力合作，参与跨国电力项目谈判，签署电力贸易协议，拓宽电力出口渠道。通过与国际电力组织的合作，内阁不仅提升了土库曼斯坦电力工业的国际化水平，还促进了电力技术的交流与进步，为电力市场的长期繁荣奠定了坚实基础。

能源部作为电力工业的主要监管部门，其职责涵盖了技术监督、调度管理及对违规行为的处罚，确保了电力设施的安全高效运行和电力市场的有序发展。技术监督是保障电力设施安全性能、环保标准达标的关键环节。能源部通过设立专门的技术监督机构，对电力设施的设计、建设、运营等全过程实施严格监管。调度管理是优化电力资源配置、提高电力供应效率的重要手段。能源部通过中央调度管理局（CDA）对全国电力系统进行统一指挥和协调，确保电力供需平衡，减少电网波动。

3. 调度规则

在土库曼斯坦的电力工业管理体系中，中央调度管理局（Central Dispatch Administration，CDA）扮演着举足轻重的角色，作为电力系统的统一指挥机构，其职能的履行直接关系到国家能源安全、经济发展及民众福祉。

CDA 作为电力系统的“大脑”，其核心职责之一是根据全国范围内的电力供需状况及国家战略需求，科学合理地制定电力调度计划。这一过程不仅要求精确预测电力需求，还需综合考虑发电资源分布、输电线路容量、季节变化等多重因素，以确保电力供应的高效、经济与安全。例如，在土库曼斯坦的冬季供暖季节，CDA 会根据历史数据预测电力需求高峰，提前安排增加天然气供应，确保热电联产电厂满负荷运行，以满足居民供暖及日常生活用电需求。

在电力调度计划中，CDA 始终将民生用电和战略负荷置于首位。民生用电包括居民生活用电、医院、学校等公共服务设施用电，战略负荷则涉及国家安全、国防设施及关键基础设施用电。在电力供应紧张时，CDA 会优先保障这些领域的用电需求，确保社会稳定和国家安全不受影响。如某年土库曼斯坦遭遇极端天气导致电力供应紧张，CDA 迅速调整调度计划，确保所有医院、学校及关键基础设施的电力供应不受影响。

在电力供应严重不足或电力系统发生故障等紧急情况下，CDA 有权依据《电力法》及相关调度规则，采取限电措施，强制切断非优先用户的供电，以保障电力系统的整体安全和稳定。这一权限的行使，是 CDA 作为电力系统统一指挥机构的重要职责之一，旨在防止电力系统崩溃，保护重点用户用电，减少经济损失。

在行使限电权限时，CDA 需严格遵循公开、透明和公正的原则。公开原则要求 CDA 在制定限电方案前，应广泛征求各方意见，确保方案的科学性和合理性；透明原则则要求限电措施的实施过程应公开透明，接受社会监督，避免权力滥用；公正原则强调限电措施应公平对待所有用户，避免对特定用户群体造成不公平待遇。例如，土库曼斯坦某地区遭遇极端干旱导致水电发电量锐减，CDA 在制定限电方案时，充分考虑了各行业的用电需求，通过公开会议、媒体公告等方式广泛征求意见，最终制定了既保障重点用户用电，又尽量减少对非优先用户影响的限电方案，赢得了社会各界的广泛认可。

在限电措施实施前，CDA 还需对限电方案的合法性与合理性进行严格审查。合法性审查主要依据《电力法》及相关法律法规，确保限电措施符合法律授权，不侵犯用户合法权益；合理性审查则侧重于评估限电措施对电力系统稳定性的影响，以及限电范围、持续时间等是否科学合理，力求在保障电力系统安全的同时，最大限度减少对用户生产生活的影响。

CDA 作为土库曼斯坦电力系统的统一指挥机构，在电力调度计划制定、优先保障民生用电和战略负荷、紧急情况下的限电措施行使等方面发挥着至关重要的作用。其职能的履行不仅关乎电力市场的健康稳定发展，更直接影响到国家能源安全、经济发展及民众福祉。

（三）电力产业与中国的合作分析

1. 双边贸易协定

中土两国自 1981 年以来，已签署 34 份经贸协定，涵盖投资、税收、货币互换、基础设施、文化等多个领域。其中，电力领域的合作是经贸协定的重点内容之一。2022 年，中土双边贸易额达到 385.5 亿美元，中国对土库曼斯坦的投资增长显著，存量超过 30 亿美元。此外，国家开发银行、丝路基金为土库曼斯坦电力项目提供长期低息贷款。例如，马雷燃气—蒸汽联合循环发电站（1574 兆瓦）的 40%资金来自中国金融机构。2023 年，中土关系提升为全面战略伙伴关系，签署发表了《中华人民共和国和土库曼斯坦联合声明》。双方签署《中土政府间关于共建“一带一路”倡议和“复兴丝绸之路”战略对接的谅解备忘录》，标志着两国战略合作、高质量共建“一带一路”迈上新台阶。

2. 合作项目

中国和土库曼斯坦计划开展多个电力合作项目。中国特变电工、上海电气等企业深度参与土库曼斯坦燃气轮机电站建设。例如，2021 年投产的列巴普州432兆瓦燃气轮机电站，中方提供全套设备与技术方案，使土库曼斯坦对乌兹别克斯坦的电力供应能力提升30%。中国电力企业协助土库曼斯坦改造国内电网，并推动跨境输电线路建设。如“土库曼斯坦—阿富汗—巴基斯坦”500千伏输电线路项目，计划将土库曼斯坦的电力输送至南亚市场，中国企业提供核心设备和技术支持。中广核、阳光电源等企业与土库曼斯坦能源部签署协议，开展光伏和风电项目可行性研究。土库曼斯坦的卡拉库姆沙漠年均日照超3000小时，风能资源潜力达20吉瓦，中土双方计划在此建设“光伏+储能”一体化基地。

3. 合作影响

（1）对土库曼斯坦的影响

中土携手合作，显著增强了土库曼斯坦的电力出口能力，不仅为土库曼斯坦的经济多元化发展注入了强劲动力，亦显著提升了其经济体系的稳定性和抗风险能力。通过与中国在电力领域的深度合作，土库曼斯坦成功引入了先进电力技术与设备，提高了电力生产效率，有效降低了运营成本，更使得电力供应的稳定性与可靠性得到了质的飞跃，为其电力基础设施的现代化提速。土库曼斯坦借此合作契机，积极融入区域新能源合作的大潮，增强了其在国际能源市场上的话语权和影响力，助力土库曼斯坦更好地接轨全球能源体系。

（2）对中国的影响

作为“一带一路”倡议的璀璨明珠，中土电力合作项目的扎实推进，不仅深化了中国与土库曼斯坦等友好国家的经济纽带，更在广袤的“一带一路”沿线播撒了合作的种子。这一举措，无疑增强了中国在共建国家的影响力，滋养着区域经济的共同繁荣与发展。更为深远的是，中土电力合作成为中国电力技术输出的重要窗口，极大地推动了装备制造业的蓬勃发展。当先进的电力技术和设备跨越国界，走进土库曼斯坦等国家的能源体系时，它们不仅实现了技术的升级与产业的飞跃，更让中国电力企业在全球电力市场大放异彩，提升了其国际地位与影响力。

3. 对全球的影响

中土电力合作，为中亚地区的能源互联编织着紧密的网络。在可再生能源的广阔天地里，中土电力合作亦留下了深刻的足迹。通过共建太阳能发电站等绿色能源项目，双方携手推动了可再生能源的开发与利用，为能源的可持续利用开辟了新路径。这一举措，不仅促进了全球能源体系的转型与升级，更如灯塔般照亮了人类实现可持续发展目标的征程。